"十二五"职业教育国家规划立项教材

财政部规划中等职业学校财经商贸类教材

成本业务核算

杨桂花　张国伟　主编

中国财经出版传媒集团

中国财政经济出版社

图书在版编目（CIP）数据

成本业务核算／杨桂花，张国伟主编．—北京：中国财政经济出版社，2017.3(2024.7 重印)
“十二五”职业教育国家规划立项教材　财政部规划中等职业学校财经商贸类教材
ISBN 978－7－5095－7387－7

Ⅰ.①成…　Ⅱ.①杨…②张…　Ⅲ.①成本计算－中等专业学校－教材　Ⅳ.①F231.2

中国版本图书馆 CIP 数据核字（2017）第 067581 号

责任编辑：陈　冰　　　　封面设计：汪俊宇

中国财政经济出版社 出版

URL：http：//www.cfeph.cn

E－mail：cfeph@cfeph.cn

社址：北京市海淀区阜成路甲 28 号　邮政编码：100142

营销中心电话：88191537　北京财经书店电话：64033436　84041336

北京中兴印刷有限公司印刷　各地新华书店经销

787×1092 毫米　16 开　13 印张　274 000 字

2017 年 4 月第 1 版　2024 年 7 月北京第 3 次印刷

定价：27.00 元

ISBN 978－7－5095－7387－7

（图书出现印装问题，本社负责调换）

质量投诉电话：010－88190744

打击盗版举报热线：010－88191661　QQ：2242791300

编写 说明

本书系“十二五”职业教育国家规划立项教材、财政部规划教材，作为全国中等职业学校财经商贸类专业教材使用。

本书适用于中等职业学校、职业高中财经类专业的教学，也可作为在职人员岗位培训及广大财会人员工作实务的参考用书。

“成本业务核算”是会计专业的主干课程，也是面向企业会计工作岗位的必读课程。为适应中等职业学校的教学实际，使教学活动能真正从培养学生的工作能力出发，满足用人单位的需要，本书以最新的《企业会计准则》和相关的会计核算制度为依据，吸取了我国会计实际工作和会计教学实践经验及同类教材的优点，从成本核算方法的实用性出发，以生产过程最为典型的制造企业为例，通过设置仿真式的训练场景，系统地介绍了成本会计的基本理论及核算程序和方法。

本书在编写过程中遵循“原理先行，实务跟进，理论够用，实训到位”的原则，教材内容的编写以实际工作内容为依据，把知识放到业务实施过程中，以过程串起知识，充分考虑教、学、练相结合的教学方法的运用，重点放在实际操作技能的训练上，突出了实践性教学的特色。

全书共六个单元，教材依据企业经济活动中成本管理的基本过程和规律，在深入企业财务部门调查的基础上，由长期从事会计教学与实践活动的主讲教师及具有丰富经验的注册会计师、会计师共同编写，本教材具有以下特点：

一、注重基础，通俗易懂

考虑中专生的知识水平，从成本会计实际工作应知应会角度出发，由浅入深，重点介绍基本知识，基本技能。

二、形式新颖，形象生动

将“案例导入”、“知识准备”、“任务描述”、“业务资料”、“业务实施”、“应用实例”、“相关链接”等多种形式穿插其中，以单元为线索，任务为导向，先提出问题，让学生带着问题接受相关知识和技能方法的学习，然后按操作步骤的指引解决问题，完成相应任务。

三、资料丰富，针对性强

针对企业成本会计实务，全方位、多角度地反映企业成本会计应掌握的基本经济业务的处理方法，每一部分都有明确的学习目标，明确的学习性工作任务，并在每项任务后，介绍一些成本会计的应用实例，既可扩大学生的知识面，巩固所学知识，又可防患于未然，提高教学效果。

四、贴近实际，学做结合

为使教材内容更加实用，我们深入企业一线进行了调研，广泛收集了实际工作中成本会计所采用的各种图表等资料，书中主要业务均以具体的企业名称、产品名称、材料名称呈现，打破了多年来的“某企业、甲产品、A 材料”的呈现方式，书中有关原始凭证、记账凭证、会计账簿的格式同实际工作中使用的格式相一致，使课堂教学与实际工作接轨，增强学生的感官认知和动手操作能力。每项任务都按实际工作步骤介绍，引导学生循序渐进地完成工作任务，注重做中学、学中做、教学做合一，实现理论与实践的一体化。

五、资源齐备，方便“教”与“学”

本教材有配套的电子教案（http：//cjjc. cfeph. cn），便于教师按步骤向学生形象、生动地展示成本核算的各种方法，这样既便于教师教学，更便于学生理解、掌握所学知识；本教材还配备了《实训与练习》及其答案，给教师的教学工作提供了方便。用书学校任课老师若需要答案，请以电子邮件的形式向中国财政经济出版社索取，E－ mail：caijingjiaocai@163. com。

本课程教学总时数为 96 学时，具体分配可参考下表：

课时分配表

<table>
<tr><th colspan="2" rowspan="2">课程内容</th><th colspan="3">课时安排</th></tr>
<tr><th>合计</th><th>讲授</th><th>实训与练习</th></tr>
<tr><td rowspan="2">单元一
总论</td><td>任务一　初识成本及成本会计</td><td rowspan="2">4</td><td rowspan="2">2</td><td rowspan="2">2</td></tr>
<tr><td>任务二　遵循产品成本核算的要求与程序</td></tr>
<tr><td rowspan="6">单元二
费用要素的核算</td><td>任务一　归集和分配材料费用</td><td>5</td><td>3</td><td>2</td></tr>
<tr><td>任务二　归集和分配外购动力费用</td><td>3</td><td>2</td><td>1</td></tr>
<tr><td>任务三　归集和分配职工薪酬费用</td><td>5</td><td>3</td><td>2</td></tr>
<tr><td>任务四　归集和分配固定资产折旧费用</td><td>2</td><td>1</td><td>1</td></tr>
<tr><td>任务五　归集和分配其他费用</td><td>2</td><td>1</td><td>1</td></tr>
<tr><td>任务六　归集和结转期间费用</td><td>2</td><td>1</td><td>1</td></tr>
<tr><td rowspan="4">单元三
综合费用的核算</td><td>任务一　归集和分配辅助生产费用</td><td>9</td><td>5</td><td>4</td></tr>
<tr><td>任务二　归集和分配制造费用</td><td>4</td><td>2</td><td>2</td></tr>
<tr><td>任务三　归集和分配生产损失</td><td>6</td><td>4</td><td>2</td></tr>
<tr><td>任务四　合理分配生产费用</td><td>6</td><td>4</td><td>2</td></tr>
</table>

续表

课程内容		课时安排		
		合计	讲授	实训与练习
单元四 产品成本计算的基本方法	任务一　概述产品成本计算方法	2	1	1
	任务二　学习品种法	9	5	4
	任务三　学习分批法	6	3	3
	任务四　学习分步法	11	6	5
单元五 产品成本计算的辅助方法	任务一　学习分类法	4	2	2
	任务二　学习定额法	6	4	2
单元六 成本报表的编制与分析	任务一　了解成本报表	2	1	1
	任务二　编制成本报表	2	1	1
	任务三　分析成本报表	2	1	1
单元七 非制造行业的成本构成及计算方法	任务一　交通运输企业的成本核算	4	2	2
	任务二　施工企业的成本核算			
	任务三　商品流通企业的成本核算			
	任务四　农业企业的成本核算			
合计		96	54	42

本教材由三门峡市财经学校杨桂花担任主编，云南曲靖财经学校张国伟担任副主编。参加编写的有三门峡市财经学校王亚斌（单元一）、三门峡市财经学校杨桂花（单元二、单元三、单元四中的任务一）、三门峡市财政局李世康（单元四中的任务四、各单元的知识要点及应用实例）、云南曲靖财经学校张国伟（单元四中的任务三、单元六、单元七）、云南曲靖财经学校田园（单元四中的任务二、单元五）。杨桂花负责全书的统稿工作。

在编写过程中，我们参考了大量有关成本会计的资料，并得到企业界的财务总监、财务科长、注册会计师、成本会计等朋友的大力帮助，在此一并致谢。由于作者水平有限，加之时间仓促，书中难免会有疏漏和不妥之处，敬请读者批评指正。

编　者

2017 年 3 月

目　录

1 单元一 总　　论

学习目标

- 理解成本的概念和作用
- 了解成本会计的概念、对象、任务
- 掌握成本会计核算的要求与一般程序

引例

“‘湖滨果汁’和美国的官司打赢了！”这一消息在当地引起轰动，人们奔走相告，自豪之情溢于言表。这到底是怎么回事呢？

原来，在1999年6月，美国苹果种植协会联合本国果汁生产企业向美国商务部提出，对来自中国的浓缩苹果汁征收91.84%的惩罚性反倾销税，试图通过此举将中国浓缩果汁挤出美国市场。2000年7月，“湖滨果汁”联合其他4家中国果汁生产企业向美国国际贸易法院就美国商务部的不公正裁决提出上诉。2002年11月7日，美国商务部作出裁决：“湖滨果汁”等5家参与上诉的果汁生产企业获得原审零税率。2003年11月20日，美国国际贸易法院最终裁定了这一结果。2004年2月美国商务部正式公布，包括湖滨果汁有限公司在内的5家中国果汁生产企业产品出口该国时实行“零税率”，并通知美国海关从即日起正式执行这一裁定。这意味着中国浓缩苹果汁行业历时4年应对美国反倾销案取得了彻底的胜利，也是我国在对美国商务部反倾销调查结果进行上诉案中首次取得重大胜利。

这次胜利的取得有进出口商会、企业、律师的努力、政府的支持，但更重要的是企业财务部门有真实、合法、有效、完整的成本核算资料，有经得起考核的浓缩果汁主要产品成本构成项目，才使我们打赢了这场官司。

解析：

1. 倾销是指一国（地区）的生产商或出口商以低于其国内市场价格或低于成本的

价格将其商品挤进另一国（地区）市场的行为。受到倾销商品损害的进口国为此采取的措施称为“反倾销”。对倾销者要征收高额的反倾销税，于是反倾销就有了保护本国企业的色彩，或者说很多国家是打着“反倾销的旗，行保护之实”。

2. 成本是决定企业生存的根本，作为成本会计，只有按规定的方法核算成本，才能为企业的生存和发展发挥作用。

那么，什么是成本？各种产品的成本又是怎么算出来的呢？让我们一起走进成本会计的知识殿堂，学习成本及相关知识吧！

任务一 初识成本及成本会计

任务描述

本部分的学习任务是：了解成本的经济实质和作用及成本会计的法规和制度；掌握成本会计的对象、职能；理解成本会计的任务、成本会计工作的组织。

知识准备

一、成本的经济实质和作用

（一）成本的经济实质

成本是资源的一种耗费。这种耗费在现实生活中无处不在，如生产车间生产产品过程中消耗的原材料、支付人员的工资、支付的管理费用等。人力、物力、财力的耗费，用货币形式表现出来，会计上称为“成本”，用会计学语言表述就是：特定的会计主体为了达到一定的目的而发生的可以用货币计量的代价。**产品成本**通常定义为：生产者为生产一定种类和数量的产品所消耗而又必须补偿的物化劳动和活劳动中必要劳动的货币表现。人们进行生产活动时，总是力求以尽可能少的耗费，取得尽可能多的劳动成果。

成本按照其范围的大小和管理用途分为广义成本和狭义成本。

（1）**广义成本**：是指企业为生产经营产品而发生的一切费用，包括产品设计成本、供应成本、生产成本和售后服务成本等，它是为企业成本管理服务的。

（2）**狭义成本**：仅指企业为生产一定种类和数量的产品所发生的生产费用之和，称为产品的“生产成本”或“制造成本”，它是为成本核算服务的，也是本教材要介绍的主要内容。

注意：生产费用以时期为归集对象，反映企业一定时期内发生的、用货币表现的生产耗费；产品成本以产品为归集对象。

（二）成本的作用

成本的作用主要表现在以下四个方面：

1. 成本是补偿企业生产耗费的尺度

成本是企业产品生产要素消耗的货币表现，为了保证企业再生产的不断进行，必须对生产耗费进行及时、足额的补偿。企业是自负盈亏的产品生产者和经营者，其生产耗费是通过销售产品来得到补偿的，而成本就是衡量这一补偿份额大小的尺度。同时，成本也是企业确定经营损益的重要依据，只有抵补了生产经营过程中发生的耗费后，企业才能盈利。

2. 成本是制定产品价格的基础

产品价格是产品价值的货币表现。企业在制定产品价格时，应遵循价值规律，考虑产品成本、市场行情等因素，使价格大体符合其价值。成本是价格的底线，只有销售价格大于成本，企业才有足够的资金组织扩大再生产。

3. 成本是衡量企业经营管理水平的重要标志

成本是一项综合性的经济指标，它不仅能反映产品成本的高低，还能反映企业的经营管理水平。如：固定资产的利用情况、原材料消耗的节约与浪费、产品质量的好坏、产品产量的增减等，都会通过成本直接或间接地反映出来。因此，在市场经济体制下，企业必须加强成本管理，努力降低成本，才能在激烈的市场竞争中取胜。

4. 成本是企业经营决策的重要依据

在市场价格一定的条件下，成本高低直接影响企业的赢利水平和参与市场竞争的能力。企业进行生产经营或投资决策，多是以经济效益高低作为评价决策方案的标准，而在衡量决策方案经济效益高低时，成本是必须考虑的主要因素。

“品种差异，成本优先”是企业竞争的不二法宝，较低的成本可使企业在竞争中获得更多的优势，使其生存和发展更有保障。

二、成本会计的对象与职能

（一）成本会计的经济内涵

在商品经济出现以后，商品生产者为了保证出卖商品不吃亏，即能补偿其耗费的价值，曾以估算的形式计算成本，以后逐渐用统计方法进行计算，但准确性较差。19 世纪，一些企业开始把生产成本的记录与财务账簿相结合，初步形成了成本会计。20 世纪初，标准成本、预算控制和差异分析等成本技术开始应用于美国会计实践。按标准成本控制实际成本，使成本会计的理论和方法得到了进一步的发展和完善，成本会计的内容从成本核算扩大到成本预测、成本控制和成本分析等。

20 世纪中期以后，经营者们开始进行成本预测，制定目标成本，加强成本的事前控制，同时进行成本的事中控制及事后的成本核算和分析。这种做法，大大丰富了成本会计的内容。

综上所述，**成本会计**是随着商品经济的发展而产生和发展的，它是以货币为主要计量单位，全面、系统地记录、计量和报告各项成本信息，对生产经营过程中发生的资金耗费进行预测、决策、计划、控制、分析和考核的一种管理活动。

（二）成本会计的对象

成本会计对象指的是成本核算和监督的内容。由于成本会计研究的主要是物质生产部门为制造产品而发生的成本（即产品生产成本），所以，成本会计核算和监督的内容也主要是指产品生产成本。需要说明的是，在产品生产过程中，除了发生生产耗费外，还会发生筹资支出、管理支出和销售支出，即财务费用、管理费用和销售费用。由于这些费用支出大多按时期发生，难以按产品归集，因此，作为期间费用直接计入当期损益而不作为产品成本的构成内容。但这些费用作为生产者的经营管理费用，它与产品生产不是毫不相干的，而是相关的，是服务于产品生产的。可以说，没有这些费用支出的发生，产品生产不可能正常进行。因此，为了促使生产者节约这些费用，增加盈利，把它们连同产品成本都作为成本会计的核算对象。

因此，对于工业生产企业来说，成本会计的对象包括产品的生产成本和经营管理费用。

成本会计对象不仅包括工业企业的产品生产成本和经营管理费用，还包括其他行业企业的成本和经营管理费用，如商业企业、交通运输企业、施工企业、房地产开发企业等。成本作为经济范畴，遍及各行业企业的经济活动，这些行业企业从事经济活动发生的耗费也就理所当然地成为成本会计对象的内容。

综上所述，**成本会计的对象**可以概括为：各行业企业的生产经营业务成本和有关的经营管理费用，简称“成本、费用”。所以，成本会计实际上是成本、费用会计。

（三）支出、费用与成本之间的关系

要透彻理解成本会计的对象，需要对支出、费用、成本之间的关系有明确的认识。

1. 支出

支出是指企业在经济活动中发生的一切开支与耗费。一般来说，企业的支出可分为资本性支出、收益性支出、所得税支出、营业外支出和利润分配性支出五大类。

- **资本性支出**：是指该项支出的发生不仅与本期收入有关，也与其他会计期间的收入有关，而且主要是为以后各期的收入取得而发生的支出。如企业购建的固定资产、取得无形资产、对外投资等。
- **收益性支出**：是指一项支出的发生仅与本期收益的取得有关，因而它直接冲减当期收益，如企业为生产产品而发生的材料、职工薪酬等开支。
- **所得税支出**：是指企业在取得经营所得与其他所得的情况下，按我国税法规定，根据企业应纳税所得额计算并缴纳所得税而发生的支出。所得税支出作为所得税费用，直接用当期收益补偿。
- **营业外支出**：是指与企业生产经营业务没有直接联系的各项支出，如企业支付的各项罚款、违约金、赔偿金、赞助支出以及非常损失等。
- **利润分配性支出**：是指利润分配过程中发生的开支，如支付的现金红利等。

2. 费用

费用是指企业为销售商品、提供劳务等日常活动所发生的经济利益的流出。具体体现为

企业在获取销售商品或提供劳务等带来收入的过程中，对企业拥有或控制的资产的耗费。费用按其同产品生产的关系可划分为生产费用和期间费用两类。**生产费用**是指产品生产过程中发生的物化劳动和活劳动的货币表现，如直接材料、直接人工、制造费用等耗费，它同产品生产有直接关系；**期间费用**是指同企业的经营管理活动有密切关系的耗费，这同产品的生产没有直接关系，但与发生的期间配比，应作为当期收益的扣减。期间费用包括销售费用、管理费用、财务费用。

【例1-1】华飞公司3月份发生下列支出：

（1）车间的机器设备计提的折旧费；

（2）生产书柜领用木材的成本；

（3）工厂厂房的保险费；

（4）车间的水电费；

（5）财务总监的薪资；

（6）产品的广告费；

（7）车间生产工人的工资；

（8）行政管理人员的工资；

（9）办公使用纸张的费用；

（10）机器设备使用润滑油的费用。

请运用费用的概念及相关分类理论回答：以上支出应计入何种成本费用项目？为什么？

分析：生产费用是指产品生产过程中发生的物化劳动和活劳动的货币表现，如直接材料、直接人工和制造费用等耗费，它同产品生产有直接关系；期间费用是指同企业的经营管理活动有密切关系的耗费，这同产品的生产没有直接关系，但与发生的期间配比。因此在上述支出中，（2）为直接材料；（7）为直接人工；（1）、（3）、（4）、（10）为制造费用；（6）为销售费用；（5）、（8）、（9）为管理费用。

3. 成本

成本是一种耗费。有广义与狭义之分。广义成本指企业发生的全部费用，包括生产费用与期间费用。狭义成本是指产品成本，产品成本是指为制造一定数量、一定种类的产品而发生的以货币表现的各种耗费，是对象化的生产费用。

综上所述，支出是企业在经济活动中所发生的所有开支与耗费。费用是支出的主要组成部分，是企业支出中与生产经营相关的部分。产品成本是生产费用的对象化，生产费用是计算产品成本的基础，产品成本是生产费用的最后归宿。如果企业没有在产品，当期生产费用即为当期完工产品成本；如果企业有在产品，则生产费用与完工产品成本的关系是：

本期完工产品成本＝期初在产品成本＋本期生产费用－期末在产品成本

（四）成本会计的职能

成本会计的职能是指成本会计在经济管理中的功能，即成本会计在经济管理中能够干什么。

现代成本会计的内容越来越广泛，除了有成本核算职能外，还包括成本预测、成本决策、成本规划、成本控制、成本分析、成本考核等内容。

1. 成本核算

成本核算是根据一定的成本计算对象，采用适当的成本计算方法，按规定的成本项目，通过各费用要素的归集和分配，计算出各成本计算对象的总成本和单位成本。成本核算是成本会计的首要职能，它可以反映成本计划的完成情况，并为进行成本分析和考核提供依据。

2. 成本预测

成本预测是指根据有关历史成本信息和企业生产发展的具体情况，运用一定的技术方法对未来的成本水平和变化趋势作出科学推测和估计。它是对成本的事前控制，是成本决策的基础。

3. 成本决策

成本决策是在成本预测的基础上，根据其他有关资料，在若干个与生产经营和成本有关的方案中，选择最优方案以确定目标成本。如零部件自制或外购的决策、自制半成品即时出售或进一步加工的决策等，它是编制成本计划的前提。

4. 成本计划

成本计划是根据成本决策所确定的目标成本，具体规定出在计划期内为完成规定的任务所应达到的水平，并提出为达到规定的成本水平所应采取的各项措施。它是进行成本控制、成本分析和成本考核的依据。

5. 成本控制

成本控制是根据成本计划，对成本发生和形成过程以及影响成本的各种因素进行限制与监督，使之能按预定的计划进行的一种管理活动。它包括事前控制和事中控制。

6. 成本分析

成本分析是利用成本核算资料及其他相关资料，将产品的本期实际成本与目标成本、上期实际成本及国内外同类产品的成本进行比较，对成本差异情况及其形成差异的原因所进行的分析。

7. 成本考核

成本考核是定期对成本计划及其有关指标实际完成情况进行总结和评价。它通常是以有关部门或个人的目标成本作为考核指标的。

小贴士

成本核算是成本会计七项职能的基本职能。没有成本核算，其他的职能都无法执行。

三、成本会计的任务

成本会计的任务是企业进行成本会计工作所要达到的目标。按照成本会计的要求，成本会计的任务可概括为以下三项：

（1）进行成本预测，编制成本计划，为企业有计划地进行成本管理提供基本依据。

（2）及时、正确地进行产品成本和期间费用的核算，为成本管理提供有用的经济信息；

审核和控制各项费用支出，节约开支，降低成本，提高企业经济效益。

（3）考核成本计划，开展成本分析，参与企业经营决策。

四、成本会计工作的组织

为了充分发挥成本会计的职能作用，圆满完成成本会计的任务，企业必须建立与之相适应的组织机构和工作环境。成本会计组织机构设置与否，直接影响到成本会计工作乃至整个会计工作的开展。成本会计工作的组织一般包括成本会计机构的设置、成本会计人员的配备以及成本会计制度的制定等。

（一）成本会计的机构设置

成本会计机构可以单独设置，如成本会计科（股）；也可以并入企业会计机构中，在会计机构中设置成本会计工作岗位。

成本会计工作的组织方式，分别采用集中工作方式或分散工作方式（见表1－1）。

表1－1 成本会计工作组织方式

比较内容	集中工作方式	分散（非集中）工作方式
含义	企业的成本会计工作主要由厂部成本会计机构集中进行，车间等其他单位的成本会计机构或人员只负责原始记录和原始凭证的填制，并对它们进行初步的审核、整理和汇总，为厂部成本会计机构进一步工作提供基础资料	将成本会计的各项具体工作分散由车间等其他部门的会计机构来进行。企业的成本会计机构只负责对成本会计工作的指导、监督和成本会计数据的最后汇总，以及不便于分散核算的成本会计工作
优点	有利于企业管理当局及时全面地掌握成本会计的各种信息，便于使用计算机集中进行成本数据处理，减少成本会计机构设置的层次和成本会计人员的人数	与集中工作方式相反
缺点	不利于车间及时掌握成本信息，影响他们对成本费用进行控制的积极性	与集中工作方式相反
适用范围	一般适用于小型企业	一般适用于大、中型企业

豫西机床厂是一家生产大型机床的企业，其产品远销全国各地，下设铸造、锻造、热处理、加工、装配、机动等车间。该企业成本核算采用分散工作方式，除厂部财务处设置成本核算机构外，基层车间单独设置成本核算机构。

（二）成本会计的人员配备

成本会计人员是指在会计机构或专设成本会计机构中所配备的成本工作人员，负责对企业的日常成本工作进行处理。企业无论采用何种成本会计工作方式，都要注意合理配置成本会计人员，做到“配齐、胜任”。配置的成本会计人员应当具有会计从业资格和相应的会计专业任职资格，具备与所从事会计工作相适应的专业知识和业务能力。为保证成本信息质量，对成本会计人员的素质有以下要求：

(1) 会计知识面广，有较好的成本理论和实践基础；

(2) 熟悉企业生产经营的流程（工艺过程）；

(3) 熟悉成本核算，懂得法规制度；

(4) 热爱会计工作，恪守职业道德。

(三) 成本会计的法规和制度

与成本会计有关的全国性法律、法规和制度有：《中华人民共和国会计法》、《企业会计准则》、《小企业会计准则》、《企业财务通则》、《企业会计制度》等。成本会计作为一种以企业成本费用为对象的企业会计，必须在国家法规、制度的规范下进行工作。

知识链接

《小企业会计准则》已正式发布，自2013年1月1日起在全国小企业范围内实施。小企业是我国国民经济和社会发展的重要力量，据有关资料统计，在所有477万户企业中，小企业数量占97.11%。

企业作为会计主体，各自存在不同的生产工艺特点和成本管理要求，为规范本企业的成本会计工作，还应当制定适合本企业经营规模、生产特点、管理要求的内部成本会计制度，作为本企业进行成本会计工作的操作依据。企业内部成本会计制度一般包括下列内容：

(1) 成本会计工作的组织形式、人员分工和职责权限。

(2) 成本定额、成本计划和费用预算的编制方法。

(3) 成本核算的具体规定。包括成本计算对象的确定、成本计算方法的选择、成本项目的设置、生产费用的归集和分配方法、在产品成本的确认方法、成本核算基础工作的要求等。

(4) 成本预测、成本决策、成本考核和成本分析制度。

(5) 成本报表制度。包括成本报表的种类、格式、指标体系、编制方法、编制期限、报送对象等。

应用实例

混淆“成本”与“费用”的概念

康泰公司3月份有关成本费用资料如下：

(1) 生产耗用原材料70 000元；

(2) 生产耗用燃料6 000元；

(3) 生产耗用水电费8 000元；

(4) 生产工人工资20 000元；

(5) 车间管理人员工资5 000元；

(6) 销售人员工资9 000元；

(7) 企业行政管理人员工资10 000元；

(8) 车间办公费 1 000 元;

(9) 公司办公室电话费 900 元;

(10) 车间机器修理费 400 元;

(11) 支付应由本季度负担的借款利息 30 000 元;

(12) 固定资产报废清理净损失 8 000 元。

康泰公司会计人员将上述费用分类列示如下:

生产成本 = (1) + (4) + (5) + (6)

= 70 000 + 20 000 + 5 000 + 9 000 = 104 000 (元)

生产费用 = (2) + (3) + (8) + (10)

= 6 000 + 8 000 + 1 000 + 400 = 15 400 (元)

期间费用 = (7) + (9) + (11) + (12)

= 10 000 + 900 + 30 000 + 8 000 = 48 900 (元)

【问题】 康泰公司会计人员对上述费用的分类正确吗?

【分析】 康泰公司会计人员对上述费用的分类混淆了"产品成本"、"生产费用"、"期间费用"的概念,是错误的。一般来说,产品成本是指企业为生产一定种类、一定数量的产品所支出的各种生产费用的总和,实际工作中的产品成本指产品的生产成本,即制造成本。生产费用是指企业在一定时期(如一个月)内发生的、用货币表现的生产耗费。二者都是基于产品生产而言的,只不过强调的重点不同而已,生产成本偏重于指一定种类、一定数量产品的生产耗费,生产费用则偏重于指一定时期的生产耗费。而期间费用指的是企业为销售产品而发生的销售费用、为组织和管理生产经营活动而发生的管理费用,以及为筹集生产经营资金而发生的财务费用。

因此,上述分类的错误在于:(6) 是销售费用,属于期间费用;(11) 虽然属于期间费用,但它支付的是一个季度的利息,在本月只需负担其中的1/3,即仅有10 000 元应该计入本期的财务费用,其余 20 000 元应该在 1 月份和 2 月份已经分别预提,支付时应冲减"应付利息";(12) 不属于企业日常生产经营费用,应该在"营业外支出"账户中列支。

所以,正确的分类应该是:

生产成本 = (1) + (2) + (3) + (4) + (5) + (8) + (10)

= 70 000 + 6 000 + 8 000 + 20 000 + 5 000 + 1 000 + 400 = 110 400 (元)

期间费用 = (6) + (7) + (9) + (11) ÷ 3

= 9 000 + 10 000 + 900 + 30 000 ÷ 3 = 29 900 (元)

任务二
遵循产品成本核算的要求与程序

任务描述

本部分的学习任务是：理解掌握成本核算的要求；学会运用生产费用的分类和成本核算的主要会计账户；掌握产品成本核算的基本程序。

知识准备

一、成本核算的要求

为了充分发挥成本核算的作用，在成本核算工作中，应遵循以下几项要求：

（一）坚持成本核算原则

正确计算产品成本，提供真实可靠的成本信息，应当遵循的成本核算原则包括五项内容，见表1-2。

表1-2

	成本核算原则	具体内容
1	实际成本计价原则	• 按照实际发生的支出进行成本、费用的归集和计算 • 若采用定额成本或计划成本方法，月末编制财务会计报表时应调整为实际成本
2	定期核算原则	• 成本核算应当定期进行，一般以月为单位 • 各月完工产品成本核算时间应一致，以保证各期成本的可比性 • 跨月生产而月末尚未完工的产品，也应按月归集生产费用，计算生产成本
3	权责发生制原则	• 生产过程中发生的各项费用是否计入生产成本，应按权责发生制予以确认
4	一贯性原则	• 企业应根据生产类型特点及成本管理要求确定成本计算方法，一经确定，不得随意变动 • 在成本计算过程中，间接费用的分配方法也应保持相对稳定
5	受益原则	• 凡是涉及费用分配问题都应当按照谁受益谁承担、谁受益多谁多承担的原则进行分配

知识链接

权责发生制：指会计核算中确认本期收益和费用的方法。即凡属本期的收入，不论款项是否收到，均作为本期收入处理；不属本期的收入，即使本期收到的款项也只作为预收款项处理，而不作为本期收入。凡属本期的费用，不论款项是否支出，均作为本期费用处理；不属本期的费用，即使在本期支出，也不能列入本期费用。

在成本核算中主要是指费用确认问题，在计算成本时应以费用是否发生、产品或劳务是否已经受益为依据来确认费用归属。

（二）明确成本开支范围

成本开支范围是成本核算的重要依据。企业在成本核算过程中，要严格执行国家规定的成本开支范围，分清应计入产品成本和不应计入产品成本的费用界限。成本开支范围主要包括：

（1）产品生产过程中实际消耗的各种原材料、辅助材料、外购半成品、燃料、动力、包装物等物料的实际成本；

（2）产品生产过程中因使用固定资产所发生的折旧费、修理费、租赁费等；

（3）产品生产过程中因使用低值易耗品和无形资产所发生的摊销费；

（4）生产工人的工资、奖金、补贴、津贴和按规定比例提取的福利费等；

（5）企业在生产过程中所发生的制造费用等；

（6）其他与产品生产有关并应计入产品成本的费用。

注意：企业为购置和建造固定资产、购入无形资产和其他资产的支出，对外投资的支出，被没收的财物，各种罚款、赞助、捐赠支出以及国家规定不得列入生产成本的其他支出，不能计入成本开支范围。

（三）做好成本核算基础工作

成本会计基础工作包括：

1. 健全原始记录

原始记录是指按照规定的格式，对企业的生产、技术经济活动的具体事实所做的最初书面记载。它是进行各项核算的前提条件，是编制费用预算，严格控制成本费用支出的重要依据。成本会计有关的原始记录主要包括以下内容：

- 反映生产经营过程及其结果的原始记录，如生产通知单、产品入库单、废品报告单等；
- 反映材料物资动态的原始记录，如领料单、退料单等；
- 反映劳动耗费方面的原始记录，如考勤记录、加班加点记录、工资结算单等。

原始记录是一切核算的基础，必须真实正确、内容完整、手续齐全、要素完备。

2. 健全存货的计量、验收、领退和盘点制度

- 做好入库材料物资的计量与验收工作，准确的计量和严格的质量检测是保证原始记

录可靠性的前提；

- 及时办好领料和退料凭证手续，使成本中的材料费用相对准确；
- 对材料物资进行定期或不定期的清查盘点，进行账面调整，以保证库存材料物资的真实性，确保成本中的材料等费用更加准确。

3. 实施有效的定额管理

定额是指在一定生产技术组织条件下，对人力、财力、物力的消耗及占用所规定的数量标准。与成本核算有关的消耗定额主要有：工时定额、产品定额以及材料、燃料、动力、工具等消耗的定额，还有有关费用的定额，如制造费用的预算等。定额须根据生产的发展、技术的进步、劳动生产率的提高等，适时进行修订，使它为成本管理与核算提供客观的依据。

4. 建立适合企业内部的结算价格

在生产经营过程中，企业内部各车间、部门之间往往会相互提供半成品、材料、劳务等。为了分清企业内部各单位的经济责任，明确各单位工作业绩以及总体评价与考核的需要，应制定企业内部结算价格。

制定结算价格的主要依据有：

（1）内部转移的材料物资等，应以当时的市场价格作为内部结算价格。以市场价格为基础，也可以双方协商定价，即我们通常所说的“议价”，以其作为内部的结算价格。

（2）企业生产的零部件、半成品等在内部转移时，可以用标准成本或计划成本作为内部结算价格。

（3）在原有成本的基础上，加上合理的利润作为内部的结算价格。

（四）划清成本费用界限

为了加强对各种费用的控制，正确计算成本，应当严格划清以下费用界限：

1. 正确划分经营性支出与非经营性支出的界限

企业的经营活动包括生产经营活动和非生产经营活动。只有生产经营活动所发生的支出才能计入产品成本，非生产经营活动所发生的支出则不能计入产品成本。

知识链接

生产经营性支出：是指为生产产品和提供工业性劳务所发生的支出，如材料费、人工费、折旧费等；

非生产经营性支出：是指和生产成本没有直接关系的支出，如管理费用、销售费用、营业外支出等。

2. 正确划分成本支出与期间费用的界限

我国企业产品生产成本核算一般采用制造成本法。制造成本法的产品成本包括制造产品所耗费的生产费用，不包括期间费用（管理费用、财务费用、销售费用）。

3. 正确划分各个会计期间的费用界限

企业应按权责发生制的原则确定每期的成本、费用。对于应计入产品成本的费用，必须分清是由本期产品成本负担，还是应由以后各期产品成本负担。凡应由本期产品成本负担的费用，应全部计入本期产品成本；对于本期支付或发生，但不应由本期产品成本负担的费用，则不能计入本期产品生产成本。

4. 正确划分各种产品的费用界限

在生产多种产品的企业，必须将应由本期产品成本负担的生产费用，在各种产品之间进行分配，分别计算各种产品的成本。凡能分清应由某种产品负担的费用，应直接计入这种产品成本；分不清应由哪种产品负担的费用，即各种产品共同发生的费用，则应采用既合理又简便的方法，分配计入各种产品成本。

5. 正确划分完工产品与月末在产品的费用界限

月末，如果某种产品已全部完工，没有在产品，那么，该种产品应负担的生产费用则全部为该种完工产品的成本；如果某种产品全部未完工，即均为在产品，那么，该种产品负担的费用全部为其在产品成本；如果某种产品一部分完工，另一部分尚未完工，那么该种产品应负担的生产费用，则要在完工产品和月末在产品之间采用适当的分配方法进行分配，以正确计算完工产品成本和在产品成本。

二、生产费用的分类

生产费用是指企业生产经营过程中发生的各项耗费，也称“成本费用”。它可以按不同的标准分类，其中最基本的是按生产费用的经济内容和经济用途进行分类。

（一）生产费用按经济内容分类

生产费用按经济内容的分类也称“费用要素”，具体由以下项目组成：

（1）外购材料。企业耗用的从企业外部购入的原材料及主要材料、半成品、辅助材料、包装物、修理用备件和低值易耗品等。

（2）外购燃料。企业耗用的从外部购入的各种燃料，包括固体燃料、气体燃料、液体燃料。

（3）外购动力。企业耗用的从外部购入的各种动力，包括热力、电力和蒸汽等。

（4）职工薪酬。企业应计入生产费用的职工工资，以及企业按照工资总额的一定比例计提并计入的各项费用。

（5）固定资产折旧费。企业按规定的固定资产折旧方法计提的折旧费。

（6）固定资产修理费。它是指企业保证固定资产运行发生的修理费。

（7）利息支出。指企业应计入财务费用的借入款项的利息支出减利息收入后的余额。

（8）税金。指计入企业管理费用的各种税金，如印花税、房产税、车船使用税、土地使用税等。

（9）其他费用。不属于以上各项费用要素的其他费用，如办公费、差旅费等。

（二）生产费用按经济用途分类

生产费用按经济用途划分，可分为应计入产品成本的**生产费用要素**和直接计入当期损益的**期间费用要素**两类。

1. 生产费用要素的内容

生产费用要素的内容就是成本项目的内容。在进行成本核算时，制造企业一般应设置以下成本项目：

（1）直接材料：是指直接用于产品生产，构成产品实体的原料及主要材料、外购半成品（外购件）、修理用备件（备品配件）、包装物、有助于产品形成的辅助材料、燃料以及其他直接材料。

（2）直接人工：是指企业在生产产品和提供劳务过程中，直接从事产品生产的工人工资以及按生产工人工资总额和规定的比例计算提取的教育经费、工会经费、各种保险费及住房公积金等。

（3）制造费用：是指企业为生产产品而发生的各项间接费用，包括车间管理人员人工费用、折旧费、修理费、办公费、水电费、机物料消耗、劳动保护费、季节性和修理期间的停工损失等。制造费用不包括企业行政管理部门为组织和管理生产经营活动而发生的管理费用。

小贴士

企业可根据管理需要对成本项目进行适当调整，如将“燃料与动力”单设一个成本项目，还可设置“废品损失”“停工损失”等成本项目。

2. 期间费用要素的内容

不能计入产品成本的期间费用主要包括：管理费用、财务费用、销售费用。

（1）管理费用：是企业行政管理部门为组织和管理生产经营活动而发生的其他费用。包括：企业在筹建期间内发生的开办费、行政管理部门发生的费用（包括：固定资产折旧费、修理费、办公费、水电费、差旅费、管理人员的职工薪酬等）、业务招待费、研究费用、技术转让费、相关长期待摊费用摊销、财产保险费、聘请中介机构费、咨询费（含顾问费）、诉讼费等费用。

（2）财务费用：是企业为筹集生产经营所需资金发生的筹资费用。包括：利息费用（减利息收入）、汇兑损失、银行相关手续费、企业给予的现金折扣（减享受的现金折扣）等费用。

（3）销售费用：是企业在销售商品或提供劳务过程中发生的费用。包括：销售人员的职工薪酬、商品维修费、运输费、装卸费、包装费、保险费、广告费、业务宣传费、展览费等费用。

【例1-2】顺德公司4月份的有关数据如下：

（1）购进材料100 000元，其中70%被生产产品领用；

（2）生产工人工资60 000元，车间管理人员工资6 000元，行政管理人员工资11 000元；

（3）贷款购买设备支付利息7 000元；

（4）发生广告费8 000元；

（5）生产设备计提折旧费2 000元。

要求：计算该公司的产品成本和期间费用。

解：产品成本 = 事项（1）的直接材料 70 000 元 + 事项（2）的直接人工 60 000 元 + 事项（2）的制造费用 6 000 元、事项（5）的制造费用 2 000 元 = 138 000（元）

期间费用为 = 事项（2）的管理费用 11 000 + 事项（3）的贷款利息 7 000 元 + 事项（4）的广告费 8 000 元 = 26 000（元）

（三）生产费用的其他分类

1. 生产费用按与生产工艺的关系分类

计入产品成本的各项生产费用，按与生产工艺的关系，可以分为直接生产费用和间接生产费用。

（1）直接生产费用：是指由于生产工艺本身引起的、直接用于产品生产的各项费用，如原料费用、主要材料费用、生产工人工资和机器设备折旧费等。

（2）间接生产费用：是指与生产工艺没有联系、间接用于产品生产的各项费用，如机物料消耗、辅助工人工资和车间厂房折旧费等。

2. 生产费用按计入产品成本的方法分类

计入产品成本的各项生产费用，按计入产品成本的方法，可以分为直接计入费用（一般称为“直接费用”）和间接计入费用（一般称为“间接费用”）。

（1）直接计入费用：是指可以分清哪种产品所耗用、可以直接计入某种产品成本的费用。

（2）间接计入费用：是指不能分清哪种产品所耗用、不能直接计入某种产品成本，而必须按照一定标准分配计入有关的各种产品成本的费用。

例如，在只生产一种产品的企业中，生产产品领用的材料即为直接计入费用；在生产多种产品的企业中，几种产品共同领用的材料即为间接计入费用。

三、产品成本核算的基本程序和主要会计账户

（一）产品成本核算的基本程序

产品成本核算的基本程序是指根据成本核算的基本要求，对成本费用进行分类核算，直到计算出完工产品总成本和单位成本的基本过程。不同生产工艺过程和生产组织的企业，成本计算的具体方法不同，但都遵循以下基本程序，见图 1－1。

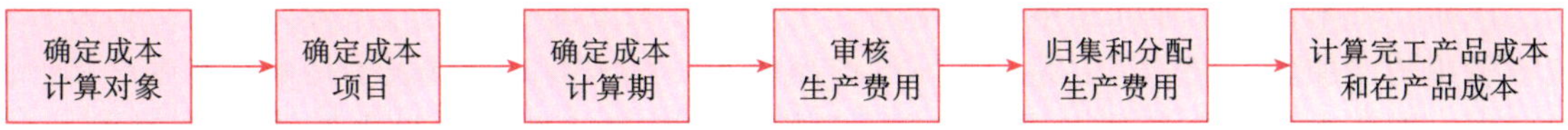

图 1－1

1. 确定成本计算对象

成本计算对象是生产费用的承担者，即归集和分配生产费用的对象。确定成本计算对象是计算产品成本的前提。由于各企业的生产特点、管理要求、规模大小、管理水平不同，其成本计算对象也不尽相同。对制造企业而言，成本计算对象包括产品品种、产品批别和产品的生产步骤、产品的类别等。企业应根据自身的生产特点和管理要求，选择合适的产品成本计算对象。

2. 确定成本项目

成本项目是指生产费用要素按经济用途划分成的若干项目。成本项目一般包括直接材料、直接人工、制造费用三个项目。企业可根据自身具体情况，增减一些项目，如单设燃料及动力、废品损失、停工损失等成本项目。

3. 确定成本计算期

成本计算期是指前后两次成本计算的间隔期。当企业按产品品种、产品生产步骤、产品生产类别作为成本计算对象时，产品成本的计算期通常与会计期间相同，即在每月月末计算产品成本。当企业按产品的生产批别作为产品成本计算对象时，产品成本的计算期则与该批产品的生产周期相一致，即在该批产品完工时计算产品成本。

4. 审核生产费用

审核生产费用是指对发生的生产费用进行审查与核实，审核生产费用是否客观真实、合理合法、正确无误，是否属于产品成本的开支范围，是否符合产品成本的开支标准，保证产品成本计算的真实正确。

5. 归集和分配生产费用

归集和分配生产费用是指将应计入本期产品成本的各种要素费用在各有关产品之间，按成本项目进行归集和分配。

归集和分配生产费用的原则是：谁受益，谁承担。

归集和分配生产费用的方法是：直接计入费用直接认定，间接计入费用按合适的分配方法分配计入。

6. 计算完工产品成本和在产品成本

对月末既有完工产品又有在产品的产品，应将在成本计算期内所归集的生产费用，采取一定的方法在完工产品与在产品之间进行分配，确定完工产品和在产品的成本。

（二）产品成本核算应用的主要会计账户

为了正确、科学地进行产品成本核算，企业应设置和运用成本核算的有关账户，并在账户上按照生产费用的经济用途进行归集和分配费用，计算产品成本。根据《企业会计准则》的规定，以及企业生产费用核算和产品成本计算的需要，一般应设置以下账户：

1. “基本生产成本”账户

该账户用来核算企业的基本生产车间为生产产品发生的各项生产费用。该账户借方登记成本费用的增加数，贷方登记完工入库的产品成本；期末借方余额表示月末基本生产在产品的成本，即基本生产在产品占用的资金。该账户应按基本生产车间和成本核算对象（如：产品的品种、类别、订单、批别、生产步骤等）设立明细账，并按规定的成本项目（直接材料、直接人工、制造费用）设立专栏核算。

2. “辅助生产成本”账户

该账户用来核算企业的辅助生产车间为基本生产车间、行政管理部门、其他辅助生产车间生产产品或提供劳务所发生的生产费用。该账户借方登记为进行辅助生产而发生的各种费用；贷方登记完工入库产品的成本或分配转出的劳务的成本；余额在借方，表示辅助生产在产品的成本，即辅助生产在产品占用的资金。该账户应按辅助生产提供的劳务和产品（如动力、修理、运输等）为成本计算对象，设立明细账，并按规定的成本项目设立专栏核算。

知识链接

基本生产：是指为完成企业主要生产目的而进行的产品生产，如铝厂为生产铝锭而进行的生产。从事基本生产的车间称为基本生产车间。辅助生产是指企业内部为基本生产服务而进行的产品生产和劳务供应，如设备维修、供水、供电等。从事辅助生产的车间称为辅助生产车间。

有些企业也这样设置账户：设“生产成本”为一级账户，再设“基本生产成本”、“辅助生产成本”两个明细账户，即“生产成本——基本生产成本”、“生产成本——辅助生产成本”。各个企业可根据自身规模大小、机构设置、管理要求等情况来设定账户。

3. “制造费用”账户

该账户用来核算企业生产车间或分厂在生产产品或提供劳务过程中发生的各项间接费用。该账户借方登记实际发生的制造费用；贷方登记分配转出的制造费用；除季节性生产企业外，该账户月末应无余额。

4. “废品损失”账户

需要单独核算废品损失的企业，应设置“废品损失”账户。该账户的借方登记不可修复废品的生产成本和可修复废品的修复费用；贷方登记废品残料回收的价值、应收的赔款以及转出的废品净损失；该账户期末应无余额。“废品损失”账户应按车间设置明细分类账，账内按产品品种分设专户，并按成本项目设置专栏或专行，进行明细登记。

5. “停工损失”账户

需要单独核算停工损失的企业，应设置“停工损失”账户。该账户借方登记发生的停工损失；贷方登记应收赔款、应计入营业外支出的损失以及分配转出的停工损失；该账户一般月末无余额。

6. “库存商品”账户

企业生产产品完工入库，应设置“库存商品”账户。该账户的借方登记完工入库产品的生产成本；贷方登记已经销售产品结转的生产成本；该账户期末余额在借方，表示尚未出售的完工产品生产成本。

知识链接

对于不需要单独核算废品损失和停工损失的企业，也可以不单独设置“废品损失”和“停工损失”账户，而是在“基本生产成本”账户下分别设置“废品损失”和“停工损失”明细账户进行核算。

四、成本会计工作流程

成本会计工作流程如图 1－2 所示。

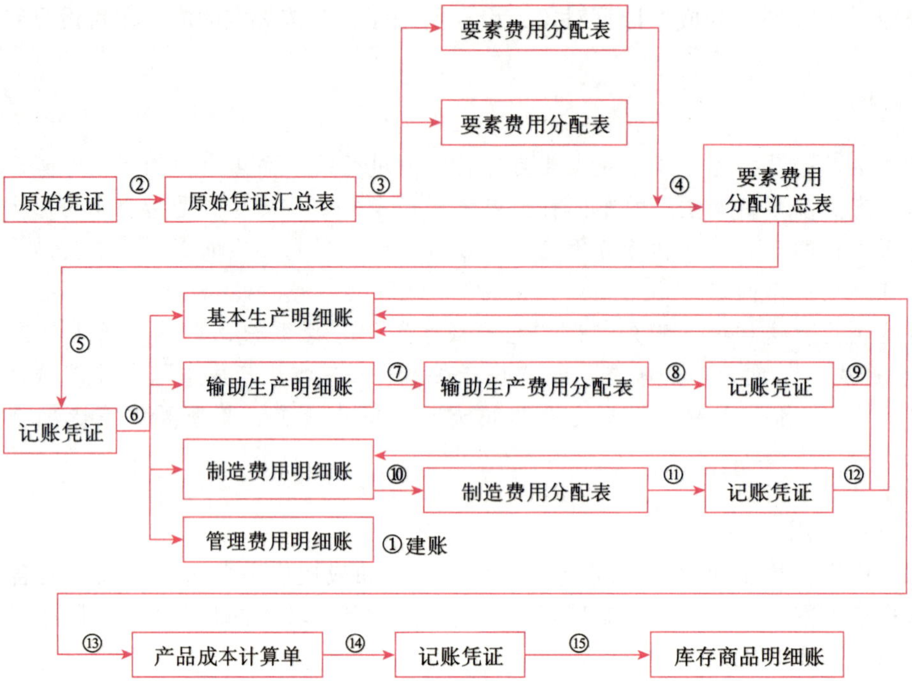

图1－2　成本会计工作流程图

说明：

①开设成本费用明细账；

②根据原始凭证编制原始凭证汇总表；

③根据根据原始凭证汇总表编制材料、人工等要素费用分配表；

④根据要素费用分配表按受益对象编制要素费用分配汇总表；

⑤根据要素费用分配汇总表编制记账凭证；

⑥根据记账凭证登记成本费用明细账；

⑦根据辅助生产明细账记录及相关资料编制辅助生产费用分配表；

⑧根据辅助生产费用分配表编制记账凭证；

⑨ 将⑧的内容登记入有关的成本费用明细账；

⑩ 根据制造费用明细账记录及相关资料编制制造费用分配表；

⑪根据制造费用分配表编制记账凭证；

⑫根据⑪的内容登记有关的生产成本明细账；

⑬根据生产成本明细账及相关资料编制产品成本计算单；

⑭根据产品成本计算单结转完工入库产品的成本，编制记账凭证；

⑮根据⑭的内容登记库存商品和生产成本明细账。

应用实例

成本会计核算程序混乱

张亮在明宇建材厂进行毕业实习。在实习中，他发现该厂没有专门的成本会计核算员，而且大部分会计人员平时工作都很轻松，一到月末则忙得不可开交，连日加班到深夜是常有的事。经过了解，他得知：造成这种局面的主要问题在于该厂的成本核算环节。该厂大部分有关成本费用开支方面的凭证在平时都堆积在一起，不做处理，等到月末时，再由所有财务人员集中到一起，分头处理相关原始凭证，而且每个人的工作内容又不是相对固定的。从总体看，成本核算工作缺乏有序的组织和缜密的事前规划，就连作为内部自制原始凭证的有关成本费用汇总表都一直没有固定可比的格式。所以，月末的成本核算工作常常乱作一团，缺乏有序的衔接与配合，返工重做是经常的事情。

【问题】该企业的成本核算程序存在什么问题？

【分析】在上述实例中，明宇建材厂没有建立科学有序的成本会计核算程序，致使成本核算工作一片混乱，既影响了核算工作的速度，又影响了核算成果的质量。

本单元知识要点

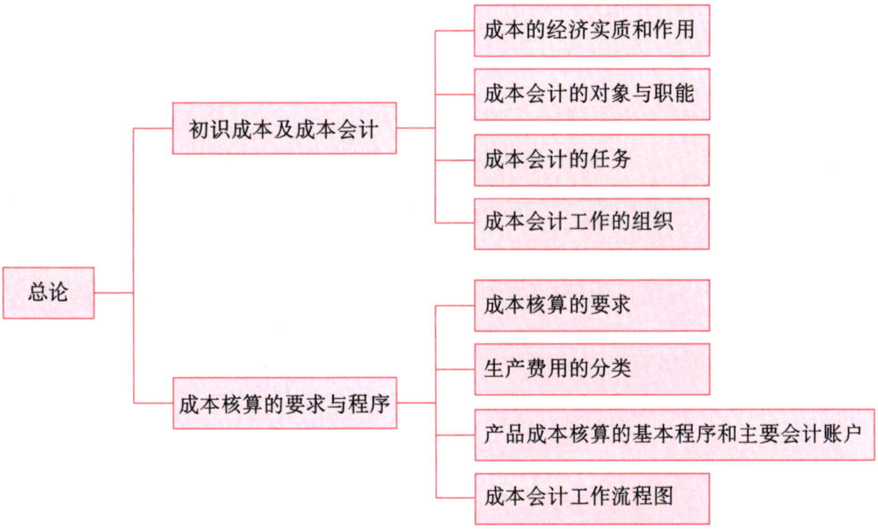

单元二
2 费用要素的核算

学习目标

- 理解和掌握直接计入费用和间接计入费用的分配方法
- 掌握材料费用、人工费用的归集和分配方法
- 理解并学会应用其他费用的归集和分配方法

引例

“喝汇源果汁，看星光大道”，相信喜欢喝果汁的朋友对这则广告都不陌生，那你知道我国的浓缩果汁是盛在什么容器里飘洋过海，远销国外的吗？答案就是——钢桶，下面就让我们一起走入三峡龙翔包装有限公司，看看钢桶是如何生产出来的，钢桶的成本又是怎样计算出来的。

三峡龙翔包装有限公司是一家生产钢桶的企业，主要产品有果汁桶和化工桶，用于浓缩果汁、化工材料等产品的出口包装。该企业设有一个基本生产车间（一车间）和修配、供电两个辅助生产车间。公司拥有3条完整的钢桶柔性生产线，设备先进，工艺合理，其主要工艺流程如下：

原材料→桶身下料→卷圆→焊接→卷边封口→喷漆→烘干→试漏、组装、检验→成品入库。

自动化生产线

产成品

任务一
归集和分配材料费用

任务描述

本部分的学习任务是：了解材料费用核算的内容；学会材料费用归集和分配的方法；掌握材料费用核算的工作流程。

知识准备

一、材料费用核算的内容

产品的生产过程也就是材料的消耗过程，材料在产品成本中一般占有较大的比重，所以材料费用的高低就会影响到产品成本和企业的盈利水平。

制造企业在生产过程中所耗用的**材料费用是指产品生产过程中耗用的、构成产品实体或有助于产品形成的各种材料物资的货币表现**，包括产品生产过程中耗用的原料及主要材料、辅助材料、外购半成品、燃料、动力、包装物等。

原料及主要材料：是指直接用于产品生产、构成产品实体的各种原料和材料，如冶炼用的矿砂、纺织用的原棉、木器制造用的原木、制造机器用的钢材等。

辅助材料：是指直接用于产品生产或有助于产品形成但不构成产品实体的各种材料，如染料、油漆、润滑油、防锈漆等。

外购半成品：是指从外单位购入需经本企业继续加工或装配，构成产品实体的各种材料，如汽车制造厂外购的轮胎、织布厂外购的棉纱等。

燃料：是指生产过程中用于燃烧、发热等用途的各种材料，包括固体、液体和气体燃料，如煤、汽油、天然气等。

动力：是指在生产过程中耗用的电力、热力等。

包装物：是指包装本企业产品，并随同产品一起出售、出租、出借给购货单位的包装容器，如箱、桶、瓶、袋等。

注意：包装时使用的纸张、绳、铁丝等不属于包装物，属于辅助材料。

二、材料费用核算的原始凭证

材料费用核算的原始凭证是材料发出时的各有关领退料凭证，如领料单、限额领料单、领料登记表等。

三、材料费用的归集和分配

（一）材料费用的归集

月中，企业各车间和部门从仓库领用材料，必须填写“领料单”等领料凭证。只有经过（批准）审核、签章的领料单才能据以发料，并作为发料核算的原始凭证。

月末，会计部门应对领料凭证所列材料的种类、数量、用途等进行审核，并按材料耗用的用途、使用部门进行归集，编制发料凭证汇总表（见表2－1），进行账务处理。

（二）材料费用的分配

1. 分配原则

（1）构成产品实体并能够分清是哪种产品耗用的材料费用，直接计入该种产品的生产成本中，如生产豆沙包领用的豆沙馅料就可直接计入豆沙包的成本。

（2）几种产品共同耗用的材料费用，应选择适当的分配标准分配计入这几种产品的生产成本中，如生产馒头、豆沙包、花卷三种产品共同耗用的面粉、酵母、泡打粉等材料费用，就需要分配后分别计入馒头、豆沙包和花卷的成本中。

2. 分配方法

材料费用的分配方法通常有：定额消耗量比例法、定额费用比例法、产品重量比例法等。

（1）定额消耗量比例法。是指以原材料定额消耗量为分配标准进行分配的方法。**定额消耗量是指一定产量的产品按照消耗定额计算的材料耗用数量。**如一袋馒头的面粉消耗定额为0.75千克，10袋馒头的面粉定额消耗量就是7.50千克。这种方法适用于材料消耗比较单一，单位产品消耗定额比较准确的产品。按定额消耗量比例法分配材料费用的计算公式如下：

原材料定额消耗总量＝∑（产品实际产量×单位消耗定额）

原材料费用分配率＝应分配的材料费用÷原材料定额消耗总量

某产品应分配的材料费用＝该产品的定额消耗量×原材料费用分配率

【例2－1】阳光食品厂生产果疏馒头、豆沙包两种产品，本月共同耗用面粉等材料9 770元。果疏馒头的实际产量为2 200袋，单袋馒头的面粉消耗定额为0.70千克；豆沙包的实际产量为2 000袋，单袋豆沙包的面粉消耗定额为0.30千克。要求按定额消耗量比例法分配材料费用。

解：果疏馒头面粉定额消耗量＝2 200×0.70＝1 540（千克）

豆沙包的面粉定额消耗量＝2 000×0.30＝600（千克）

原材料费用分配率＝9 770÷（1 540＋600）＝4.57（元/千克）

果疏馒头应分配的材料费用＝1 540×4.57＝7 037.80（元）

豆沙包应分配的材料费用＝9 770－7 037.80＝2 732.20（元）

（2）定额费用比例法。是以原材料的定额费用作为分配标准进行材料费用分配的方法。这种方法适用于产品生产过程中消耗的原材料品种较多，不宜按品种确定原材料消耗量，但有比较合理的材料费用消耗定额的产品。其计算公式如下：

原材料定额费用总额 = ∑（产品产量 × 单位产品定额费用）

= ∑（产品产量 × 单位消耗量 × 计划单价）

原材料费用分配率 = 应分配的材料费用 ÷ 原材料定额费用总额

某产品应分配的材料费用 = 该产品原材料定额费用 × 原材料费用分配率

【例 2－2】甲、乙两种产品本月共同耗用 C 材料 1 100 千克，每千克 8 元。甲产品的实际产量为 150 件，单件产品材料定额费用为 32 元；乙产品的实际产量为 80 件，单件产品材料定额费用为 40 元。要求按定额费用比例法分配材料费用。

解： 甲产品材料定额费用 = 150 × 32 = 4 800（元）

乙产品材料定额费用 = 80 × 40 = 3 200（元）

材料费用分配率 = 8 800 ÷（4 800 + 3 200）= 1.1

甲产品应负担的材料费用 = 4 800 × 1.1 = 5 280（元）

乙产品应负担的材料费用 = 3 200 × 1.1 = 3 520（元）

（3）产品重量比例法。是以产品重量为分配标准分配材料费用的方法。这种方法适用于材料消耗量与产品重量关系密切的产品。其计算公式如下：

材料费用分配率 = 应分配的材料费用总额 ÷ 各种产品的重量之和

某产品应负担的材料费用 = 该种产品的重量 × 材料费用分配率

【例 2－3】东方线材厂 4 月份生产 A、B 两种产品，其产品重量分别为 40 000 千克和 85 000 千克，共耗用生铁 55 000 元。请按产品重量比例法分配材料费用。

解： 材料费用分配率 $= \dfrac{55\ 000}{40\ 000 + 85\ 000} = 0.44$

A 产品应分配的材料费用 = 40 000 × 0.44 = 17 600（元）

B 产品应分配的材料费用 = 85 000 × 0.44 = 37 400（元）

（三）按受益对象分配材料费用

按受益对象分配材料费用时，借记有关成本费用账户：主要产品耗用的记入“基本生产成本”账户；辅助生产耗用的记入“辅助生产成本”账户；生产车间非生产产品耗用的记入“制造费用”账户；行政管理部门耗用的记入“管理费用”账户；专设销售机构耗用的记入“销售费用”账户。贷记“原材料”账户。

四、工作流程

归集和分配材料费用的工作流程如图 2－1 所示。

业务举例

业务 1 收集和分配材料费用

【业务说明】本业务是会计人员根据三峡龙翔包装有限公司本月有关车间和部门的领料单，归集和分配材料费用，共同耗用材料费用采用定额消耗量比例分配，每只果汁桶的消耗定额为 12 千克，每只化工桶的消耗定额为 11 千克。

【业务资料】7 月份领用材料、产品生产情况如表 2－1、表 2－2 所示（领料单略）。

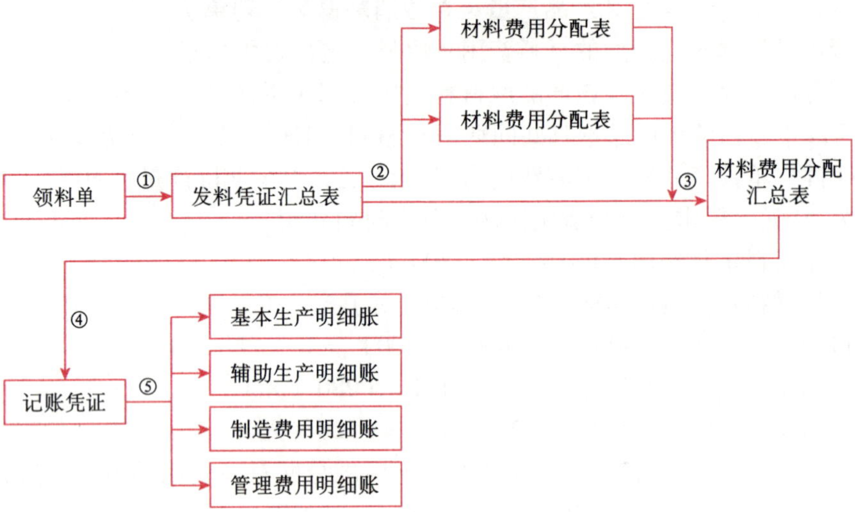

图 2－1 归集和分配材料费用的工作流程

说明：

①根据领料单编制发料凭证汇总表；

②对两种以上产品共同耗用的材料编制材料费用分配表；

③根据①②编制材料费用分配汇总表；

④根据③编制记账凭证；

⑤根据④登记成本费用明细账。

表 2－1 发料凭证汇总表

2016 年 7 月 金额单位：元

领用部门	用途	原材料、辅助材料	燃料	修理用备件	合计
一车间	生产果汁桶、化工桶	365 563. 33			365 563. 33
一车间	生产果汁桶	22 844. 20			22 844. 20
一车间	生产化工桶	2 800. 00			2 800. 00
一车间	劳保	2 684. 00			2 684. 00
修配车间	机物料消耗		130	1 070. 00	1 200. 00
合 计		393 891. 53	130. 00	1 070. 00	395 091. 53

表 2－2 产品生产情况通知单

2016 年 7 月

产品名称	单位	月初在产品	本月投产	本月完工	月末在产品	备注
果汁桶	只	300	4 200	4 400	100	
化工桶	只	100	700	750	50	

第二联 会计联

生产计划科：李洪顺　　生产部门：刘 惠　　制单：王 冬

【业务实施】

第一步：分配共同耗用的材料费用。

一车间生产两种产品，共同耗用桶身板等材料，以定额消耗量为标准进行分配。计算过程如下：

（1）按投产数量计算受益产品的定额消耗量（即分配标准）。

果汁桶的定额消耗量 =4 200 ×12 =50 400（千克）

化工桶的定额消耗量 =700 ×11 =7 700（千克）

（2）计算材料费用分配率。

材料费用分配率 = 365 563. 33 ÷（50 400 +7 700）=6. 29（元/千克）

（3）计算受益产品应分配的材料费用，并编制材料费用分配表。

果汁桶应分配的材料费用 =50 400 ×6. 29 =317 016（元）

化工桶应分配的材料费用 =365 563. 33 －317 016 =48 547. 33（元）

根据发料凭证汇总表及计算结果，编制“材料费用分配表”（见表 2 －3）。

表 2 －3　　**材料费用分配表**

材料：桶身板等共耗材料　　2016 年 7 月　　金额单位：元

产品名称	投产数量	单位产品消耗定额（千克）	材料消耗定额（千克）	分配率	分配金额
果汁桶	4 200	12	50 400		317 016. 00
化工桶	700	11	7 700		48 547. 33
合计			58 100	6. 29	365 563. 33

主管会计：赵少波　　记账：范一鸣　　审核：吕永立　　制表：毛　珍

第二步：编制“材料费用分配汇总表”。

根据发料凭证汇总表和材料费用分配表，编制“材料费用分配汇总表”（见表 2 －4）。

表 2 －4　　**材料费用分配汇总表**

2016 年 7 月　　金额单位：元

应借科目	成本项目	直接计入	分配计入	合计
基本生产成本——果汁桶	直接材料	22 844. 20	317 016. 00	339 860. 20
基本生产成本——化工桶	直接材料	2 800. 00	48 547. 33	51 347. 33
小计		25 644. 20	365 563. 33	391 207. 53
辅助生产成本——修配车间	机物料消耗	1 200. 00		1 200. 00
制造费用——生产车间	机物料消耗	2 684. 00		2 684. 00
合计		29 528. 20	365 563. 33	395 091. 53

第三步：填制记账凭证。

根据材料费用分配汇总表和其他原始凭证，填制记账凭证（见表 2 －5，假设此前业务已编至136号记账凭证）。

表2-5

记账凭证

2016年7月31日　　　　记字第 137号

摘要	借方 总账科目	借方 子细目	贷方 总账科目	贷方 子细目	借方金额	√	贷方金额	记账
分配材料费用	基本生产成本	果汁桶			339860.20			
	基本生产成本	化工桶			51347.33			
	辅助生产成本	修配车间			1200.00			
	制造费用	生产车间			2684.00			
			原材料				395091.53	
					¥395091.53		¥395091.53	

会计主管 赵少波　　记账 范一鸣　　复核 吕永立　　制单 毛珍　　附件 10 张

第四步：登记成本费用明细账。

根据审核无误的记账凭证及所附原始凭证，登记基本生产成本明细账（表2-6、表2-7）、辅助生产成本明细账（表2-8、表2-9）、制造费用明细账（表2-10）。

表2-6

基本生产成本明细账

车间名称：一车间　　　　计量单位：只

产品名称：果汁桶　　　　完工产量：4400

2016年 月	日	凭证 种类	号数	摘要	借方发生额	成本项目 直接材料	直接人工	制造费用			
7	31	记	137	分配材料费用	339860.20	339860.20					
7	31	记	138	分配电费	14040.00	14040.00					
7	31	记	139	分配工资费用	54900.00		54900.00				
7	31	记	140	计提职工薪酬费用	24117.00		24117.00				
7	31	记	143	分配辅助生产费用	10330.61			10330.61			
7	31	记	144	分配制造费用	40464.00			40464.00			
7	31			本月合计	483711.81	353900.20	79017.00	50794.61			
7	31	记	145	结转完工产品成本（红字）	475847.81	346036.20	79017.00	50794.61			
7	31			月末在产品成本	7864.00	7864.00	0	0			

表 2－7

基本生产成本明细账

车间名称：一车间　　　　　　　　　　　　　　　　　　　　计量单位：只

产品名称：化工桶　　　　　　　　　　　　　　　　　　　　完工产量：750

2016年 月	日	凭证 种类	号数	摘要	借方发生额	成本项目 直接材料	直接人工	制造费用	燃料及动力		
7	31	记	137	分配材料费用	51347.33	51347.33					
7	31	记	138	分配电费	1560.00	1560.00					
7	31	记	139	分配工资费用	6100.00		6100.00				
7	31	记	140	计提职工薪酬费用	2629.00		2629.00				
7	31	记	144	分配制造费用	4508.79			4508.79			
7	31			本月合计	66145.12	52907.33	8729.00	4508.79			
7	31	记	145	结转完工产品成本（红字）	62838.62	49600.83	8729.00	4508.79			
7	31			月末在产品成本	3306.50	3306.50	0	0			

表 2－8

辅助生产成本明细账

车间名称：修配车间

2016年 月	日	凭证 种类	号数	摘要	借方发生额	明细项目 机物料消耗	职工薪酬	折旧费	水电费	办公费	租赁费
7	31	记	137	分配材料费用	1200.00	1200.00					
7	31	记	138	分配电费	1700.45				1700.45		
7	31	记	139	分配工资费用	3300.00		3300.00				
7	31	记	140	计提职工薪酬费用	1440.00		1440.00				
7	31	记	141	计提折旧费	1116.67			1116.67			
7	31	记	142	其他费用分配表	475.00					75.00	400.00
7	31			本月合计	9232.12	1200.00	4740.00	1116.67	1700.45	75.00	400.00
7	31	记	143	分配转出（红字）	9232.12	1200.00	4740.00	1116.67	1700.45	75.00	400.00

表 2－9

辅助生产成本明细账

车间名称：供电车间

2016年 月	日	凭证 种类	号数	摘要	借方发生额	机物料消耗	职工薪酬	折旧费	水电费	办公费	租赁费
7	31	记	139	分配工资费用	2100.00		2100.00				
7	31	记	140	计提职工薪酬费用	906.00		906.00				
7	31	记	141	计提折旧费	255.00			255.00			
7	31	记	142	其他费用汇总表	675.00					75.00	600.00
7	31			本月合计	3936.00		3006.00	255.00		75.00	600.00
7	31	记	143	分配转出（红字）	3936.00		3006.00	255.00		75.00	600.00

表 2－10

制造费用明细账

车间名称：一车间

2016年 月	日	凭证 种类	号数	摘要	借方发生额	机物料消耗	职工薪酬	折旧费	水电费	办公费	租赁费用
7	31	记	137	分配材料费用	2684.00	2684.00					
7	31	记	138	分配电费	1050.00				1050.00		
7	31	记	139	分配工资费用	6074.00		6074.00				
7	31	记	140	计提职工薪酬费用	2696.09		2696.09				
7	31	记	141	计提折旧费	18484.61			18484.61			
7	31	记	142	其他费用汇总表	12282.00					282.00	12000.00
7	31	记	142	分配辅助费用	1702.09				1702.09		
7	31			本月合计	44972.79	2684.00	8770.09	18484.61	2752.09	282.00	12000.00
7	31	记	144	分配转出（红字）	44972.79	2684.00	8770.09	18484.61	2752.09	282.00	12000.00

知识链接

企业在进行材料费用核算时，可以按实际成本计价（如上例），也可以按计划成本计价。如果采用计划成本计价核算，材料的收、发、存都应按计划价格计算，并计算材料成本差异，以便将材料的计划成本调整为实际成本。

实例应用

材料费用分配方法选择不当

通达设备制造公司7月份开始生产甲、乙、丙3种产品，这3种产品都耗用A材料，且产品越重，消耗的材料就越多。本月共耗用A材料3万千克，每千克8元。通达公司以前采用按产品的产量比例对材料费用进行分配，6月份制定了材料消耗定额，有关资料如下表所示。

甲、乙、丙3种产品材料的分配结果　　单位：元

产品名称	按产品产量比例计算	按产品重量比例计算	按材料定额消耗量比例计算
甲产品	20 000	20 000	11 600
乙产品	80 000	40 000	38 600
丙产品	140 000	180 000	189 800
合计	240 000	240 000	240 000

【问题】

1. 通达公司目前材料费用的分配方法是否合适？
2. 7月份开始生产的新产品适合采用什么方法分配材料费用？
3. 通达公司材料费用的分配方法可作哪些改进？

【分析】

1. 从表中可以看出，对于同一种材料，采用不同的计算方法结果大不一样。
2. 甲、乙、丙3种产品消耗材料的成本，与产品的重量有直接关系，产品越重，消耗的材料就越多，因此，目前采用的按产品产量的比例分配材料费用并不合理。
3. 该企业的定额资料不稳定、不完善，所以对新投入的产品所耗用的材料费用，采用按产品重量比例计算分配材料费用比较合适。
4. 在企业生产的产品种类较多的情况下，并不能将所有产品耗用的材料采用一种方法分配，而应根据其具体情况，采用不同的方法，以使计算结果更加准确。

任务二
归集和分配外购动力费用

任务描述

本部分的学习任务是：了解外购动力费用核算的内容；学会外购动力费用归集和分配的

方法；掌握外购动力费用核算的工作流程。

知识准备

一、外购动力费用的归集

动力是企业生产经营过程中必不可少的要素。**外购动力费用**主要指从企业外部有关单位购入的电力、蒸汽（热力）等动力费用。动力按其来源不同，分为自制与外购。企业从外单位购入动力所发生的支出称为**"外购动力费用"**。外购的动力，有的直接用于产品生产，有的用于照明、办公设备运作等其他用途，因此，动力费用应按用途和使用部门进行归集。

二、外购动力费用核算的原始凭证

（1）外购动力费用的原始记录一般为外购动力费结算清单、外来发票（外来账单），内部动力消耗通常采用仪表记录，分配标准明确。

（2）外购动力费用的计价是按照外来发票（外来账单）金额进行计价的。

三、外购动力费用的分配原则

按受益单位（对象）进行分配。在有仪表记录的情况下（即能够分清哪种产品耗用），可根据仪表所示耗用动力的数量乘以动力单价计算；没有仪表记录，无法分清哪种产品消耗多少的，可按生产工时、机器工时等标准进行分配。

四、计算公式

外购动力费用分配率＝应分配的外购动力费用÷受益产品的生产工时之和（机器工时之和）

某种产品应分配的外购动力费用＝该种产品的生产工时（机器工时）×外购动力费用分配率

【例2－4】天元厂6月份耗电40 000度，每度电0.80元。该企业基本生产车间耗电33 000度（其中车间照明3 000度），行政管理部门耗电7 000度。基本生产车间生产A、B两种产品，A产品生产工时36 000小时，B产品生产工时24 000小时。要求：将外购动力费用在A、B产品之间进行分配。

解： 产品耗用电费＝33 000×0.80－3 000×0.80 ＝26 400－2 400 ＝24 000（元）

$$电费分配率=\frac{24\ 000}{36\ 000+24\ 000=}=0.40（元/工时）$$

A产品应分配电费＝36 000×0.40＝14 400（元）

B产品应分配电费＝24 000×0.40＝9 600（元）

五、按受益对象分配外购动力费用

按受益对象分配外购动力费用时，借记有关成本费用账户：用于主要产品生产的记入"基本生产成本"账户；辅助生产耗用记入"辅助生产成本"账户；生产车间一般耗用记入"制造费用"账户；行政管理部门耗用记入"管理费用"账户；专设销售机构耗用记入

“销售费用”账户。贷记“银行存款”、“应付账款”账户。

注意：

● 外购动力费用支付与分配的时间、金额通常不一致，一般要通过“应付账款”账户核算；月末按照外购动力的用途分配费用时，借记各成本费用账户，贷记“应付账款”账户。

● 外购动力的性质类似于原材料的购进，不同之处是外购动力没有实物形态，所以当动力费用在产品成本中所占比重较大时，为便于单独考核，可在产品成本明细账中单独设置“燃料及动力”成本项目进行核算；若企业发生的外购动力费用较少，或不需要单独考核动力费用时，也可将其并入“直接材料”成本项目。

六、工作流程

归集和分配外购动力费用的工作流程如图 2－2 所示。

业务举例

业务 2　归集和分配外购活力费用

【业务说明】本业务是会计人员根据龙翔公司 7 月份有关车间和部门耗用外购动力，归集和分配外购动力费用。共同耗用的外购动力费用按产品生产工时比例分配。

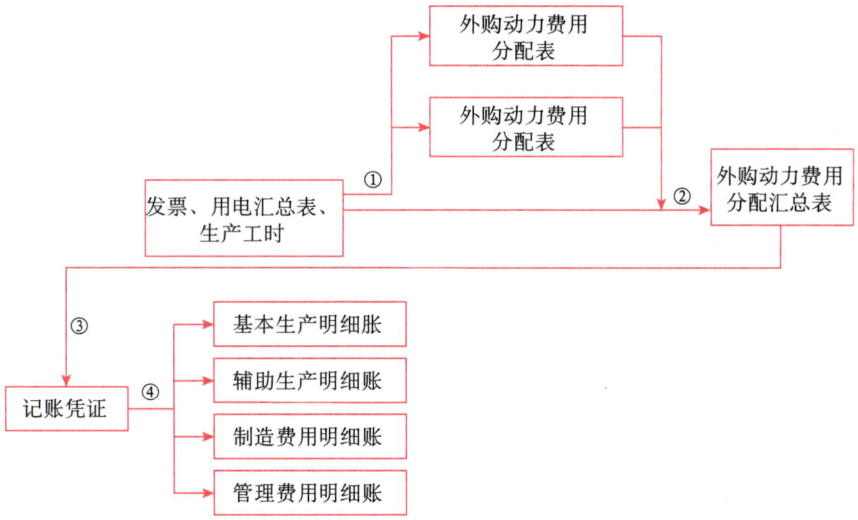

图 2－2　归集和分配外购动力费用的工作流程

说明：

① 根据外购动力发票、车间、部门耗用汇总表及生产工时编制外购动力费用分配表；

② 根据①编制外购动力费用分配汇总表；

③ 根据②编制记账凭证；

④ 根据③登记成本费用明细账。

【业务资料】7 月，财务部门根据电力公司的电费结算清单，应支付电费 22 523.03 元

（见表 2－11、表 2－12）。

表 2－11 河南省电力公司电费结算清单

25006 核算年月：2016－07

55816		客户名称		三峡龙翔包装有限公司							
		用电地址		河南省三峡市交口村							
人民币（大写）贰万贰仟伍佰贰拾叁元零叁分											¥22 523. 03
		总无功电量		5 460		电量电费		5 981. 75	力调电费		541. 29
标准 0. 9		参加力调电费		21 651. 63		实际力率		0. 85	力调系数		0. 025
		计费容（需）量		800		基本价格		20	基本电费		16 000
	时段	电量	电价	损耗电量		其中追退电量		电费	定比/定量	计费表套号	
	…	…	…	…		…		…	…	…	
时段	表计类型	表计编号	类型	本月读数	上月读数	倍率	抄见电量	追退	变损	线损	合计电量
…	…	…	…	…	…	…	…	…	…	…	…

抄表日期：2016－07－14 核算员：王正泽 打印日期：2016－07－19

表 2－12

4100113170 河南省增值税专用发票 No 00445145

（印章：河南 发票联）

开票日期： 2016年7月23日

购货单位	名 称：三峡龙翔包装有限公司 纳税人识别号：411200715637849 地 址、电 话：开发区工业园区0111-2123232 开户行及账号：工行湖支1234567891234567890	密码区	/*/987-48 005-<-6 43080*2 35>/*5/	加密版本：01 41001131170 99900445145 43636547877

货物或应税劳务名称	规格型号	单位	数量	单价	金额	税率	税额
一般大工业电价（1-10KV）	峰段	KWH	2670	0.8257264957	2204.69	17%	374.8
一般大工业电价（1-10KV）	平段	KWH	4755	0.5377777778	2557.13	17%	434.71
一般大工业电价（1-10KV）	谷段	KWH	1230	0.2851880342	350.78	17%	59.63
基本电费		KWA	800	17.0940170940	13675.21	17%	2324.79
力调电费					462.64	17%	78.65
合 计					¥19,250.45		¥3,272.58
价税合计（大写）	⊗贰万贰仟伍佰贰拾叁元零叁分				（小写）¥22,523.03		

销货单位	名 称：河南电力公司三峡供电公司 纳税人识别号：411200174725490 地 址、电 话：三峡市黄河路108号0111-1234567 开户行及账号：工商银行黄河路支行1122334455667788990	备注	（印章：河南省电力公司三峡供电公司 411200174725490 发票专用章）

收款人：李淑卿 复核：张万顷 开票人：王红萍 销货单位：（章）

第三联：发票联 购货方记账

国税函[2011]313号深圳光华印制有限公司

根据各部门电表记录及电费单价计算出各部门的用电金额如下：一车间用电 15 600 元，照明用电 1 050 元；修配车间用电 1 700.45 元；行政管理部门用电 900 元。

本月果汁桶生产工时为 3 600 小时，化工桶为 400 小时。果汁桶和化工桶共同耗用的外购电力费用按产品生产工时比例分配。

【业务实施】

第一步：分配共同耗用的外购动力费用。

电费分配率 = 15 600 ÷ （3 600 + 400） = 3.90（元/小时）

果汁桶应分配的电费 = 3 600 × 3.90 = 14 040（元）

化工桶应分配的电费 = 400 × 3.90 = 1 560（元）

根据计算结果，编制外购动力分配表（表 2 - 13）。

表 2 - 13　　外购动力费用分配表

车间：一车间　　2016 年 7 月　　金额单位：元

产品名称	生产工时	分配率	分配金额
果汁桶	3 600		14 040.00
化工桶	400		1 560.00
合计	4 000	3.90	15 600.00

会计主管：赵少波　　记账：范一鸣　　复核：吕永立　　制表：毛　珍

第二步：编制外购动力费用分配汇总表。

根据用电资料及外购动力费用分配表，编制外购动力分配汇总表（表 2 - 14）。

表 2 - 14　　外购动力分配汇总表

2016 年 7 月　　金额单位：元

应借科目	成本费用项目	直接计入	分配计入	合计
基本生产成本——果汁桶	直接材料		14 040.00	14 040.00
基本生产成本——化工桶	直接材料		1 560.00	1 560.00
小计			15 600.00	15 600.00
辅助生产成本——修配车间	水电费	1 700.45		1 700.45
制造费用——生产车间	水电费	1 050.00		1 050.00
管理费用	水电费	900.00		900.00
合计		3 650.45	15 600.00	19 250.45

会计主管：赵少波　　记账：范一鸣　　复核：吕永立　　制表：毛　珍

第三步：填制记账凭证。

根据外购动力费用分配汇总表编制记账凭证（见表 2 - 15）。

表 2-15

记账凭证

2016 年 7 月 31日　　　　　　　　记字第 138 号

摘要	借方		贷方		借方金额									√	贷方金额									记账
	总账科目	子细目	总账科目	子细目	百	十	万	千	百	十	元	角	分		百	十	万	千	百	十	元	角	分	
分配外购电费	基本生产成本	果汁桶					1	4	0	4	0	0	0											
	基本生产成本	化工桶						1	5	6	0	0	0											
	辅助生产成本	修配车间						1	7	0	0	4	5											
	制造费用	一车间						1	0	5	0	0	0											
	管理费用	水电费							9	0	0	0	0											
			应付账款	供电公司													1	9	2	5	0	4	5	
						¥	1	9	2	5	0	4	5			¥	1	9	2	5	0	4	5	

会计主管 赵少波　　记账 范一鸣　　复核 吕永立　　制单 毛珍　　附件 4 张

第四步：登记成本费用明细账。

根据审核无误的记账凭证及所附原始凭证登记基本生产成本明细账（见表2-6、表2-7）、辅助生产成本明细账（见表2-8）、制造费用明细账（见表2-10）。

实例应用

外购动力费用账户设置不当

田龙是新化包装材料厂（小规模纳税人）的成本会计核算员，该厂在2013年3月15日购买了7 000度电，每度电0.90元，共计6 300元，用于产品生产和照明，田龙做了如下账务处理：

借：长期待摊费用　　6 300

　　贷：银行存款　　6 300

到了月末，根据电表记录知道该月生产用电5 200度（根据A产品和B产品的机器工时1 600小时与1 000工时的比例分配），1 700度为照明用电，尚余1 100度电。田龙又做了如下账务处理：

借：基本生产成本——A产品　　2 880

　　　　　　　　——B产品　　1 800

　　制造费用　　1 530

贷：长期待摊费用　　6 210

【问题】 田龙的账务处理是否正确？

【分析】

1. 田龙的账务处理是错误的，他对外购动力费用的账户设置不当。“长期待摊费用”核算企业发生的应由本期和以后各期负担的分摊期限在1年以上的费用，这里用于电费的核算显然不合适。

2. 外购动力费用支付与分配的时间、金额通常不一致，一般要通过“应付账款”账户核算；月末按照外购动力的用途分配费用时，借记各成本费用账户，贷记“应付账款”账户。

3. 外购动力费用可设“燃料及动力”成本项目进行核算，以便于独立考核动力费用的耗用情况，也可将其并入“直接材料”项目。

4. 本例的正确处理如下：

- 支付电费时：

借：应付账款　　6 300
　　贷：银行存款　　6 300

- 月末分配电费时：

借：基本生产成本——燃料及动力——A产品　　2 880
　　　　　　　　——燃料及动力——B产品　　1 800
　　制造费用——水电费　　1 530
　　贷：应付账款　　6 210

任务三
归集和分配职工薪酬费用

任务描述

本部分的学习任务是：了解职工薪酬费用核算的内容；学会职工薪酬费用归集和分配的方法；掌握职工薪酬费用核算的工作流程。

知识准备

一、职工薪酬费用核算的内容

企业为加工产品必然发生相应的人工费用（即向职工支付劳务报酬），它是产品成本的重要构成内容。应计入产品成本的人工费用分为两个部分：一是直接从事产品加工的生产工人的职工薪酬；二是在生产车间从事生产的组织、管理或服务的人员的职工薪酬，如车间主任、技术人员、核算人员、勤杂人员等的薪酬。

职工薪酬是指企业为获得职工提供的服务而给予各种形式的报酬以及其他相关支出。职工薪酬包括：

（1）企业按照有关规定向职工支付工资、奖金、津贴和补贴等，它是构成职工工资总额的各个部分；

（2）企业向职工支付职工福利费，它是指为职工集体提供的福利，如职工生活困难补助、非独立法人和非对外营利的职工食堂、职工医院的支出等；

（3）企业按照国家有关规定为职工缴纳社会保险费，它是指企业按国家规定的基准和比例计算，向社会保险机构缴纳的基本养老保险金、失业保险金、工伤保险金、生育保险金和医疗保险金等；

（4）企业按照国家有关规定缴纳住房公积金，它是指企业按国家规定的基准和比例计算，向住房公积金管理中心缴纳的职工住房公积金；

（5）企业支付的工会经费和职工教育经费，它是指企业按国家规定的基准和比例计算，用于开展工会活动、职工教育、技能培训的支出；

（6）非货币性福利；

（7）企业因解除与职工的劳动关系而向职工给予的补偿，它是指企业按国家规定的基准和比例计算，支付给被辞退职工的补偿金；

（8）其他与获得职工提供的服务相关的支出等。

知识链接

“三金”：养老金、失业保险金、住房公积金。

“五险一金”：养老保险、医疗保险、失业保险、生育保险、工伤保险和住房公积金。

按《社会保险费征缴暂行条例》的规定，国有企业、城镇集体企业、外商投资企业、城镇私营企业和其他城镇企业及其职工，都是基本养老保险金、基本医疗保险金和失业保险金的征缴范围。其计算方法如下：

基本养老保险金 = 工资 ×6%（个人缴纳比例）+ 工资 ×25.5%（单位缴纳比例）

基本医疗保险金 = 工资 ×1%（个人缴纳比例）+ 工资 ×5.5%（单位缴纳比例）

失业保险金 = 工资 ×1%（个人缴纳比例）+ 工资 ×1%（单位缴纳比例）

住房公积金 = 工资 ×12%（个人缴纳比例）+ 工资 ×12%（单位缴纳比例）

说明：

1. 工资为职工本人上一年度月平均工资数或本月应付工资数；

2. 各省市依据各自规定提取、缴纳，各企业也会根据自身情况取舍。如：北京没有生育保险的强制性规定。

3. 养老保险、医疗保险和失业保险由用人单位和个人共同缴纳保费，工伤保险和生育保险由用人单位承担，个人不需要缴纳。

（资料来源：http：//www.exinchou.com）

二、职工薪酬费用核算的原始凭证

核算人工费用必须以真实的原始记录为依据。企业的原始记录主要包括考勤记录和产量记录。

（一）考勤记录

采用计时工资的企业，一般以考勤记录作为原始凭证。在考勤记录中，应当登记企业内部每一部门、每一职工的出勤和缺勤的时间，并对这些时间进行归类分析。月末，考勤人员应将经车间、部门负责人检查、签章后的考勤记录（见表2－16）送交会计部门审核。常见的还有考勤簿、考勤卡等。

表2－16 **考 勤 记 录**

2016年3月

部门代码	姓名	工资级别	日标准工资（元）	病假天数	事假天数
03	李强	6	35	1	
03	王明	4	28		2
03	高芳	5	31		
⋮					

（二）产量记录

采用计件工资的企业，应以产量记录作为原始凭证。产量记录是登记工人或生产小组在出勤时间内完成产品的数量、质量和生产产品所用工时数量的原始记录。认真做好产量记录，不仅可以为计算计件工资提供正确的依据，而且还为在各种产品之间分配与工时有关的费用提供合理的依据。常见的有生产工时记录（见表2－17）、工作通知单、工序进程单和工作班产量报告表等。

表2－17 **生产工时记录**

2016年3月 单位：工时

人员类别	A产品	B产品	C产品
基本生产车间	3 000	5 000	6 000
⋮			

三、职工薪酬费用的归集

职工薪酬费用的归集是在工资计算和结算的基础上进行的（工资计算和结算的内容在《企业财务会计》中已详述，此处略）。企业根据职工考勤记录和产量记录（工作量记录）等原始记录计算出应付工资后，要填制在“工资结算单”中，然后，根据“工资结算单”

按人员类别（工资用途）和工资性质编制“工资结算汇总表”（见表2－18），汇集工资费用，即根据职工提供服务的受益对象，对每月发生的职工薪酬费用进行归集。

四、职工薪酬费用的分配

1. 分配方法

（1）企业支付给基本生产车间生产工人的薪酬费用是采用计件工资结算的，可直接计入到各种产品成本；

（2）企业支付给基本生产车间生产工人的薪酬费用是采用计时工资结算的，若只生产一种产品，可直接计入该产品成本；若生产多种（两种及两种以上）产品，则要按一定的标准分配计入各种产品成本。

（3）直接人工费用的分配方法有实际生产工时分配法、定额工时分配法、产品产量分配法等。通过分配，编制“工资费用分配表”（见表2－19）。

2. 计算公式

工资费用分配率＝生产工人工资总额÷各种产品生产工时（产品产量）之和

某产品应分配的工资费用＝该产品的生产工时（产品产量）×工资费用分配率

【例2－5】金华厂第一车间生产甲、乙两种产品。本月份生产工人工资总额为2 600元，甲、乙产品的生产工时分别为4 600小时和3 400小时，该企业按生产工时比例分配工资费用。

解：生产工人工资分配率＝2 600÷（4 600＋3 400）＝0.325（元/小时）

甲产品应分配的工资费用＝4 600×0.325＝1 495.00（元）

乙产品应分配的工资费用＝3 400×0.325＝1 105.00（元）

注意：企业每月除了按照按劳分配原则支付员工工资外，还应按照国家规定的基准和比例计算为职工缴纳社会保险费、住房公积金等。各地社会保险费的费率有所不同，企业应根据当地政府部门的有关规定执行。

五、按受益对象归集和分配职工薪酬费用

按受益对象归集和分配职工薪酬费用时，借记有关成本费用账户：用于主要产品生产的记入“基本生产成本”账户；辅助生产记入“辅助生产成本”账户；生产车间管理人员的记入“制造费用”账户；行政管理部门的记入“管理费用”账户；专设销售机构人员的记入“销售费用”账户。已分配的工资总额，应记入“应付职工薪酬—工资”账户的贷方；根据职工薪酬费用计提表提取的费用，应记入“应付职工薪酬—职工福利/社会保险费/住房公积金/工会经费/教育经费”账户的贷方。

六、工作流程

归集和分配职工薪酬费用的工作流程如图2－3所示。

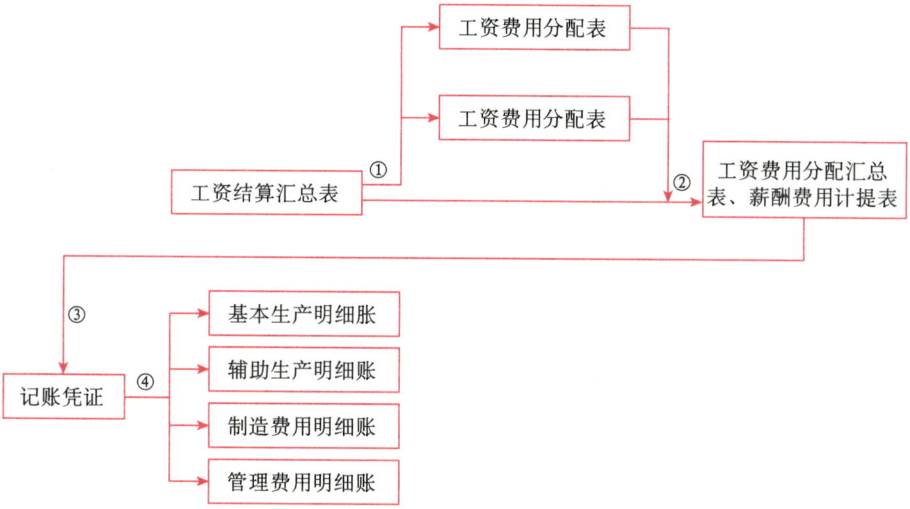

图 2－3　归集和分配职工薪酬费用的工作流程

说明：

①根据工资结算汇总表，对两种以上产品共同耗用的工资费用编制工资费用分配表；

②根据①及工资结算汇总表编制工资费用分配汇总表、计提社会保险费等职工薪酬费用；

③根据②编制记账凭证；

④根据③登记成本费用明细账。

业务举例

业务3　归集和分配工资费用

【业务说明】本业务是会计人员根据三峡龙翔公司本月有关车间和部门发生的工资费用，归集和分配工资费用，几种产品共同负担的工资费用按产品生产工时比例分配；并根据工资费用分配汇总表，计提社会保险费、住房公积金等其他职工薪酬费用。

【业务资料】龙翔公司7月份工资费用情况见表2－18。生产车间的果汁桶和化工桶共同负担的工资费用按产品的生产工时（果汁桶3 600小时，化工桶400小时）比例分配。

表 2－18　　三峡龙翔包装有限公司工资结算汇总表

2016年7月　　　　单位：元

部门人员	基础工资	岗位工资	职务津贴	应发工资	代扣款项				实发工资
					养老金	失业金	医疗保险	合计	
生产车间	53 733.00	5 100.00	2 167.00	61 000.00	8 584.00	1 065.00	2 106.00	11 755.00	49 245.00
生产车间管理人员	3 674.00	1 800.00	600.00	6 074.00	396.00	48.00	90.00	534.00	5 540.00
供电车间	1 700.00	300.00	100.00	2 100.00	132.00	16.00	30.00	178.00	1 922.00
修配车间	2 450.00	650.00	200.00	3 300.00	242.00	32.00	60.00	334.00	2 966.00
行政管理人员	12 876.00	2 400.00	1600.00	16 876.00	1 056.00	128.00	240.00	1 424.00	15 452.00

记账：范一鸣　　　　复核：吕永立　　　　制表：毛　珍

【业务实施】

第一步：分配共同耗用的工资费用。

工资费用分配率 = 61 000 ÷ （3 600 + 400） = 15.25（元/小时）

果汁桶应分配的工资费用 = 3 600 × 15.25 = 54 900.00（元）

化工桶应分配的工资费用 = 400 × 15.25 = 6 100.00（元）

根据计算结果，编制“工资费用分配表”（见表 2－19）。

表 2－19　　工资费用分配表

2016 年 7 月

车间：生产车间　　金额单位：元

产品名称	生产工时	分配率	分配金额
果汁桶	3 600		54 900.00
化工桶	400		6 100.00
合计	4 000	15.25	61 000.00

会计主管：赵少波　　记账：范一鸣　　复核：吕永立　　制表：毛　珍

第二步：编制工资费用分配汇总表并填制记账凭证。

（1）根据工资结算汇总表和工资费用分配表，编制“工资费用分配汇总表”（见表 2－20）。

表 2－20　　工资费用分配汇总表

2016 年 7 月　　金额单位：元

应借科目	成本费用项目	直接计入	分配计入	合计
基本生产成本——果汁桶	直接人工		54 900.00	54 900.00
基本生产成本——化工桶	直接人工		6 100.00	6 100.00
小计			61 000.00	61 000.00
辅助生产成本——供电车间	职工薪酬	2 100.00		2 100.00
辅助生产成本——修配车间	职工薪酬	3 300.00		3 300.00
小计		5 400.00		5 400.00
制造费用——生产车间	职工薪酬	6 074.00		6 074.00
管理费用	职工薪酬	16 876.00		16 876.00
合计		28 350.00	61 000.00	89 350.00

会计主管：赵少波　　记账：范一鸣　　复核：吕永立　　制表：毛　珍

（2）根据工资费用分配汇总表填制记账凭证（见表 2－21、表 2－22）。

表 2－21

记账凭证

2016 年 7 月 31日　　　　字第 139 1/2 号

摘要	借方		贷方		借方金额									√	贷方金额									记账
	总账科目	子细目	总账科目	子细目	百	十	万	千	百	十	元	角	分		百	十	万	千	百	十	元	角	分	
分配工资费用	基本生产成本	果汁桶					5	4	9	0	0	0	0											
	基本生产成本	化工桶						6	1	0	0	0	0											
	辅助生产成本	供电车间						2	1	0	0	0	0											
	辅助生产成本	修配车间						3	3	0	0	0	0											
	制造费用	一车间						6	0	7	4	0	0											
	管理费用	职工薪酬					1	6	8	7	6	0	0											

会计主管 赵少波　　记账 范一鸣　　复核 吕永立　　制单 毛珍　　附件 1 张

表 2－22

记账凭证

2016 年 7 月 31日　　　　字第 139 2/2 号

摘要	借方		贷方		借方金额									√	贷方金额									记账
	总账科目	子细目	总账科目	子细目	百	十	万	千	百	十	元	角	分		百	十	万	千	百	十	元	角	分	
分配工资费用			应付职工薪酬	工资													8	9	3	5	0	0	0	
						¥	8	9	3	5	0	0	0			¥	8	9	3	5	0	0	0	

会计主管 赵少波　　记账 范一鸣　　复核 吕永立　　制单 毛珍　　附件 1 张

第三步：编制职工薪酬费用计提表并填制记账凭证。

（1）根据工资费用分配表和职工上年度月平均工资及规定的费率计提社会保险费，按应付工资的比例计提职工福利费、工会经费，编制职工薪酬费用计提表（见表 2－23）。

表 2-23

职工薪酬费用计提表

2016 年 7 月

金额单位：元

应借科目	上年度月均工资 ①	本月应付工资 ②	社会保险费 ③	职工福利费 ④	工会经费 ⑤	合计 ⑥
基本生产成本——果汁桶	53 800.00	54 900.00	15 333.00	7 686.00	1 098.00	24 117.00
基本生产成本——化工桶	5 800.00	6 100.00	1 653.00	854.00	122.00	2 629.00
小计	59 600.00	61 000.00	16 986.00	8 540.00	1 220.00	26 746.00
辅助生产成本——供电车间	2 000.00	2 100.00	570.00	294.00	42.00	906.00
辅助生产成本——修配车间	3 200.00	3 300.00	912.00	462.00	66.00	1 440.00
小计	5 200.00	5 400.00	1 482.00	756.00	108.00	2 346.00
制造费用——一车间	6 050.00	6 074.00	1 724.25	850.36	121.48	2 696.09
管理费用	16 750.00	16 876.00	4 773.75	2 362.64	337.52	7 473.91
合计	87 600.00	89 350.00	24 966.00	12 509.00	1 787.00	39 262.00

会计主管：赵少波　　记账：范一鸣　　复核：吕永立　　制表：毛　珍

注：③=①×28.5%　④=②×14%　⑤=②×2%　⑥=③+④+⑤

相关链接

根据当地政府有关规定，企业为职工缴纳社会保险费的费率为28.5%，其中：医疗保险6.5%，养老保险20%，失业保险2%（该企业未提工伤保险1.2%、生育保险1%、住房公积金5%）。职工福利费、工会经费分别按本月应付工资的14%、2%计提。需要说明的是：社会保险费有的单位按本月应付工资的比例计提，有的单位按上年度月均工资计提。

（2）根据职工薪酬费用计提表填制记账凭证（见表2-24、2-25）。

表 2-24

记账凭证

2016 年 7 月31 日　　　　字第 140 1/2 号

摘要	借方总账科目	借方子细目	贷方总账科目	贷方子细目	借方金额 百	十	万	千	百	十	元	角	分	√	贷方金额 百	十	万	千	百	十	元	角	分	记账
计提职工薪酬费用	基本生产成本	果汁桶					2	4	1	1	7	0	0											
	基本生产成本	化工桶						2	6	2	9	0	0											
	辅助生产成本	供电车间							9	0	6	0	0											
	辅助生产成本	修配车间						1	4	4	0	0	0											
	制造费用	一车间						2	6	9	6	0	9											
	管理费用	职工薪酬						7	4	7	3	9	1											

会计主管 赵少波　　记账 范一鸣　　复核 吕永立　　制单 毛珍　　附件 1 张

表 2－25

记账凭证

2016 年 7 月 31日　　　　　　　　字第 140 2⁄2 号

摘要	借方		贷方		借方金额									√	贷方金额									记账
	总账科目	子细目	总账科目	子细目	百	十	万	千	百	十	元	角	分		百	十	万	千	百	十	元	角	分	
计提职工薪酬费用			应付职工薪酬	社会保险费													2	4	9	6	6	0	0	
			应付职工薪酬	职工福利费													1	2	5	0	9	0	0	
			应付职工薪酬	工会经费														1	7	8	7	0	0	
						¥	3	9	2	6	2	0	0			¥	3	9	2	6	2	0	0	

会计主管 赵少波　　记账 范一鸣　　复核 吕永立　　制单 毛珍　　附件 1 张

第四步：根据记账凭证登记成本费用明细账。

根据审核无误的记账凭证及所附原始凭证登记基本生产成本明细账（见表 2－6、2－7）、辅助生产成本明细账（见表 2－8、表 2－9）、制造费用明细账（见表 2－10）。

实例应用

错误处理“辞退福利”

蒋明是金山化工机械厂的会计。因企业经济效益下滑，该厂决定辞退两名车间管理人员，按规定，企业需支付这两名员工一笔补偿费，蒋明进行了如下账务处理：

借：制造费用

　　贷：库存现金

【问题】蒋明的账务处理对吗？

【分析】

1. 蒋明的账务处理是错误的。辞退福利是企业因解除与职工的劳动关系而支付的补偿。不管辞退福利是哪个部门的，借方均应当记入“管理费用”。

2. 辞退福利属于职工薪酬中的一项内容，应通过“应付职工薪酬”账户处理。

因此，正确的账务处理为：

- 计提时：

借：管理费用

　　贷：应付职工薪酬——辞退福利

- 支付时：

借：应付职工薪酬——辞退福利

　　贷：库存现金（银行存款）

任务四
归集和分配固定资产折旧费用

任务描述

本部分的学习任务是：理解固定资产折旧费用的概念；学会折旧费用归集和分配的方法；掌握折旧费用核算的工作流程。

知识准备

一、固定资产折旧费用的概念

固定资产的价值随着固定资产的损耗而逐渐减少，这部分由于损耗而减少的价值就是固定资产折旧，这部分价值以折旧费用的形式计入产品成本和费用，是产品成本的重要组成部分。

折旧费用是指企业固定资产在使用过程中因磨损而发生的耗费。该项目按照固定资产的使用车间、部门进行汇总，然后与生产单位（车间或分厂）、部门的其他费用一起分配计入产品成本和期间费用。

二、我国目前采用的折旧计算方法

固定资产折旧是指在固定资产的使用寿命内，按照确定的方法对固定资产应计折旧额进行的系统分摊。其计算方法主要是年限平均法和工作量法。此外，我国《企业会计准则》还规定，企业的固定资产由于技术进步等原因，确需加速折旧的，可以采用双倍余额递减法和年数总和法等加速折旧法（其计算方法已在《企业财务会计》中讲过，此处省略）。

注意：不同的折旧方法会对企业的成本费用、利润产生不同的影响，所以折旧方法一经确定，不得随意变更。如需变更，应将变更的理由和原因在变更当期会计报表附注中说明。

三、折旧费用的计提规定

固定资产应当按月计提折旧费，当月增加的固定资产，当月不计提折旧费，从下月起计提折旧费；当月减少或停用的固定资产，当月仍需计提折旧费，从下月起停止计提折旧费。计算公式为：

$$\text{本月应计折旧额} = \text{上月应计折旧额} + \text{上月增加固定资产的应计折旧额} - \text{上月减少固定资产的应计折旧额}$$

四、折旧费用的分配

固定资产折旧费用的分配原则是：按受益对象进行分配。谁使用的固定资产，其折旧费用就由谁负担。

固定资产折旧费用的分配一般通过编制“固定资产折旧费用分配表”（见表2－27）进行，按固定资产计提折旧要求，房屋和建筑物由于有自然损耗，不论使用与否都应计提折旧；已经提足折旧超龄使用的固定资产不再计提折旧；以经营租赁方式租入的固定资产不提折旧；提前报废的固定资产，不补提折旧，其未提足折旧的净损失应计入营业外支出。其余各项固定资产依据已经确定的折旧方法计提固定资产折旧。

五、账务处理

在实际工作中，月度终了时，根据“会计记录”和“固定资产折旧费用分配表”对固定资产折旧费用分配结果进行账务处理。

借记有关成本费用账户：基本生产车间的折旧费用记入“制造费用”账户；辅助生产车间发生的记入“辅助生产成本”账户；行政管理部门发生的记入“管理费用”账户；专设销售机构发生的记入“销售费用”账户，贷记“累计折旧”账户。

相关链接

辅助生产车间的固定资产折旧可以计入辅助生产车间的“制造费用”。由于辅助生产车间的规模通常比较小，也可以不设置“制造费用”账户，而是将辅助生产车间发生的各项费用全部直接计入“辅助生产成本”账户。

【例2－6】腾飞机械厂4月份生产设备计提折旧费2 000元，生产厂房计提折旧费3 000元，行政办公大楼计提折旧费1 000元，其账务处理如下：

借：制造费用	5 000	
管理费用	1 000	
贷：累计折旧		6 000

六、工作流程

归集和分配折旧费用的工作流程如图2－4所示。

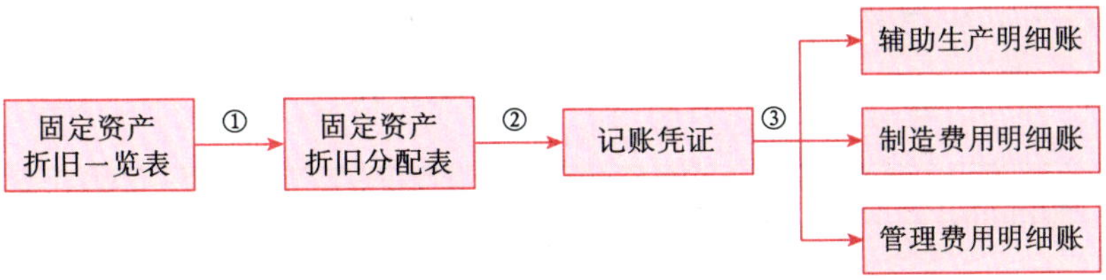

图2－4　归集和分配折旧费用的工作流程

说明：

① 根据固定资产折旧一览表编制固定资产折旧分配表；

② 根据①填制记账凭证；

③ 根据②登记成本费用明细账。

业务举例

业务4 编制固定资产折旧费用分配表

【业务说明】本业务是会计人员根据三峡龙翔公司本月有关车间和部门的固定资产折旧一览表，编制"固定资产折旧费用分配表"，并进行相关账务处理。

【业务资料】7月份龙翔公司应计提折旧费43 903.46元，该企业辅助生产车间不设置制造费用明细账，固定资产折旧情况如表2-26所示。

表2-26

固定资产折旧一览表

2016年7月

金额单位：元

序号	资产名称	原值	使用年限	6月折旧	6月净值	7月折旧	7月净值
1001	一车间	1 302 297.66	20	5 183.50	1 210 668.04	5 183.50	1 205 484.54
1002	钻铣床	20 000.00	10	230.00	2 583.15	316.67	2 266.48
	…	…	…		…	…	…
	小计	1 435 227.22		18 397.94	405 147.15	18 484.61	386 662.54
2001	560模具	23 000.00	5	364.17	2 970.65	364.17	2 606.48
2002	点焊机	10 000.00	5	150.42	8 622.46	150.42	8 472.04
	…	…	…		…	…	…
	小计	67 000.00		1 116.67	13 399.84	1 116.67	12 283.17
3001	配电柜	8 000.00	5	133.33	6 384.00	133.33	6 250.67
3002	电源柜	4 000.00	5	66.67	800.00	66.67	733.33
	…	…	…		…	…	…
	小计	15 300.00		255.00	3 060.00	255.00	2 805.00
4001	办公楼	598 558.84	20	2 506.49	463 367.25	2 506.49	460 860.76
4002	联想电脑	4 188.03	5	130.62	1 204.08	66.31	1 137.77
	…	…	…		…	…	…
	小计	1 724 454.99		24 111.49	929 353.97	24 047.18	905 306.79
	合计	3 241 982.21		43 881.10	1 350 960.96	43 903.46	1 307 057.50

【业务实施】

第一步：编制"固定资产折旧费用分配表"。

根据固定资产折旧一览表，按用途编制"固定资产折旧费用分配表"（见表2-27）。

表2-27

固定资产折旧费用分配表

2016年7月

单位：元

应借科目	车间部门	上月折旧额	上月增加计提	上月减少计提	本月折旧额
制造费用	一车间	18 397.94	86.67		18 484.61
辅助生产成本	修配车间	1 116.67			1 116.67
	供电车间	255.00			255.00
管理费用	行政管理部门	24 111.49		64.31	24 047.18
合计		43 881.10	86.67	64.31	43 903.46

会计主管：赵少波　　记账：范一鸣　　复核：吕永立　　制表：毛　珍

第二步：填制记账凭证。

根据固定资产折旧费用分配表，填制记账凭证（见表 2－28）。

表 2－28

记账凭证

2016年7月31日　　　　记字第 141号

摘要	借方		贷方		借方金额									√	贷方金额									记账
	总账科目	子细目	总账科目	子细目	百	十	万	千	百	十	元	角	分		百	十	万	千	百	十	元	角	分	
计提折旧费用	制造费用	一车间					1	8	4	8	4	6	1											
	辅助生产成本	修配车间						1	1	1	6	6	7											
	辅助生产成本	供电车间							2	5	5	0	0											
	管理费用						2	4	0	4	7	1	8											
			累计折旧														4	3	9	0	3	4	6	
						¥	4	3	9	0	3	4	6			¥	4	3	9	0	3	4	6	

会计主管 赵少波　　记账 范一鸣　　复核 吕永立　　制单 毛珍　　附件 1 张

第三步：登记成本费用明细账。

根据审核无误的记账凭证及所附原始凭证登记辅助生产成本明细账（见表 2－8、表 2－9）、制造费用明细账（见表 2－10）。

实例应用

主观随意地计提固定资产折旧费

康华公司 6 月份的固定资产折旧情况如下表所示。

固定资产折旧计算表

2016 年 6 月　　　　单位：元

使用部门或用途	固定资产项目	上月折旧额	上月增加固定资产		上月减少固定资产		本月折旧额
			原值	折旧额	原值	折旧额	
生产车间	厂房	7 000					7 000
	机器设备	12 000	100 000	1 000			12 000
	小计	19 000					19 000
行政管理部门	办公楼	5 000					5 000
	办公设备	8 000			60 000	1 200	8 000
	小计	13 000					13 000
合计		32 000					32 000

根据表中的相关资料，该公司编制的账务处理如下：

借：制造费用——生产车间 19 000

　　管理费用 13 000

　　贷：累计折旧 32 000

【问题】康华公司的账务处理是否正确？

【分析】

我国《企业会计准则》中规定："企业一般应当按月提取折旧，当月增加的固定资产，当月不提折旧，从下月起计提折旧；当月减少的固定资产，当月照提折旧，从下月起不提折旧。"因此，康华公司对上月增加和减少的固定资产的处理是错误的。正确的账务处理如下：

借：制造费用——生产车间 20 000

　　管理费用 11 800

　　贷：累计折旧 31 800

任务五
归集和分配其他费用

任务描述

本部分的学习任务是：了解其他费用核算的内容；学会其他费用归集和分配的方法；掌握其他费用核算的工作流程。

知识准备

其他费用是指除了前面所述的材料费用、外购动力费用、职工薪酬费用、固定资产折旧费用之外的各项要素费用，具体包括邮电费、租赁费、修理费、印刷费、图书报刊资料费、办公用品费、试验检验费、排污费、差旅费、保险费、交通补助费、误餐补贴费、职工技术培训费、利息费用和有关费用性税金等。

企业发生的其他费用，通常次数频繁、金额较小，在实际发生时，按发生的车间、部门和费用的用途进行归集和分配。

进行归集和分配时，借记有关成本费用账户：基本生产车间发生的费用记入"制造费用"账户；辅助生产车间发生的费用记入"辅助生产成本"账户；行政管理部门发生的费用记入"管理费用"账户；销售部门发生的费用记入"销售费用"账户；筹集生产经营资金发生的费用记入"财务费用"账户，贷记"银行存款"账户。

【例 2－7】天宇公司以银行存款支付本月发生的固定资产修理费共计 6 720 元，其中，基本生产车间 3 520 元，辅助生产车间 710 元，行政管理部门 1 500 元，专设销售机构 990 元，则其账务处理如下：

借：制造费用　　3 520
　　辅助生产成本　　710
　　管理费用　　1 500
　　销售费用　　990
　　贷：银行存款　　6 720

【工作流程】归集和分配其他费用的工作流程如图 2－5 所示。

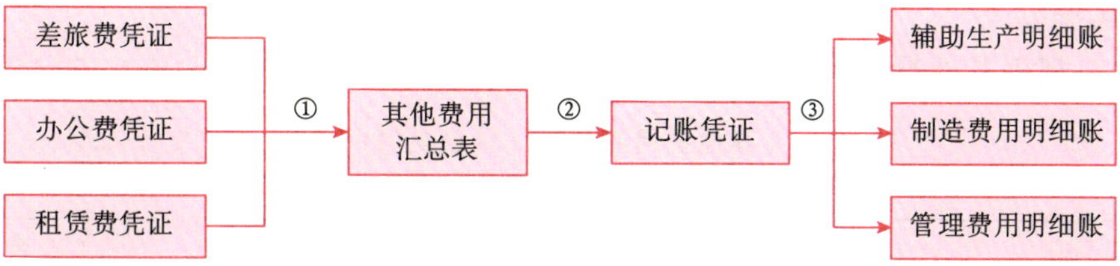

图 2－5　归集和分配其他费用的工作流程

说明：

① 根据其他费用凭证，分类汇总编制其他费用汇总表；

② 根据①填制记账凭证；

③ 根据审核无误的记账凭证及所附原始凭证登记成本费用明细账。

业务举例

业务 5　编制其他费用分配汇总表

【业务说明】本业务是会计人员根据三峡龙翔包装有限公司本月其他费用凭证，编制其他费用分配汇总表，并进行账务处理。

【业务资料】三峡龙翔公司 7 月份发生的其他费用如下：以银行存款支付办公费 902 元（购买文件夹、台账、打印机彩墨，发票及银行转账支票存根略）；房屋租金 16 500 元（见表 2－29 和表 2－30，房租专用发票及银行转账支票存根略）。

表 2－29　　办公用品领用登记表

2016 年 7 月 21 日

领用部门	领用物品	领用金额	经办人签名
基本生产车间	文件夹 10 个、台账 6 本	282.00	王明
修配车间	文件夹 5 个	75.00	李春
供电车间	文件夹 5 个	75.00	张燕
行政管理部门	文件夹 10 个、打印机彩墨 2 盒	470.00	刘翔
合计		902.00	

表 2－30 房租费用分摊表

2016 年 7 月

车间、部门	使用面积（m^2）	单价	金额
基本生产车间	600	20	12 000. 00
供电车间	30	20	600. 00
修配车间	20	20	400. 00
销售部门	70	30	2 100. 00
行政管理部门	70	20	1 400. 00
合计	790		16 500. 00

【业务实施】

第一步：根据其他费用凭证，分类汇总编制其他费用汇总表（见表 2－31）。

表 2－31 其他费用汇总表（转账支付） 附单据 6 张

2016 年 7 月 金额单位：元

车间、部门	办公费	租赁费	合计
基本生产车间（一车间）	282. 00	12 000. 00	12 282. 00
供电车间	75. 00	600. 00	675. 00
修配车间	75. 00	400. 00	475. 00
销售部门	0	2 100. 00	2 100. 00
行政管理部门	470. 00	1 400. 00	1 870. 00
合计	902. 00	16 500. 00	17 402. 00

会计主管：赵少波 记账：范一鸣 复核：吕永立 制表：毛 珍

第二步：根据其他费用汇总表，填制记账凭证（见表 2－32）。

表 2－32

记账凭证

2016年7月31日 记字第 142号

摘要	借方		贷方		借方金额									√	贷方金额									记账
	总账科目	子细目	总账科目	子细目	百	十	万	千	百	十	元	角	分		百	十	万	千	百	十	元	角	分	
分配其他费用	制造费用	一车间					1	2	2	8	2	0	0											
	辅助生产成本	修配车间							4	7	5	0	0											
	辅助生产成本	供电车间							6	7	5	0	0											
	销售费用							2	1	0	0	0	0											
	管理费用							1	8	7	0	0	0											
			银行存款														1	7	4	0	2	0	0	
						¥	1	7	4	0	2	0	0			¥	1	7	4	0	2	0	0	

会计主管 赵少波 记账 范一鸣 复核 吕永立 制单 毛珍 附件 7 张

第三步：登记成本费用明细账。

根据审核无误的记账凭证和所附原始凭证登记成本费用明细账（见表 2－8、表 2－9、表 2－10）。

应用实例

不遵循受益原则

金秋食品厂生产面包、豆沙包、小馒头、饼干等多种不同类别的产品。为简化核算，该企业将辅助材料的成本一律按产品重量平均分摊到各种产品成本中。

【问题】请对金秋食品厂的账务处理进行分析。

【分析】受益原则是企业进行成本费用的归集与分配时所应遵循的基本原则之一，即根据受益对象受益数量的多少分配和承担相应的费用数额，实行“谁受益，谁负担；多受益，多负担；少受益，少负担；不受益，不负担”的原则。金秋食品厂采用平均的方法分配辅助材料费用，而没有按受益对象、受益数量的多少来分配，显然违背了受益原则，会使那些单位产品耗用辅料费用偏低而又较重的产品虚增成本，盈利能力不合理下降，导致企业的成本会计信息失真。

任务六
归集和结转期间费用

任务描述

本部分的学习任务是：了解期间费用核算的内容；学会期间费用归集和结转的方法；掌握期间费用核算的账务处理。

知识准备

一、期间费用及其核算内容

期间费用：是指企业在生产经营过程中发生的，与产品生产活动没有直接联系，属于某一时期发生的直接计入当期损益的费用。包括：

- 企业在产品销售过程中发生的各项费用，以及专设销售机构的各项经费；
- 企业行政管理部门为组织和管理生产经营活动而发生的各项管理费用；
- 企业为筹集生产经营所需资金而发生的财务费用。

期间费用的核算就是指销售费用的核算、管理费用的核算、财务费用的核算。

二、销售费用的归集与结转

销售费用：是指企业在产品销售过程中发生的各项费用，以及销售机构的经常性费用。它不计入产品的生产成本，不参与产品成本计算，也不存在分配问题，而是作为期间费用直接计入当期损益。这种费用应该按年、季、月和费用项目编制费用计划，进行核算和考核。

销售费用的归集与结转是通过“销售费用”总账账户和所属明细账户进行的。销售费用应按费用项目设置明细账，进行明细核算，用以反映和考核各项费用的支出情况。发生和支付各项产品销售费用时，应分别记入“销售费用”账户的借方，以及“银行存款”、“库存现金”、“应付账款”、“应付职工薪酬”、“包装物”等账户的贷方。

月末，根据“销售费用”账户和所属明细账户借方归集的各项费用，将其实际发生额全部结转“本年利润”账户。结转以后，“销售费用”账户和所属明细账户无余额。

三、管理费用的归集与结转

管理费用：是指企业行政管理部门为组织和管理生产经营活动而发生的各项费用。它不计入产品的生产成本，不参与产品成本计算，也不存在分配问题，而是作为期间费用直接计入当期损益。这种费用应该按年、季、月和费用项目编制费用计划，进行核算和考核。

管理费用的归集与结转是通过“管理费用”总账账户和所属明细账户进行的。管理费用应按费用项目设置明细账，进行明细核算，用以反映和考核各项费用的支出情况。发生和支付各项产品管理费用时，应分别记入“管理费用”账户的借方，以及“银行存款”、“库存现金”、“应付账款”、“应付职工薪酬”等账户的贷方。

在发生材料产品盘盈时，抵减管理费用的金额，应记入有关账户的借方和“管理费用”账户的贷方，同时要在“管理费用”明细账户的“材料产品盘亏和毁损”。专栏中用红字或负数登记。

月末，结转管理费用时记入“管理费用”账户的贷方和“本年利润”账户的借方。结转以后，“管理费用”账户及其所属明细账户期末无余额。

知识链接

《小企业会计准则》与《企业会计准则》对管理费用处理的区别

（1）为生产服务的固定资产在使用过程中发生的日常修理费计入账户不同。《小企业会计准则》下，通过“制造费用”核算；《企业会计准则》下，通过“管理费用”核算。

（2）盘盈、盘亏的处理不完全相同。

- 存货盘盈，《小企业会计准则》下，应当记入“营业外收入”账户；《企业会计准则》下，冲减“管理费用”账户。
- 存货盘亏，《小企业会计准则》下，盘亏损失应直接记入“营业外支出”；《企业会计准则》下，需区分原因，属于计量收发差错和管理不善等原因造成的净损失记入“管理费用”；属于自然灾害等非常原因造成的净损失记入“营业外支出”。

四、财务费用的归集与结转

财务费用：是指企业为筹集和使用生产经营活动所需的资金而发生的各项财务费用。财务费用不计入产品的制造成本，不参与产品成本计算，也不存在分配问题，而是作为期间费用直接计入当期损益。企业为购建固定资产而筹集资金所发生的费用，在固定资产尚未完工交付使用前发生的费用，应计入有关固定资产价值，不属于财务费用。财务费用应该按年、季、月和费用项目编制费用计划，进行核算和考核。

财务费用的归集和结转是通过“财务费用”总账账户和所属明细账进行的。财务费用应按费用项目设置明细账，用以反映和考核各项费用的支出情况。发生或预提利息支出时，记入“财务费用”账户的借方和“应付利息”或“银行存款”账户的贷方。

在发生利息收入和汇兑收益时，应记入“银行存款”账户的借方和“财务费用”账户的贷方。这些抵减财务费用的金额，既要记入“财务费用”账户的贷方，又应在财务费用明细账借方“利息支出”和“汇兑损失”栏中用红字或负数登记。月末，结转财务费用时记入“财务费用”账户的贷方和“本年利润”账户的借方。结转以后，“财务费用”账户及其所属明细账户期末无余额。

知识链接

《小企业会计准则》与《企业会计准则》对财务费用处理的区别

- 利息支出或利息收入计算标准不同。《小企业会计准则》下，通过票面金额及票面利率核算；《企业会计准则》下，通过实际利率和摊余成本确定。
- 借款费用资本化的条件和范围不同。《小企业会计准则》下，小企业为购建固定资产在竣工决算前发生的借款费用，应当计入固定资产的成本，而不计入财务费用。《企业会计准则》下，符合资本化条件的资产发生在资本化期间内有关借款费用应该资本化，资本化金额的计算需要区分一般借款和专门借款。

应用实例

误划各个月份的费用界限

广安公司2月1日向银行借入生产经营用短期借款72万元，期限6个月，年利率5%，该借款本金到期一次归还，利息按季支付。当年4月支付利息9 000元。会计人员的账务处理如下：

借：财务费用　　9 000

　　贷：银行存款　　9 000

【问题】 该公司会计人员的账务处理对吗？

【分析】 广安公司会计人员的账务处理不对。在上述业务中，公司4月份支付的是一个季度的利息，在本月只需负担其中的1/3，所以仅有3 000元应该计入本期的财务费用，其余6 000元应该在2、3月份分别预提，并在实际支付时冲减“应付利息”。正确的账务处理如下：

- 每月计提时：

每月计提利息 =720 000 ×5% ÷12 =3 000（元）

借：财务费用　　3 000

　　贷：应付利息　　3 000

- 本月支付时：

借：应付利息　　9 000

　　贷：银行存款　　9 000

或：

借：财务费用　　3 000

　　应付利息　　6 000

　　贷：银行存款　　9 000

本单元知识要点

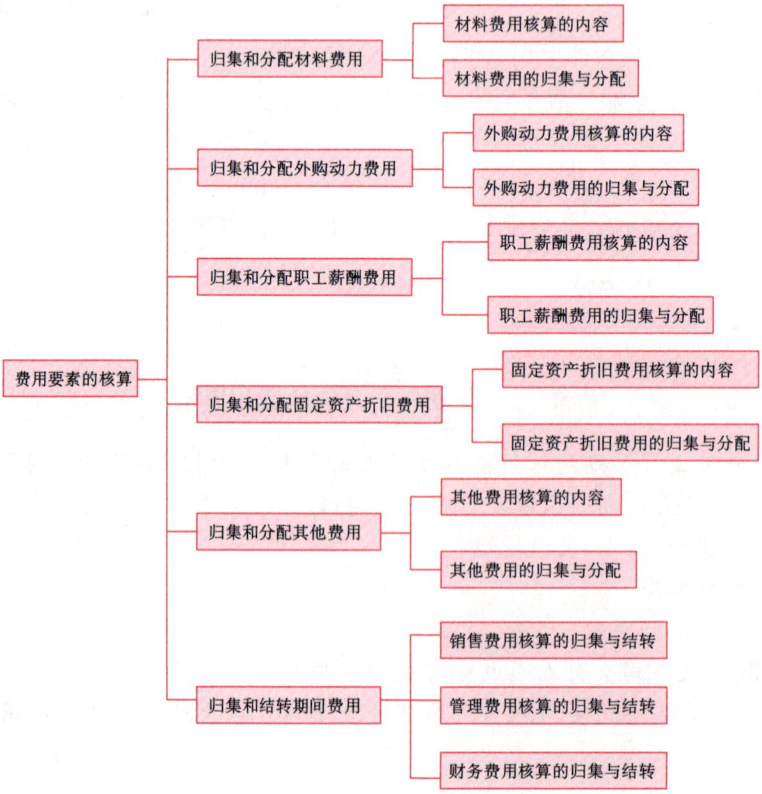

单元三
3 综合费用的核算

学习目标

◈ 理解和掌握辅助生产费用、制造费用的归集和分配方法

◈ 学会应用生产损失的归集和分配方法

◈ 掌握生产费用在完工产品和在产品之间的分配方法

引例

我们在单元二学习了三峡龙翔包装有限公司的材料、外购动力、职工薪酬等费用的核算，那么果汁桶、化工桶的制造成本可以算出来了吗？

该企业还有修配、供电两个辅助生产车间，它们发生的支出怎样计算？

工人张峰因违规操作出现了废品，怎么办？

月底算账时，发现既有完工产品，又有没完工的在产品，该怎么分配生产费用呢？

问题很多啊。别着急，本单元学习了综合费用的核算，以上疑问便会迎刃而解了！

特别说明：为保证同一企业成本核算过程的完整性，同时又能介绍各种核算方法，并节约篇幅，在下面各项任务的介绍中，三峡龙翔包装有限公司 2016 年 7 月份的第一笔业务用仿真的凭证、账表展示，业务延伸后的业务及其他月份的业务用简化形式介绍。

任务一
归集和分配辅助生产费用

任务描述

本部分的学习任务是：了解材料费用核算的内容；学会材料费用归集和分配的方法；掌握材料费用核算的工作流程。

知识准备

一、辅助生产费用的内容

辅助生产是指为企业基本生产和内部各部门提供服务而进行的产品生产和劳务供应。辅助生产车间的类型有两种：一是只生产一种产品或只提供一种劳务，如供电、供气、供水、运输等辅助生产车间；二是生产多种产品或提供多种劳务，如从事工具、模具、修理用备件的制造及机器设备修理等活动的辅助生产车间。

辅助生产费用：是辅助生产车间为生产产品或提供劳务而发生的原材料费用、动力费用、职工薪酬费用以及辅助生产车间的制造费用。

正确、及时地组织辅助生产费用的归集和分配，对于节约费用、降低成本以及正确、及时地计算企业的产品成本都是十分重要的。

二、辅助生产费用的归集

辅助生产费用的归集：是在生产费用发生时按照受益对象归属到辅助生产成本账户中的过程和结果。

辅助生产费用包括：

- 辅助生产车间领用材料费用；
- 辅助生产车间生产和管理人员人工费用；
- 辅助生产车间动力费用；
- 辅助生产车间固定资产折旧费用；
- 辅助生产车间制造费用；
- 辅助生产车间其他费用。

辅助生产费用的归集，依据本企业辅助生产的规模一般有两种归集的程序：

（1）“辅助生产成本”账户与“基本生产成本”账户一样，按车间以及产品和劳务设置明细账，账内按成本项目设立专栏进行明细核算。辅助生产车间的制造费用，单独设置“制造费用——辅助生产成本”账户核算，先通过“制造费用——辅助生产成本”账户进行归集，然后分配转入“辅助生产成本”账户的借方，计入辅助生产产品或劳务的成本。

（2）辅助生产车间的制造费用不通过“制造费用”账户及其明细账单独核算，而是直接记入“辅助生产成本”账户。

例如，三峡龙翔包装有限公司就是采用上述第二种程序，将辅助生产车间的间接费用直接记入“辅助生产成本”账户。

知识链接

实际工作中企业可根据辅助生产部门规模大小、制造费用多少等方面的不同来确定采用哪种程序。一般来说，如果企业辅助生产规模较大、制造费用较多，或还对外提供产品、劳务等，则可单设“制造费用”账户来归集辅助生产过程中发生的制造费用；如果辅助生产规模较小、制造费用不多，又不对外提供产品或劳务，则可不单设“制造费用”账户，而将辅助生产过程中发生的制造费用直接计入辅助生产成本。（教材中的业务题及实训题均采用后者）

（3）归集辅助生产费用的工作流程如图3－1所示。

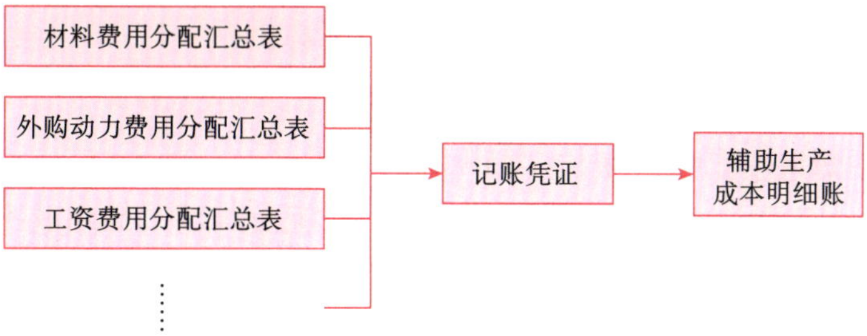

图3－1 归集辅助生产费用流程

三、辅助生产费用的分配

（一）分配特点

辅助生产费用分配：是指将归集在“辅助生产成本”账户及其明细账借方的辅助生产费用，按照特定的计算方法计算出各种辅助生产产品或劳务的总成本和单位成本，在各受益对象之间进行分配的过程。

归集在“辅助生产成本”账户及其明细账户借方的辅助生产成本，由于辅助生产车间生产产品和提供劳务种类的不同，其分配转出的程序也不同。

辅助生产车间**所生产的产品**，如工具、模具、修理用备件等，应在产品完工时，从“辅助生产成本”账户的贷方分别转入“周转材料——低值易耗品”、“原材料”等账户的借方；辅助生产车间**所提供的劳务**，如供水、供电、修理和运输等，其发生的辅助生产费用通常于月末在各受益单位之间按照一定的标准和方法进行分配后，从“辅助生产成本”账户的贷方转入“基本生产成本”、“制造费用”、“管理费用”、“销售费用”、“在建工程”等账户的借方。

辅助生产提供的产品和劳务，主要是为基本生产车间和企业管理部门使用和服务的，但在某些辅助生产车间之间，也有相互提供产品和劳务的情况，如供水车间为供电车间供水，供电车间为供水车间供电。因此，为了正确地计算辅助生产产品和劳务成本，并将辅助生产费用正确地分配给各受益单位，在分配辅助生产费用时，需要在各辅助生产车间之间进行**费用的交互分配**，这是辅助生产费用分配的一个主要特征。

辅助生产费用的分配是通过编制“辅助生产费用分配表”（见表3－2）来进行的。

（二）分配流程

辅助生产费用分配流程如图3－2所示。

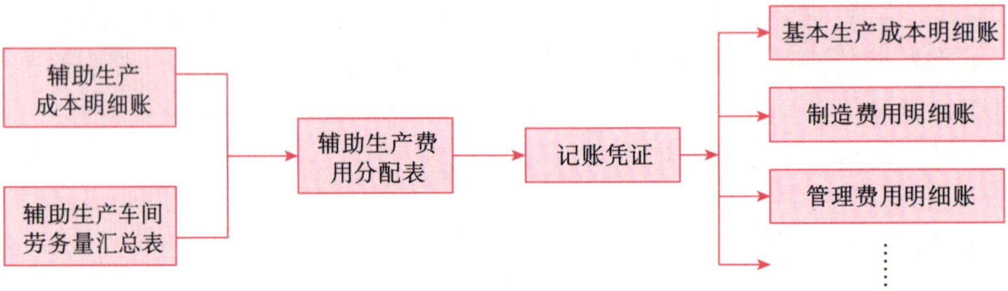

图3－2 分配辅助生产费用流程

（三）辅助生产费用分配的方法

分配辅助生产费用的方法很多（直接分配法、交互分配法、计划成本分配法、代数分配法、顺序分配法），通常采用的方法是直接分配法、交互分配法。

1. 直接分配法

直接分配法是指不考虑各辅助生产车间之间相互提供劳务的情况，而是将各种辅助生产费用直接分配给辅助生产车间以外的各受益单位的一种分配方法。其分配程序如下：

第一步，根据各辅助生产车间实际发生的费用和向辅助生产车间以外的各受益对象提供的产品或劳务总量，计算出各辅助生产车间的实际单位生产成本，计算公式为：

$$\text{辅助生产费用分配率}=\frac{\text{该辅助生产车间费用总额}}{\text{为辅助生产车间之外的受益对象提供的劳务量}}$$

$$\text{或}=\frac{\text{该辅助生产车间费用总额}}{\text{该辅助生产车间劳务总量}-\text{为其他辅助生产车间提供的劳务量}}$$

第二步，按实际单位生产成本和各受益对象的耗用量进行分配，其计算公式为：

$$\text{某受益对象应分配的辅助生产费用}=\text{该受益对象耗用的劳务量}\times\text{辅助生产费用分配率}$$

采用直接分配法的优点是简便易行，但由于在计算分配时扣除了辅助车间之间相互提供产品或劳务的数量，因而分配结果不够准确。这种方法适用于辅助生产车间相互提供产品或劳务较少，不考虑相互服务不会对分配的正确性产生太大影响的情况。

业务举例

业务1　采用直接分配法分配辅助生产费用

【业务说明】本业务是会计人员根据龙翔公司本月辅助生产成本账户记录、辅助生产车间提供劳务量汇总表，采用直接分配法分配辅助生产费用。

【业务资料】7月，三峡龙翔公司发生辅助生产费用情况如下：修配车间费用9 232.12元（见表2－8）；供电车间费用3 936元（见表2－9）。辅助生产车间供应的对象和数量（见表3－1）

表3－1　　辅助生产车间提供劳务量汇总表

2016年7月

受益对象		供电（度）	修配（小时）
辅助生产车间	供电车间		80
	修配车间	90	
生产产品——果汁桶		2 765	1 723
车间一般耗用		445	287
行政管理部门		70	260
合计		3 370	2 350

主管会计：赵少波　　记账：范一鸣　　审核：吕永立　　制表：毛　珍

【业务实施】

第一步：分配辅助生产费用。

（1）供电车间费用分配率＝3 936÷（2 765＋445＋70）

＝3 936÷3 280＝1.20（元/度）

一车间果汁桶应分配供电车间费用＝2 765×1.20＝3 318（元）

一车间应分配供电车间费用＝445×1.20＝534（元）

行政管理部门应分配供电车间费用＝70×1.20＝84（元）

（2）修配车间费用分配率＝9 232.12÷（1 723＋287＋260）

＝9 232.12÷2 270≈4.07（元/小时）

一车间果汁桶应分配修配车间费用＝1 723×4.07＝7 012.61（元）

一车间应分配修配车间费用＝287×4.07＝1 168.09（元）

行政管理部门应分配供电车间费用＝9 232.12－7 012.61－1 168.09＝1 051.42（元）

注意：由于小数点保留位数引起的误差应（在最后一项数据）采用倒挤的办法进行调整，使得已分配的费用等于待分配的费用。

（3）根据计算结果编制“辅助生产费用分配表”（见表3－2）。

表 3－2 **辅助生产费用分配表（直接分配法）**

2016 年 7 月 金额单位：元

辅助生产部门名称			供电车间	修配车间	合计
待分配费用			3 936.00	9 232.12	13 168.12
供应辅助生产部门以外单位的劳务量			3 280	2 270	
费用分配率			1.20	4.07	
应借账户	基本生产成本——果汁桶	耗用劳务量	2 765	1 723	
		应分配金额	3 318	7 012.61	10 330.61
	制造费用——一车间	耗用劳务量	445	287	
		应分配金额	534	1 168.09	1 702.09
	管理费用	耗用劳务量	70	260	
		应分配金额	84	1 051.42	1 135.42
分配金额合计			3 936.00	9 232.12	13 168.12

主管会计：赵少波　　记账：范一鸣　　审核：吕永立　　制表：毛　珍

第二步：填制记账凭证。

根据辅助生产费用分配表，填制记账凭证（见表 3－3）。

表 3－3

记账凭证

2016年7月31日　　记字第 143号

摘要	借方		贷方		借方金额									√	贷方金额									记账
	总账科目	子细目	总账科目	子细目	百	十	万	千	百	十	元	角	分		百	十	万	千	百	十	元	角	分	
分配辅助费用	基本生产成本	果汁桶					1	0	3	3	0	6	1											
	制造费用	一车间						1	7	0	2	0	9											
	管理费用							1	1	3	5	4	2											
			辅助生产成本	供电车间														3	9	3	6	0	0	
			辅助生产成本	修配车间														9	2	3	2	1	2	
						¥	1	3	1	6	8	1	2			¥	1	3	1	6	8	1	2	

会计主管 赵少波　　记账 范一鸣　　复核 吕永立　　制单 毛珍　　附件 2 张

第三步：登记成本费用明细账。

根据审核无误的记账凭证及所附原始凭证登记辅助生产成本明细账（见表 2－8、表 2－9）、基本生产成本明细账（见表 2－6）、制造费用明细账（见表 2－10）。

2. 交互分配法

交互分配法是指企业先将各辅助生产车间发生的费用，在各辅助生产车间之间进行交互分配，然后将交互分配后的费用总额，再分配给辅助生产车间以外的各受益对象。其分配程序如下：

第一步：交互分配（对内分配）。

根据各辅助生产车间之间相互提供劳务的数量和交互分配前的单位成本（费用分配率）在辅助生产车间之间进行交互分配，对辅助生产车间以外的受益部门不进行分配。计算公式为：

$$\text{某辅助生产车间产品或劳务单位成本（交互分配率）}=\frac{\text{该辅助生产车间交互分配前待分配费用}}{\text{该辅助生产车间提供劳务总量}}$$

$$\text{某辅助生产车间应负担费用}=\text{该辅助生产车间接受的劳务供应总量}\times\text{交互分配率}$$

第二步：对外分配。

将各辅助生产车间交互分配后的费用总额，在辅助生产车间以外的各受益单位之间进行分配。计算公式为：

$$\text{某辅助生产车间交互分配后费用总额}=\text{该辅助生产车间交互分配前的费用总额}+\text{交互分配转入的费用}-\text{交互分配转出的费用}$$

$$\text{某辅助生产车间产品或劳务单位成本（对外分配率）}=\frac{\text{某辅助生产车间交互分配后的费用总额}}{\text{为辅助生产车间之外的受益对象提供的劳务量}}$$

$$\text{某受益对象应分配的辅助生产费用}=\text{该受益对象耗用的劳务量}\times\text{对外分配率}$$

交互分配法反映了辅助生产车间互相提供的产品和劳务，提高了辅助生产成本计算的准确性。但由于各种辅助生产费用都要计算两个费用分配率，进行两次分配，因而增加了计算的工作量。在实行车间核算的企业，这是一种较为理想的分配方法。

业务举例

业务2　采用交互分配法分配辅助生产费用

【业务说明】本业务是会计人员根据龙翔公司本月辅助生产成本账户记录、辅助生产车间提供劳务量汇总表，采用交互分配法分配辅助生产费用。

【业务资料】7月，三峡龙翔公司发生辅助生产费用资料。

修配车间费用9 232.12元（见表2－8）；供电车间费用3 936元（见表2－9）。辅助生产车间供应的对象和数量（见表3－1）

【业务实施】

第一步：交互分配。

供电车间交互分配率＝3 936÷3 370≈1.17（元/度）

修配车间应分配供电车间费用＝90×1.17＝105.30（元）

修配车间交互分配率＝9 232.12÷2 350≈3.93（元/小时）

供电车间应分配修配车间费用＝80×3.93＝314.40（元）

第二步：对外分配。

供电车间交互分配后费用＝3 936＋314.40－105.30＝4 145.10（元）

修配车间交互分配后费用＝9 232.12＋105.30－314.40＝9 023.02（元）

供电车间对外分配率 =4145.10 ÷ （2 765 +445 +70） ≈1.26（元/度）
产品果汁桶应分配供电车间费用 =2 765 ×1.26 =3 483.90（元）
一车间应分配供电车间费用 =445 ×1.26 =560.70（元）
行政管理部门应分配供电车间费用 =4 145.10 －3 483.90 －560.70 =100.50（元）
修配车间对外分配率 =9 023.02 ÷ （1 723 +287 +260） ≈3.97（元/小时）
产品果汁桶应分配修配车间费用 =1 723 ×3.97 =6 840.31（元）
一车间应分配修配车间费用 =287 ×3.97 =1 139.39（元）
行政管理部门应分配修配车间费用 =9 023.02 －6 840.31 －1 139.39 =1 043.32（元）

第三步：根据计算结果编制“辅助生产费用分配表”（见表3－4）。

表3－4 **辅助生产费用分配表（交互分配法）**

2012年7月

金额单位：元

项目				交互分配			对外分配		
辅助生产车间名称				供电	修配	合计	供电	修配	合计
待分配费用				3 936	9 232.12	13 168.12	4 145.10	9 023.02	13 168.12
劳务供应总量				3 370	2 350		3 280	2 270	
费用分配率				1.17	3.93		1.26	3.97	
应借账户	辅助生产成本	供电车间	数量		80				
			金额		314.40	314.40			
		修配车间	数量	90					
			金额	105.30		105.30			
		金额小计				419.70			
	生产成本	果汁桶	数量				2 765	1 723	
			金额				3 483.90	6 840.31	10 324.21
	制造费用	一车间	数量				445	287	
			金额				560.70	1 139.39	1 700.09
	管理费用		数量				70	260	
			金额				100.50	1043.32	1143.82
分配金额合计				105.30	314.40	419.70	4 145.10	9 023.02	13 168.12

主管会计：赵少波　　记账：范一鸣　　审核：吕永立　　制表：毛　珍

第四步：根据辅助生产费用分配表进行账务处理（填制记账凭证）。

- 交互分配：

借：辅助生产成本——供电车间　　314.40
　　　　　　　　——修配车间　　105.30
　贷：辅助生产成本——供电车间　　105.30
　　　　　　　　　——修配车间　　314.40

- 对外分配：

借：基本生产成本——果汁桶　　10 324.21
　　制造费用——一车间　　1 700.09
　　管理费用　　1 143.82
贷：辅助生产成本——供电车间　　4 145.10
　　　　　　　　——修配车间　　9 023.02

第五步：登记成本费用明细账。

根据审核无误的记账凭证及所附原始凭证登记辅助生产成本明细账、基本生产成本明细账、制造费用明细账（参考表2－8、2－9、2－6、2－10，此处省略）。

*3. 计划成本分配法

计划成本分配法是按照辅助生产车间提供劳务的计划单位成本和各受益单位的受益量分配辅助生产费用的一种方法。其计算公式及步骤如下：

第一步：按计划成本分配辅助生产费用。

$$\text{某受益对象应承担的劳务费用（含辅助生产部门）}=\text{该受益对象的受益数量}\times\text{计划单位成本}$$

第二步：分配计划成本差异。

$$\text{成本差异}=\text{各辅助生产部门发生的费用}+\text{按计划成本分配转入的费用}-\text{按计划成本分配转出的费用}$$

$$\text{成本差异分配率}=\frac{\text{成本差异}}{\text{辅助生产车间以外的受益单位劳务量}}$$

$$\text{某受益单位应分成本差异}=\text{该单位受益量}\times\text{成本差异分配率}$$

计划成本分配法，不仅简化了计算工作，还能反映和考核辅助生产成本计划的执行情况以及各受益单位的成本，有利于分清企业内部各单位的经济责任。它适用于实行厂内经济核算，计划成本较为准确、管理水平较高的企业。

*4. 代数分配法

代数分配法是运用代数中联立方程式原理求出辅助生产单位劳务或产品的单位成本以后，再按各个受益对象耗用劳务或产品数量分配辅助生产费用的一种方法。其基本计算步骤如下：

第一步：设辅助生产单位成本为未知数，并根据辅助生产车间之间交互服务关系建立方程组，解方程组，算出各种产品或劳务的单位成本。

第二步：用辅助生产单位成本乘以各受益部门的耗用量，求出各受益部门应承担的辅助生产费用。

代数分配法是一种“运用数学方法，准确分配费用”的分配方法，其特点是：运用数学方法求得辅助生产费用的分配率，使计算结果更加准确，但计算过程比较复杂。它适用于实现会计电算化的企业。

*5. 顺序分配法

顺序分配法又称“阶梯法”，它是指各辅助生产部门分配费用按照受益多少的顺序排列，受益少的排在前面，先行分配，受益多的排在后面，再行分配的一种方法。其计算步骤如下：

第一步：确定辅助车间分配顺序。

第二步：按顺序分配辅助生产费用。

顺序分配法的特点是：前者分配给后者，而后者不分配给前者，后者的分配额等于其直接费用加上前者分配来的费用之和。它适用于辅助生产车间较多，相互耗用的劳务金额相差较大的企业。

应用实例

滥用“直接分配法”

华威机械厂设有供电、修理、供汽三个辅助生产车间。6 月，供电车间发生费用 170 000 元，修理车间发生费用 95 000 元，供汽车间发生费用 86 000 元，该企业采用直接分配法分配辅助生产费用。各辅助生产车间提供的劳务和耗用单位情况如下表所示。

辅助生产车间提供劳务量汇总表

2016 年 7 月

耗用劳务单位		供汽车间（立方米）	供电（度）	修理车间（小时）
供汽车间		—	10 000	12 000
供电车间		20 000	—	4 000
修理费用		5 000	25 000	—
生产车间	产品耗用	30 000	50 000	68 000
	一般耗用	4 000	26 000	2 000
行政管理部门		2 000	17 000	7 000
合　计		61 000	128 000	93 000

【问题】 该企业成本核算员采用直接分配法分配辅助生产费用合适吗？请说明理由。

【分析】 不合适。直接分配法不考虑各辅助生产车间之间相互提供产品（或劳务）的情况，该方法计算简便，但结果不准确，适用于辅助生产内部相互提供劳务不多的企业。由汇总表可看出，华威机械厂的辅助生产部门较多，而且各辅助生产车间之间相互提供劳务也比较多，采用直接分配法不利于调动各辅助生产车间降低消耗的积极性，会导致产品成本计算的严重失实，因此，该企业采用直接分配法并不合适，建议采用交互分配法。

任务二
归集和分配制造费用

任务描述

本部分的学习任务是：了解制造费用核算的内容；学会制造费用归集和分配的方法；掌握制造费用核算的工作流程。

知识准备

一、制造费用核算的内容

企业在产品生产过程中，除了直接耗用各种材料、人工等费用外，还会发生与产品制造有关的其他费用，如生产管理部门的人员工资、生产部门的房屋和设备折旧费、修理费等。由于这些费用因生产产品而引起，是为了产品生产的顺利进行而发生的，所以也是产品成本的重要构成内容。

制造费用是指企业基本生产车间为生产产品或提供劳务而发生的各项间接费用，主要包括基本生产车间管理人员的工资薪酬、基本生产车间的房屋建筑物、机器设备折旧费、固定资产租赁费、机物料消耗、低值易耗品摊销、取暖费、水电费、办公费、差旅费、运输费、保险费、设计制图费、试验检验费、劳动保护费、季节性停工和生产用固定资产大修期间停工的损失以及其他制造费用。

注意：制造费用项目繁多，内容复杂，为简化会计核算，减少费用项目，企业应根据其生产特点和管理要求，采取合并、自行设立费用项目归集制造费用。制造费用项目一经确定，不应随意改变。

二、制造费用的归集

（1）制造费用的归集是通过设置“制造费用”账户进行的。该账户应按不同的生产车间、部门设立明细账户，账内再按照费用项目设立专栏，分别反映各生产部门制造费用的发生情况。其登记依据是有关的付款凭证、转账凭证和前述的各种费用分配表。

“制造费用”作为集合分配账户，借方归集某会计期间生产过程中所发生的各项制造费用，贷方登记在会计报告期末分配计入各种产品成本的制造费用，期末一般无余额。

龙翔公司 7 月份基本生产车间的制造费用明细账见表 2－10。

（2）制造费用归集的流程如图 3－3 所示。

三、制造费用的分配

通过制造费用的归集，企业在某一会计期间发生的制造费用都已归集到了制造费用的明

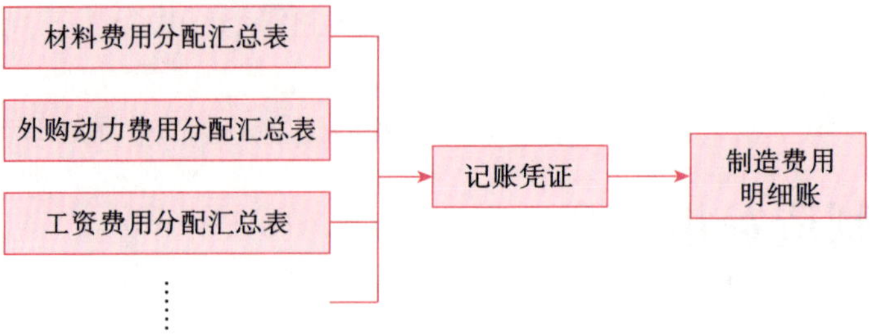

图 3－3　归集制造费用流程

细账内。在会计期末时，为了准确计算产品的生产成本，还要将其合理地分配到有关产品成本中去。

（一）分配原则

制造费用的分配原则是：在基本生产部门只生产一种产品的情况下，其归集的制造费用应直接计入该种产品的成本；在生产多种产品的情况下，则制造费用应采用适当的分配方法分配计入各种产品的成本。

（二）分配流程

制造费用的分配流程如图 3－4 所示。

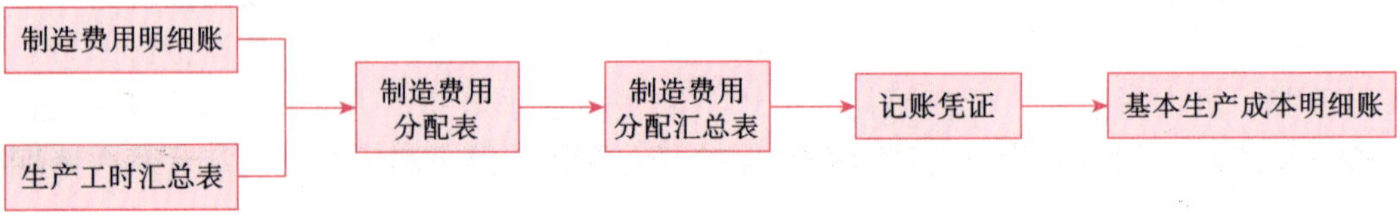

图 3－4　分配制造费用的流程

（三）制造费用的分配方法

制造费用的分配方法很多（生产工时比例法、生产工人工资比例法、机器工时比例法、直接成本比例法、计划分配率法），通常采用的方法是生产工时比例法、生产工人工资比例法。

1. 生产工时比例法

生产工时比例法是指以各种产品所消耗的生产工时为标准分配的方法。其计算公式为：

$$\text{制造费用分配率}=\frac{\text{应分配的制造费用总额}}{\text{该车间各种产品的生产工时之和}}$$

$$\text{某种产品应分配的制造费用}=\text{该产品生产工时}\times\text{制造费用分配率}$$

按生产工时比例分配制造费用，能将劳动生产率与产品负担的制造费用结合起来（如劳动生产率提高，则单位产品生产工时减少，所负担的制造费用也就降低），使分配结果比较合理，而且工时资料较易取得，因此，它是一种较好的方法，在实际工作中的应用较为普遍。

知识链接

如果产品的工时定额比较准确，制造费用也可以按定额工时的比例分配。其计算公式为：

制造费用分配率＝制造费用总额÷各产品定额工时总和

某种产品应分配的制造费用＝该产品定额工时×制造费用分配率

业务3　采用生产工时比例法分配制造费用

本业务是会计人员根据龙翔公司本月制造费用账户记录、本月产品生产工时资料，采用生产工时比例法分配制造费用。

【业务资料】7月，三峡龙翔公司发生的制造费用情况如下：一车间制造费用44 972.79元（见表2－10）；本月产品生产工时资料（见表2－14）。

【业务实施】

第一步：分配一车间制造费用。

$$制造费用分配率=\frac{44\ 972.79}{3\ 600+400}\approx 11.24（元/小时）$$

果汁桶应分配制造费用＝3 600×11.24＝40 464（元）

化工桶应分配制造费用＝44 972.79－40 464＝4 508.79（元）

第二步：编制“制造费用分配表”。

根据计算结果编制“制造费用分配表”（见表3－5）。

表3－5　　**制造费用分配表**

车间：一车间　　2016年7月　　金额单位：元

产品名称	生产工时	分配率	分配金额
果汁桶	3 600		40 464.00
化工桶	400		4 508.79
合计	4 000	11.24	44 972.79

会计主管：赵少波　　记账：范一鸣　　复核：吕永立　　制表：毛　珍

说明：由于分配率无法整除，化工桶制造费用金额承担了差额部分。若该企业需要分配两个以上车间的制造费用，则还需要编制“制造费用分配汇总表”。

第三步：填制记账凭证。

根据制造费用分配表，填制记账凭证（见表3－6）。

表 3 – 6

记账凭证

2016年7月31日 记字第 144号

摘要	借方		贷方		借方金额									√	贷方金额									记账
	总账科目	子细目	总账科目	子细目	百	十	万	千	百	十	元	角	分		百	十	万	千	百	十	元	角	分	
分配制造费用	基本生产成本	果汁桶					4	0	4	6	4	0	0											
	基本生产成本	化工桶						4	5	0	8	7	9											
			制造费用	一车间													4	4	9	7	2	7	9	
						¥	4	4	9	7	2	7	9			¥	4	4	9	7	2	7	9	

会计主管 赵少波　　记账 范一鸣　　复核 吕永立　　制单 毛珍　　附件 1 张

第四步：登记成本费用明细账。

根据审核无误的记账凭证及所附原始凭证登记生产成本明细账（见表 2 – 6、2 – 7）、制造费用明细账（见表 2 – 10）。

2. 生产工人工资比例法

生产工人工资比例法是以各种产品的生产工人工资的比例作为标准来分配制造费用的一种方法。其计算公式为：

$$\text{制造费用分配率} = \frac{\text{应分配的制造费用总额}}{\text{各种产品生产工人工资总额}}$$

某种产品应分配的制造费用 = 该产品生产工人工资 × 制造费用分配率

采用这种分配方法，其分配依据（生产工人工资的资料）在工资分配表中是现成的，因而核算工作很简便。但这种方法只适用于机械化程度大致相同的产品之间的制造费用分配，否则会影响费用分配的合理性和准确性。

业务举例

业务 4　采用生产工人工资比例法分配制造费用

【业务说明】本业务是会计人员根据龙翔公司本月制造费用账户记录、本月产品生产工人工资资料，采用生产工人工资比例法分配制造费用。

【业务资料】7 月，三峡龙翔公司一车间发生的制造费用为 44 972. 79 元；本月产品生产工人工资为：果汁桶 54 900 元，化工桶 61 00 元。

【业务实施】

第一步：分配制造费用。

$$\text{制造费用分配率} = \frac{44\ 972.79}{54\ 900 + 6\ 100} \approx 0.74$$

果汁桶应分配制造费用 = 54 900 × 0.74 = 40 626（元）

化工桶应分配制造费用 = 44 972.79 − 40 626 = 4 346.79（元）

第二步：编制“制造费用分配表”。

根据计算结果编制“制造费用分配表”（见表 3 − 7）。

表 3 − 7　　制造费用分配表

车间：一车间　　2016 年 7 月　　金额单位：元

产品名称	生产工人工资	分配率	分配金额
果汁桶	54 900		40 626
化工桶	6 100		4 346.79
合计	61 000	0.74	44 972.79

会计主管：赵少波　　记账：范一鸣　　复核：吕永立　　制表：毛　珍

说明：由于分配率无法整除，化工桶制造费用金额承担了差额部分。

第三步：根据分配结果进行账务处理（填制记账凭证）。

借：基本生产成本——果汁桶　　40 426

　　　　　　　　——化工桶　　4 346.79

贷：制造费用——一车间　　44 972.79

第四步：登记成本费用明细账（参考表 2 − 6、2 − 7、2 − 10，此处略）。

3. 机器工时比例法

机器工时比例法是以各种产品所用机器设备运转时间为标准分配制造费用的方法。其计算公式如下：

$$\text{制造费用分配率} = \frac{\text{制造费用总额}}{\text{各种产品机器工时之和}}$$

某种产品应分配的制造费用 = 该产品机器工时数 × 制造费用分配率

这种方法适用于机械化程度较高的车间分配制造费用，并要求具备各种产品所耗机器工时的原始凭证。

4. 直接成本比例法

直接成本比例法是以各种产品的直接成本（如直接材料）比例为标准分配制造费用的方法。其计算公式为：

$$\text{制造费用分配率} = \frac{\text{制造费用总额}}{\text{各种产品直接成本之和}}$$

某种产品应分配的制造费用 = 该产品直接成本 × 制造费用分配率

这种方法适用于各种产品中所包含的直接费用比重基本相同的企业。

5. 计划分配率分配法

计划分配率分配法是指平时各月均按实际产量或定额工时乘以年度计划分配率分配制造费用，年终再调整实际费用与计划分配额之间的差异的一种方法。其计算公式如下：

$$\text{年度计划分配率} = \frac{\text{年度制造费用计划总额}}{\text{年度各产品计划生产总量}}$$

某月某种产品应分配的制造费用 = 该产品实际月生产量 × 年度计划分配率

这种方法可在一定程度上简化分配手续，便于及时计算产品成本。此方法适用于各月之间生产量变化很大，尤其是生产季节性很强的企业。

注意：无论采用哪一种制造费用分配方法，都应根据分配计算的结果，编制制造费用分配表，据以进行制造费用的总分类核算和明细核算。制造费用的分配，除了采用按年度计划分配率分配法的企业外，“制造费用”账户期末都没有余额。

从以上五种不同的费用分配方法可以看出，对制造费用的分配，选择什么样的分配方法是十分重要的，它直接关系到制造费用分配的合理性。所以，企业在选用分配方法时，一定要根据自身的特点和费用发生的具体情况而定，使费用的分配趋于合理。制造费用分配方法一经确定，在本会计年度内不得随意变更。

实例应用

制造费用支出范围模糊不清

海联公司设有一个基本生产车间和一个辅助生产车间，基本生产车间生产甲、乙两种产品，辅助生产车间提供一种劳务（其发生的制造费用直接在“辅助生产成本”中列支）。凌子9月份到该企业担任财务总监，她发现该企业8月份发生的下列几笔经济业务的会计处理有问题：

1. 车间管理部门耗用低值易耗品：基本生产车间1 800元，辅助生产车间300元。

借：基本生产成本	1 800	
辅助生产成本	300	
贷：低值易耗品		2 100

2. 支付水电费3 650元，其中：生产产品用电费3 000元，车间照明用电费350元，管理部门用电费300元。

借：制造费用	3 350	
管理费用	300	
贷：银行存款		3 650

3. 计提本月生产厂房折旧费3 700元，机器设备折旧费2 100元。

借：管理费用	3 700	
制造费用	2 100	
贷：累计折旧		5 800

【问题】请发挥你的聪明才智，看看问题出在哪里？

【分析】制造费用是企业为生产产品或提供劳务而发生的、应该计入产品成本但没有专设成本项目的各项费用。制造费用大部分是间接用于产品生产的费用，如机物料消耗、车间管理人员的工资和福利费等；也包括直接用于产品生产但管理上不要求或者核算上不便于单独核算，因而未专设成本项目的费用，如机器设备的折旧费、修理费等；还包括车间用于组织和管理生产的费用，如车间的照明费、水电费、取暖费、差旅费、办公费等。本例中，该企业会计人员对于制造费用及其支出范围的理解模糊不清，因而在账务处理中出现了错误。

在第 1 笔业务中，基本生产车间耗用低值易耗品应当先记入“制造费用”账户进行归集。正确的账务处理为：

借：制造费用　　1 800
　　辅助生产成本　　300
　　贷：低值易耗品　　2 100

在第 2 笔业务中，产品生产用电应记入“基本生产成本”账户，而“制造费用”账户中只登记车间照明用电费。正确的账务处理为：

借：基本生产成本　　3 000
　　制造费用　　350
　　管理费用　　300
　　贷：银行存款　　3 650

在第 3 笔业务中，计提的生产厂房折旧费应当在“制造费用”账户中列支。

正确的账务处理为：

借：制造费用　　5 800
　　贷：累计折旧　　5 800

任务三
归集和分配生产损失

任务描述

本部分的学习任务是：了解生产损失核算的内容；学会生产损失归集和分配的方法；掌握废品损失、停工损失核算的工作流程。

知识准备

一、生产损失核算的内容

企业在进行生产活动中，由于生产工艺、生产的外部条件、原材料的质量、工人的技术水平、生产管理水平等因素的影响，会不可避免地产生各项损失。正确计算企业的各项损失，也是核算产品成本的重要内容。

生产损失是指企业在生产过程中发生的不能形成正常产出的各种耗费。生产损失的类型随着企业的生产特点的不同而不尽相同，但通常可将其归为四类，见表3－8。

表3－8　生产损失的类别

类　别	含　义	与生产成本的关系
生产损耗	指投入原材料的收缩、蒸发、跑、冒、滴、漏、自然损耗等	生产过程中的损耗越多，投入量就越高，在生产数量一定的情况下，必然增加产品的制造成本
生产废料	指生产过程中产生的边角余料，如服装厂的边角布料、家具厂的边材碎料等	在投入量一定的情况下，废料越多，产出越少，必然增加产品的生产成本
废品损失	指生产过程中由于主观或客观原因造成的产品质量不符合规定技术标准而发生的额外耗费	当投入量一定时，产生的废品越多，合格品数量则越少。废品损失多，必然增加合格品的成本
停工损失	指由于机器故障停工、季节性停工及修理期间停工而发生的耗费	停工次数越多，停工时间越长，停工损失则越多，必然增加产品的制造成本

在以上四类中，生产损耗和生产废料在成本计算时，已经进行了考虑：有的将其列入了产品成本，有的变卖或作价入库成为收入。因此，真正属于成本核算中的生产损失，就是下面我们要介绍的废品损失和停工损失。

废品损失和停工损失核算的流程见图3－5。

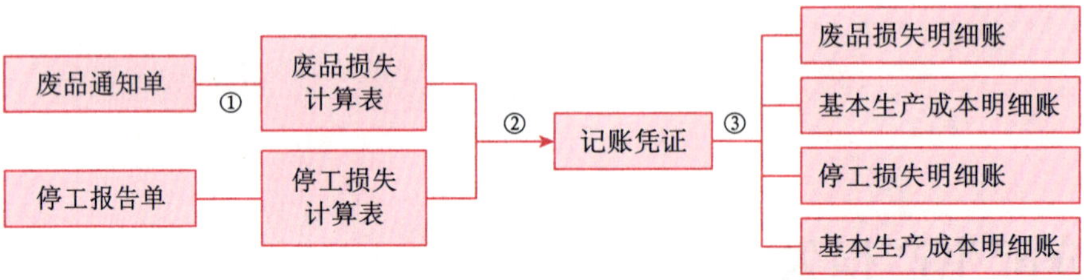

图3－5　废品损失和停工损失的核算流程

注意：几乎所有的制造业都无法避免这样或那样的原因造成的损失，而生产中的一切损失（非正常损失除外），归根结底都要由合格品负担。

二、废品损失的归集和分配

（一）废品及废品损失

1. 废品的概念及分类

废品是指质量上不符合规定的标准或技术条件，不能按原定用途加以利用，或者需要加工修复后才能利用的产成品、自制半成品和零部件等。废品的分类见表3－9所示。

表 3－9　废品的分类

分类		含义	损失承担
按产生原因	工废品	指由于生产工人未执行技术操作规程的原因造成的废品，属于操作工人的过失造成。	应由操作工人承担相应的责任，企业向其收赔款。
	料废品	指由于被加工的原材料、半成品和零部件不符合要求而造成的废品。	不应由生产工人承担责任，由相关责任人或当月合格产品成本负担。
按是否可以修复	可修复废品	指技术上可以修复，并且支付修复费用在经济上合算的废品。	发生的修复费用由当月合格产品成本负担。
	不可修复废品	指在技术上不能修复，或者支付修复费用在经济上不合算的废品。	不可修复废品的生产成本，应采用适当方法分配，由当月合格产品成本负担。

2. 废品损失的含义

废品损失是指企业因产生废品而造成的损失，它包括可修复废品的修复费用和不可修复废品的生产成本（扣除回收的废品残料价值和过失单位或个人的赔款）。

需要指出以下几点：

● 经过质量检验部门鉴定不需要返修、可以降价出售的不合格品，它应与合格品同等计算成本，其降价损失体现为销售损益，不作为废品损失处理。

● 产成品入库后，由于保管不善等原因而损坏变质的损失，应作为管理费用处理，不作为废品损失处理。

● 实行包退、保修、包换“三包”的企业，在产品出售后发现的废品所发生的一切损失，应计入管理费用，不包括在废品损失内。

废品损失＝(不可修复废品的生产成本－不可修复废品的残值)＋(可修复废品的修复费用－应收过失人赔款)

（二）废品损失核算的账户设置

为了单独核算废品损失，应专设“废品损失”账户，同时在“基本生产成本”明细账中，增设“废品损失”成本项目，以单独体现废品损失的费用额。

“废品损失”账户借方登记不可修复废品的生产成本和可修复废品的修复费用，贷方登记废品残料回收价值、责任人赔款及分配转出的废品损失，分配后该账户无余额。该账户按车间设置明细账，并按产品品种分设专户进行明细核算。

（三）废品损失的归集

1. 计算废品损失的原始凭证

计算废品损失的原始凭证主要是经审核后的“废品通知单”（见表 3－10）。

表 3－10　　废品通知单

产品名称		报废日期		备注
规格型号		生产日期		
报废工序		生产部门		
操作工人		检验人员		
废品记录	材料		修复费用	
	损失金额		残值	
	料费数		工废数	
	单件重量		单件工时	
	总重量		总工时	

制表：　　生产：　　财务：　　审批：

“废品通知单”可以由企业质检部门在发现废品时填制，也可以由产生废品的生产单位（分厂、车间或班组）填制。“废品通知单”一般一式三联：一联由生产单位存查，一联交质量检验部门，一联交财会部门核算废品损失。

2. 可修复废品的废品损失的核算

废品损失包括可修复废品的修复费用和不可修复废品的生产成本（扣除残料价值和过失人赔款等），两者的计算和确定有所不同。

可修复废品的废品损失（也就是其修复费用）包括为修复废品所发生的材料费用、人工费用和应负担的制造费用等。材料费用一般可以根据有关领料凭证直接确定；人工费用有时可以直接确定，有时需要根据修复废品实际消耗的工时和小时工资率计算确定；应负担的制造费用一般不能直接确定，可以根据修复废品实际消耗的工时和小时费用率计算确定。

$$\text{可修复废品损失}=\text{修复废品材料费用}+\text{修复废品人工费用}+\text{修复废品制造费用}-\text{废品收回残值或赔款收入}$$

业务举例

业务5　对可修复废品损失进行账务处理

【业务说明】本业务是会计人员根据龙翔公司本月可修复废品资料，进行账务处理。

【业务资料】9月，龙翔公司一车间生产完工果汁桶4 300只，验收入库时发现有20只是可修复废品。本月修复果汁桶领用外涂（材料）284.80元，实际耗用工时60小时，小时工资费用分配率为14.77元，小时制造费用分配率为11.24元，经修复果汁桶已验收入库。按规定本月发生的20件可修复废品应由操作工人张峰赔偿100元。

【业务实施】

第一步：根据上述资料进行账务处理（填制记账凭证）。

归集可修复废品的修复费用：

借：废品损失——果汁桶　　1 845.40

　　贷：原材料——外涂　　284.80

应付职工薪酬 886.20（60×14.77）

制造费用——一车间 674.40（60×11.24）

确定责任人赔款：

借：其他应收款——张峰 100

贷：废品损失——果汁桶 100

第二步：根据记账凭证登记废品损失明细账（见表3－11）。

表3－11 **废品损失明细账**

产品名称：果汁桶 单位：元

2016年		凭证字号	摘要	借方	贷方	余额
月	日					
9	30	略	分摊修复费用	1 845.40		1 845.40
9	30	略	应收赔款		100.00	1 745.40
9	30	略	结转废品净损失		1 745.40	平

第三步：根据记账凭证登记基本生产成本明细账（见表3－12）。

表3－12 **基本生产成本明细账**

产品名称：果汁桶 单位：元

2016年		凭证字号	摘要	直接材料	直接人工	制造费用	废品损失	合计
月	日							
9	30	略	根据各种分配表转入	330 000	79 000	51 000		460 000
9	30	略	转入可修复废品净损失				1 745.40	1 745.40
9	30	略	生产费用合计	330 000	79 000	51 000	1 745.40	461 745.40

3. 不可修复废品损失的核算

不可修复废品损失是指截至报废时已经发生的废品生产成本扣除残值和过失人承担的赔偿部分后的损失。

计算不可修复的废品损失，就是要将废品应承担的生产费用从全部生产费用中分离出来。具体有两种方法：按实际成本计算和按定额成本计算。

第一种方法：按废品实际成本计算废品损失。这种方法是将全部生产费用在合格品与废品之间进行分配，其计算公式如下：

$$\text{废品应负担的直接材料费用}=\frac{\text{某产品直接材料费用总额}}{\text{合格品数量}+\text{废品数量或约当产量}}\times\text{废品数量或约当产量}$$

$$\text{废品应负担的直接人工费用}=\frac{\text{某产品直接人工费用总额}}{\text{合格品数量}+\text{废品数量或约当产量}}\times\text{废品数量或约当产量}$$

$$\text{废品应负担的制造费用}=\frac{\text{某产品制造费用总额}}{\text{合格品数量}+\text{废品数量或约当产量}}\times\text{废品数量或约当产量}$$

知识链接

约当产量是指将在产品折合成相当于完工产品的数量。如果该产品于月末尚有部分产品未完工，则上述公式中的分母还应包括在产品数量。

业务6　按实际成本计算废品损失

【业务说明】本业务是会计人员根据龙翔公司本月不可修复废品资料，按实际成本计算废品损失，进行账务处理。

【业务资料】龙翔公司一车间生产9月份完工化工桶400只，发现有不可修复废品10只。本月生产化工桶的生产费用为：直接材料费用39 000元（材料在生产开始时一次投入），直接人工费用8 200元，制造费用5 000元。废品残值100元，废品折合为约当产量5只。

【业务实施】

第一步：根据上述资料计算5只不可修复废品的成本。

废品应负担的直接材料费用 $=\frac{39\ 000}{390+10}\times 10=975$（元）

废品应负担的直接人工费用 $=\frac{8\ 200}{390+5}\times 5=103.80$（元）

废品应负担的制造费用 $=\frac{5\ 000}{390+5}\times 5=62.29$（元）

第二步：编制该车间废品损失计算表（见表3－13）。

表3－13　不可修复废品损失计算表

生产车间：一车间　　　　废品数量：10只

产品名称：化工桶　　2016年9月　　金额单位：元

项　目	直接材料	直接人工	制造费用	合计
废品所耗实际费用	975	103.80	62.29	1 141.09
减：残值	100			100
废品损失	875	103.80	62.29	1 041.09

第三步：根据表3－13进行账务处理（填制记账凭证）。

- 结转不可修复废品成本：

借：废品损失——化工桶　　1 141.09

　　贷：基本生产成本——化工桶　　1 141.09

- 结转废品残料价值：

借：原材料　　100

　　贷：废品损失——化工桶　　100

第四步：根据记账凭证登记废品损失明细账（见表3－14）。

表3－14　　**废品损失明细账**

产品名称：化工桶　　单位：元

2016年		凭证字号	摘要	借方	贷方	余额
月	日					
9	30	略	废品生产成本	1 141.09		1 141.09
9	30	略	回收残料		100.00	1 041.09
9	30	略	结转废品净损失		1 041.09	平

第五步：根据记账凭证登记基本生产成本明细账（见表3－15）。

表3－15　　**基本生产成本明细账**

产品名称：化工桶　　单位：元

2016年		凭证字号	摘要	直接材料	直接人工	制造费用	废品损失	合计
月	日							
9	30	略	根据各种分配表转入	39 000	8 200	5 000		52 200
9	30	略	转出废品生产成本	－975	－103.80	－62.29		－1 141.09
9	30	略	转入废品损失				1 041.09	1 041.09
9	30	略	生产费用合计	38 025	8 096.20	4 937.71	1 041.09	52 100

按废品的实际成本核算废品损失，计算结果符合实际，但核算工作量较大。

第二种方法：按废品定额成本计算废品损失。这是按废品数量和事先核定的各项定额费用计算出废品的定额成本，再扣除废品残值及责任人赔偿款后确定废品损失的方法。其特点是不考虑废品实际发生的生产成本。

业务7　按定额成本计算废品损失

【业务说明】本业务是会计人员根据龙翔公司本月不可修复废品资料，采用定额成本计算废品损失，进行账务处理。

【业务资料】10月，龙翔公司一车间生产完工化工桶400只，发现有不可修复废品10只。每只化工桶的材料费用定额99.50元，工时定额7小时，每小时定额人工费用4元，每小时定额制造费用3元。该产品所耗材料在生产开始时一次投入，废品残值估价120元。

【业务实施】

第一步：根据上述资料计算10只不可修复废品的成本。

废品应负担的材料费用＝99.50×10＝995（元）

废品应负担的人工费用＝7×4×10＝280（元）

废品应负担的制造费用＝7×3×10＝210（元）

废品生产成本合计＝995＋280＋210＝1 485（元）

第二步：编制该车间废品损失计算表（见表3-16）。

表3-16　不可修复废品损失计算表

生产车间：一车间　　　　废品数量：10只
产品名称：化工桶　　2016年10月　　金额单位：元

项　目	直接材料	定额工时	直接人工	制造费用	合计
单位定额	99.50	7	4	3	—
废品定额成本	995		280	210	1 485
减：残值收回	120				120
废品净损失	875		280	210	1 365

其他各步骤的会计处理，与按实际成本计算的废品损失处理相同，此处略。

按定额成本核算废品损失，方法简便，但必须具备准确的定额成本资料。

（四）废品损失的分配

废品损失应由本月同种合格产品成本负担，计入当月同种产品的完工产品成本中。根据龙翔公司果汁桶、化工桶的废品损失明细账，将废品净损失分配计入同种合格品成本中，其账务处理如下：

借：基本生产成本——果汁桶　　1 745.40
　　贷：废品损失——果汁桶　　1 745.40
借：基本生产成本——化工桶　　1 041.09
　　贷：废品损失——化工桶　　1 041.09

并据之登记废品损失明细账、基本生产成本明细账（见表3-11至表3-15）。

知识链接

废品损失的核算一般有单独核算和不单独核算两种方式。前者适用于产品生产中易发生废品，管理上需要单独考核“废品损失”及有关费用项目指标的企业；反之则采用后者。

在不单独核算废品损失的生产企业，不设“废品损失”账户，在产品成本项目中也不设“废品损失”项目，只在回收废品残料时，借记“原材料”账户，贷记“基本生产成本”账户，并从所属有关产品成本明细账的有关成本项目中扣除。

“基本生产成本”账户和所属有关产品成本明细账归集的完工产品总成本，除以扣除废品数量以后的合格品数量，就是合格品的单位成本。

三、停工损失的核算

（一）停工损失的含义

在企业生产经营过程中，由于停电、待料、机器故障或大修、发生非常灾害、计划压缩产量等原因会引起停工。**停工损失是指生产车间或车间内某个班组在停工期间发生的各项费**

用，包括停工期间发生的材料费用、职工薪酬费用和制造费用等。在实际工作中，停工不满一个工作日的，一般不计算停工损失；应由过失单位或保险公司负担的赔款、季节性生产企业在其季节性停工期间内发生的费用，不作为停工损失核算。

（二）停工损失的账户设置

为了单独核算停工损失，应设置“停工损失”账户，并在成本项目中增设“停工损失”项目。该账户借方登记生产单位停工期间发生的各项停工损失，贷方登记应向过失单位或保险公司索赔的、计入营业外支出的和分配结转的停工损失，分配结转停工损失后，该账户应无余额。

“停工损失”账户应按车间设立明细账，账内按成本项目分设专栏进行明细核算。

（三）停工损失的归集

1. 计算停工损失的原始凭证

计算停工损失的原始凭证主要是经审核后的“停工报告单”（见表3－17）

表3－17　　**停 工 报 告 单**

№：　　　　日期：

部门			停工范围		
停工时间	开始时间				
	结束时间				
停工人数		损失时间		损失金额	
停工产品		制单号		进度状况	
停工原因说明： 1. 待料； 2. 季节性生产； 3. 机器设备大修理； 4. 机器故障； 5. 计划减产； 6. 品质异常； 7. 安全事故； 8. 其他					

厂长：　　主管副厂长：　　生产主管：　　制表：

生产单位因各种原因发生停工时，如果在一天内不能恢复生产，生产单位应填写“停工报告单”，报送厂部有关部门。厂部值班负责人应当及时通知有关部门和单位，采取措施恢复生产。企业由于外部原因和自然灾害发生的停工，除由生产单位填写“停工报告单”外，还应编写专门报告并附有关凭证，以便处理停工损失。

企业和生产单位的核算人员，应当对“停工报告单”所列停工范围、时间、原因和过失单位等内容进行审核，并查明原因，明确责任单位或个人。只有经过审核以后的“停工报告单”，才能作为停工损失核算的原始依据。

2. 停工损失的计算

在核算停工损失时，由于是按照生产车间或车间内某个班组来组织核算，所以各项费用，如原材料、水电费、职工薪酬费用等，一般可以根据有关原始凭证确认后直接计入；制造费用能够直接确认的应尽量直接计入，不能直接确认的可以按照停工工时数和制造费用分配率分配计入。

业务8　对停工损失进行账务处理

【业务说明】本业务是会计人员根据龙翔公司本月停工资料，进行账务处理。

【业务资料】龙翔公司一车间由于设备故障停工3天，停工期间支付生产工人工资薪酬费用6 000元；由于外部供电线路故障停工2天，停工期间支付生产工人工资薪酬费用4 000元，损失材料费用3 000元，应分摊制造费用2 000元。

【业务实施】上述停工损失的账务处理为：

借：停工损失——一车间	15 000	
贷：原材料		3 000
应付职工薪酬		10 000
制造费用		2 000

（四）停工损失的分配

企业“停工损失”账户归集的停工损失，应当根据发生停工的原因进行分配和结转。可以获得赔偿的停工损失，应当积极索赔，并冲减停工损失。在确认停工损失时，由于自然灾害等原因引起的非正常停工损失，应计入营业外支出；机器设备大修理期间停工的损失计入生产单位制造费用；其他原因造成的停工损失，应计入产品成本（停工损失项目）。

应计入产品成本的停工损失，如果停工的车间只生产一种产品，应直接计入该种产品成本明细账的“停工损失”成本项目；如果停工的车间生产多种产品，可以采用一定的分配方法在各种产品之间进行分配以后，分别计入该生产单位各种产品生产成本明细账中的“停工损失”成本项目，其分配方法可参照制造费用的分配方法。

业务9　索赔和分配结转停工损失的账务处理

【业务说明】本业务是会计人员根据龙翔公司本月停工损失资料，进行有关索赔和分配结转停工损失的账务处理。

【业务资料】龙翔公司一车间生产果汁桶、化工桶两种产品，10月份，由于设备故障停工，停工损失6 000元计入产品成本（果汁桶5 000元，化工桶1 000元）；由于外部供电线路原因造成停工损失9 000元，供电局已同意赔偿5 000元，净损失4 000元列作营业外支出。

【业务实施】上述停工损失及赔偿账务处理为：

借：基本生产成本——果汁桶	5 000
——化工桶	1 000
其他应收款——供电局	5 000

营业外支出　4 000

贷：停工损失——一车间　15 000

相关链接

不单独核算停工损失的企业，不设“停工损失”账户和“停工损失”成本项目。停工期间发生的属于停工的各种费用，直接计入“制造费用”、“其他应收款”、“营业外支出”等账户。这样核算比较简单，但不利于分析和控制停工损失。

实例应用

“废品”和“废品损失”概念模糊

白庄水泥厂的仓库保管员冯伟由于一时疏忽，致使一批水泥受潮板结，无法使用，价值3 200元。该厂管理人员一方面通知扣发冯伟1 000元工资进行惩罚与损失补偿，另一方面授意会计人员将其余损失列作废品损失。会计人员进行了如下账务处理：

借：废品损失——325#水泥　2 200

其他应收款——冯伟　1 000

贷：库存商品——325#水泥　3 200

【问题】请对该企业会计人员的账务处理进行分析。

【分析】废品是指质量上不符合规定的标准或技术条件，不能按原定用途加以利用，或者需要加工修复后才能利用的产成品、自制半成品和零部件等。废品损失是指企业因产生废品而造成的损失，它包括可修复废品的修复费用和不可修复废品的生产成本（扣除回收的废品残料价值和过失单位或个人的赔款）。但是，产成品入库后，由于保管不善等原因而损坏变质的损失，应作为管理费用处理，不作为废品损失处理。明确“废品”和“废品损失”的概念，是正确核算废品损失成本的前提。

本例中，受潮板结水泥的损失属于入库的产成品由于保管不善而毁坏变质的损失，应当将扣除过失人赔款后的损失作为“管理费用”处理，不应再列入“废品损失”账户。正确的账务处理是：

借：待处理财产损溢——待处理流动资产损溢　3 200

贷：库存商品——325#水泥　3 200

借：管理费用　2 200

其他应收款——冯伟　1 000

贷：待处理财产损溢——待处理流动资产损溢　3 200

任务四
合理分配生产费用

任务描述

本部分的学习任务是：理解在产品的核算；掌握生产费用在完工产品与在产品之间分配的方法；学会完工产品成本的结转。

知识准备

一、在产品核算

（一）在产品与产成品的定义

在产品是指正处在企业生产过程中，尚未完工的产品。

完工产品是指企业已经完成本企业全部生产过程并已验收入库、符合标准规格和技术条件，可以作为商品对外销售的产品。

（二）在产品成本与完工产品成本计算的关系

任何产品的生产，都要经历在产品的过程。除了简单的单步骤生产以外，企业在连续生产产品的每一个时点上，都会存在正处于加工过程中的在产品。在产品同样消耗了一定的材料费用、人工费用，同样要承担相应的制造费用。因此，月末有在产品的制造企业，所归集的生产费用应当由本期完工产品与月末在产品共同负担。

在产品成本与完工产品成本之和就是产品的生产费用总额。由于本期期末在产品成本就是下期期初在产品成本，因此，在产品成本与完工产品成本的计算关系可用以下公式表示：

月初在产品成本 + 本月生产费用 = 本月完工产品成本 + 月末在产品成本

公式的左边两项是已知数，右边两项是未知数，左边两项的费用之和，需要在完工产品和月末在产品之间采用一定的方法进行分配。分配的方法有两种：

- 将公式前两项之和按照一定比例在完工产品和月末在产品之间进行分配，同时求得完工产品和月末在产品成本。
- 先计算确定月末在产品成本，然后倒算出完工产品成本。

本月完工产品成本 = 月初在产品成本 + 本月生产费用 − 月末在产品成本

无论采用哪一种方法，各月末在产品的数量和费用的大小以及其变化的大小，对于完工产品成本计算都有很大影响。要计算完工产品的成本，需取得在产品增减动态和实际结存的数量资料，因此，正确组织在产品收发结存的数量核算，对正确计算产品成本十分重要。

（三）在产品数量的确定

在产品数量是核算在产品成本的基础，要确定月末在产品成本，必须先确定月末在产品的数量。对在产品数量进行确定的方法一般有两种：一是设置“在产品台账”，进行台账记录，反映在产品的结存数量；二是通过实地盘点方式确定月末在产品数量。

“在产品台账”应当分生产单位（车间、分厂）或生产步骤（生产工序），并按照产品品种和在产品（零部件）名称设置，以反映各生产单位各种在产品收入、发出和结存情况，其一般格式如表3－18所示。“在产品台账”应根据有关领料凭证、在产品内部转移凭证、产品检验凭证和产品交库单等原始凭证逐笔登记。

表3－18 　　在产品台账

生产单位：　　工序：　　在产品名称：　　计量单位：

日期	摘要	收入		转出			结存			备注
		凭证号数	数量	凭证号数	合格品	废品	已完工	未完工	废品	
	合计									

生产单位的核算人员应对“在产品台账”的登记情况进行审核和汇总。“在产品台账”的设置，使企业可以从账面上随时掌握在产品动态；通过账面结存数与实存数核对后，可以为计算在产品成本提供资料。

在实际工作中，在产品数量的两种确定方法往往结合使用，即通过“在产品台账”反映在产品的理论结存数量，通过实地盘点确定在产品的实际结存数量，两者差额表现为在产品的盘点溢余或短缺的数量。

（四）在产品清查的核算

为了核实在产品实际结存数量，保证在产品的安全完整，做到账实相符，必须定期进行在产品的清查盘点。

在产品清查应当在每月月末进行，通过实地盘点确定在产品的实际结存数量，与“在产品台账”记录的结存数量进行核对，如有不符，编制“在产品盘盈盘亏报告表”，填明在产品名称、盈亏数量、金额、原因等。对于毁损的在产品还要登记残值，经有关领导批准后进行账务处理。

为了反映在产品盘盈、盘亏和毁损的处理过程，应设置“待处理财产损溢”账户。盘亏和毁损在产品价值登记在其借方，盘盈在产品价值登记在其贷方，盘盈、盘亏和毁损在产品经批准转销后，该账户应无余额。企业盘盈的在产品，计入“营业外收入”；盘亏、毁损的在产品，扣除过失人或者保险公司赔款和回收的残料价值以后，计入“营业外支出”。在产品因非常损失造成的毁损，扣除保险公司赔款和回收的残料价值以后，计入“营业外支出”。具体处理程序和方法如下：

1. 盘盈的账务处理

• 发生盘盈时：

借：基本生产成本——××产品

　　贷：待处理财产损溢——待处理流动资产损溢

• 批准后予以结转时：

借：待处理财产损溢——待处理流动资产损溢

　　贷：营业外收入

2. 盘亏及毁损的账务处理

• 发生盘亏及毁损时：

借：待处理财产损溢——待处理流动资产损溢

　　贷：基本生产成本——××产品

• 批准后转销时，区别不同情况处理：

借：原材料（毁损在产品收回的残值）

　　其他应收款（应收过失人或保险公司赔偿损失）

　　营业外支出（非常损失或无法索赔的损失）

　　管理费用（保管不善、管理不当导致的毁损）

　　制造费用（准予计入产品成本的损失）

　　贷：待处理财产损溢——待处理流动资产损溢

二、生产费用在完工产品与在产品之间分配的核算

（一）生产费用在完工产品与在产品之间分配的思路

企业在生产过程中发生的生产费用，经过在各种产品之间进行归集和分配后，应计入产品成本的直接材料、直接人工、制造费用等生产费用已按成本项目全部反映在了“基本生产成本”明细账的借方。月末，企业生产的产品有以下三种情况：

（1）如果产品已经全部完工，“基本生产成本”明细账中归集的生产费用之和，就是该种产品的成本；

（2）如果产品都未完工，“基本生产成本”明细账中归集的生产费用之和，就是该种产品的在产品成本；

（3）如果既有完工产品又有在产品，“基本生产成本”明细账中归集的生产费用之和，则需要在完工产品与在产品之间，采用适当的方法进行分配，以计算完工产品成本和月末在产品成本。

由于各个制造企业的生产规模、工艺流程、成本构成、管理水平、核算要求各不相同，因此，企业选择在完工产品和在产品之间分配费用的方法时应考虑的条件有：月末在产品数量的多少；各月在产品数量变化的大小；各项费用在成本中比重的大小；定额管理基础（定额是否准确、稳定）的好坏。

（二）生产费用在完工产品与在产品之间分配的流程

分配流程如图 3－6 所示。

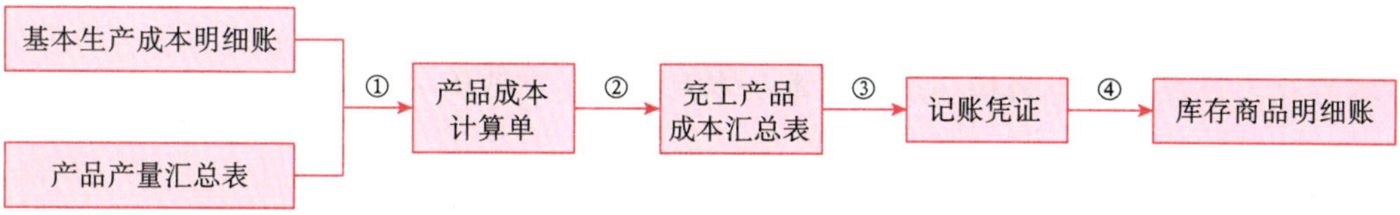

图 3－6　分配生产费用流程

（三）生产费用在完工产品与月末在产品之间分配的方法

生产费用在完工产品与月末在产品之间分配的方法很多，目前常用的有：不计算在产品成本法、在产品按固定成本计算法、在产品按所耗原材料费用计价法、在产品按完工产品成本计价法、在产品按定额成本计价法、约当产量法和定额比例法。企业可以根据实际情况选择既合理又简便的方法，分配方法一经确定，不得随意变更，以保证产品成本资料的可比性。

1. 不计算在产品成本法

不计算在产品成本法：是指本月生产费用全部由完工产品负担，月末在产品不计算成本的一种方法。

特点：有月末在产品，但不计算其应负担的生产费用。这种方法适用于月末在产品数量很少，是否计算其成本，对完工产品影响很小的企业，如煤炭等采掘企业，自来水生产企业、发电企业。

采用这种方法确定在产品成本，则本月完工产品总成本就是该产品所归集的生产费用。其计算公式为：

本月完工产品成本＝本月发生生产费用

2. 在产品按固定成本计价法

在产品按固定成本计算法：是指年度内各月末在产品均按年初在产品成本计算的一种方法。

特点：每年只在年末计算 12 月末在产品成本，在次年 1 至 11 月份，不论在产品数量是否发生变化，都以固定的成本（即上年 12 月末的在产品成本）作为各月在产品成本。这种方法适用于月末在产品数量较少，或者月末在产品数量较多但各月变动不大的产品，如炼钢、化工等有固定容器装置的生产企业。

在这种分配方法下，每月发生的生产费用就是该月份完工产品的成本。即：

$$\begin{matrix}\text{本月完工}\\\text{产品成本}\end{matrix}=\begin{matrix}\text{月初在产品成本}\\\text{（固定年初数额）}\end{matrix}+\begin{matrix}\text{本月发生}\\\text{生产费用}\end{matrix}-\begin{matrix}\text{月末在产品成本}\\\text{（固定年初数额）}\end{matrix}=\begin{matrix}\text{本月发生}\\\text{生产费用}\end{matrix}$$

3. 在产品按所耗直接材料成本计价法

在产品按所耗直接材料成本计价法：是指月末在产品只负担直接材料成本，直接人工和制造费用全部由完工产品负担的一种方法。

特点：用月末在产品所耗的材料费用代替月末在产品成本。这种方法适用于月末在产品数量较多且各月变动较大，但直接材料费用在产品成本中比重较大的产品。如造纸、酿酒、纺织等企业。其计算公式如下：

$$\text{直接材料费用分配率}=\frac{\text{直接材料费用总额}}{\text{完工产品数量}+\text{月末在产品数量}}$$

月末在产品成本=月末在产品数量×直接材料费用分配率

本月完工产品成本=月初在产品成本+本月发生生产费用-月末在产品成本

业务举例

业务10　按所耗直接材料成本计价法计算完工产品和在产品成本

【业务说明】本业务是会计人员根据龙翔公司本月基本生产成本明细账记录、产品产量记录等资料，采用在产品按所耗直接材料成本计价法计算完工产品成本和在产品成本。

【业务资料】7月，龙翔公司各种产品应负担的生产费用情况如下：果汁桶483 711.81元（见表2-6）；化工桶66 145.12元（见表2-7）。产品产量如下：果汁桶，完工4 400只，月末在产品100只；化工桶，完工750只，月末在产品50只（见表2-2）。

【业务实施】

第一步：编制“产品成本计算单”。

根据产品生产成本明细账记录和产品产量记录，编制“产品成本计算单”（见表3-19、表3-20）。

表3-19　　**产品成本计算单**　　完工产品：4 400只

产品：果汁桶　　2016年7月　　在产品：100只

项目		直接材料	直接人工	制造费用	合计
月初在产品成本		—	—	—	—
本月生产费用		353 900.20	79 017.00	50 794.61	483 711.81
生产费用合计		353 900.20	79 017.00	50 794.61	483 711.81
完工产品成本	总成本	346 036.20	79 017.00	50 794.61	475 847.81
	单位成本	78.64	17.96	11.54	108.14
月末在产品成本		7 864	—	—	7 864

会计主管：赵少波　　记账：　　复核：吕永立　　制表：毛珍

注：果汁桶的单位材料成本=353 900.20÷（4 400+100）≈78.64（元）

月末在产品成本=100×78.64=7 864（元）

表3-20　　**产品成本计算单**　　完工产品：750只

产品：化工桶　　2016年7月　　在 产 品：50只

项目		直接材料	直接人工	制造费用	合计
月初在产品成本		—	—	—	—
本月生产费用		52 907.33	8 729.00	4 508.79	66 145.12
生产费用合计		52 907.33	8 729.00	4 508.79	66 145.12
完工产品成本	总成本	49 600.83	8 729.00	4 508.79	62 838.62
	单位成本	66.13	11.64	6.01	83.38
月末在产品成本		3 306.50	—	—	3 306.50

会计主管：赵少波　　记账：　　复核：吕永立　　制表：毛珍

注：化工桶的单位材料成本=52 907.33÷（750+50）≈66.13（元）

月末在产品成本=50×66.13=3 306.50（元）

第二步：编制“完工产品成本汇总表”。

根据产品成本计算单，编制“完工产品成本汇总表”（见表3－21）。

表3－21

完工产品成本汇总表

2016年7月

单位：元

车间名称	产品名称	总成本
一车间	果汁桶	475 847.81
	化工桶	62 838.62
合　计		538 686.43

会计主管：赵少波　　记账：　　复核：吕永立　　制表：毛珍

第三步：填制记账凭证。

根据完工产品成本汇总表，结转完工产品成本，填制记账凭证（见表3－22）。

表3－22

记账凭证

2016年7月31日　　记字第　145号

摘要	借方		贷方		借方金额									√	贷方金额									记账
	总账科目	子细目	总账科目	子细目	百	十	万	千	百	十	元	角	分		百	十	万	千	百	十	元	角	分	
结转完工产品成本	库存商品	果汁桶				4	7	5	8	4	7	8	1											
	库存商品	化工桶					6	2	8	3	8	6	2											
			基本生产成本	果汁桶												4	7	5	8	4	7	8	1	
			基本生产成本	化工桶													6	2	8	3	8	6	2	
					¥	5	3	8	6	8	6	4	3		¥	5	3	8	6	8	6	4	3	

会计主管　赵少波　　记账　范一鸣　　复核　吕永立　　制单　毛珍　　附件　3　张

第四步：登记生产成本明细账。

根据审核无误的记账凭证及所附原始凭证登记基本生产成本明细账（见表2－6、表2－7）。

4. 在产品按完工产品成本计算法

在产品按完工产品成本计算法：是指将在产品视同完工产品，按月末在产品数量和本月完工产品数量的比例分配生产费用，计算完工产品成本和在产品成本的一种方法。

特点：一件在产品与一件完工产品的生产费用相同。这种方法适用于期末在产品已接近完工或已完工但尚未验收入库的产品。

业务11　在产品按完工产品成本计算

【业务说明】本业务是会计人员根据龙翔公司本月基本生产成本明细账记录、产品产量记录等资料，采用在产品按完工产品成本计算法计算完工产品成本和在产品成本。

【业务资料】延用业务10中龙翔公司果汁桶应负担的生产费用情况及产量资料。

【业务实施】

第一步：编制“产品成本计算单”。

根据产品生产成本明细账记录和产品产量记录，编制“产品成本计算单”（表3-23）。

表3-23 产品成本计算单 完工产品：4 400只

产品：果汁桶 2016年7月 在产品：100只

项目		直接材料	直接人工	制造费用	合计
月初在产品成本		—	—	—	—
本月生产费用		353 900.20	79 017.00	50 794.61	483 711.81
生产费用合计		353 900.20	79 017.00	50 794.61	483 711.81
完工产品成本	总成本	346 016.00	77 264.00	49 676.00	472 956.00
	单位成本	78.64	17.56	11.29	107.49
月末在产品成本		7 884.20	1 753.00	1 118.61	10 755.81

会计主管：赵少波 记账： 复核：吕永立 制表：毛珍

注：直接材料费用分配率=353 900.20÷（4 400+100）≈78.64（元/只）

完工产品直接材料费用=4 400×78.64=346 016.00（元）

在产品直接材料费用=353 900.20-346 016.00=7 884.20（元）

直接人工分配率=79 017.00÷（4 400+100）≈17.56（元/工时）

完工产品直接人工费用=4 400×17.56=77 264.00（元）

在产品直接人工费用=79 017.00-77 264.00=1 753.00（元）

制造费用分配率=50 794.61÷（4 400+100）≈11.29（元/工时）

完工产品制造费用=4 400×11.29=49 676.00（元）

在产品制造费用=50 794.61-49 676.00=1 118.61（元）

（如果不存在小数点四舍五入问题，在产品的各项费用的单位成本应与完工产品相同）。

其他各步骤的处理参考业务10。

5. 在产品按定额成本计价法

在产品按定额成本计价法：是指按月末在产品数量和单位定额成本计算月末在产品成本的一种方法。

特点：在产品只按定额成本计算，月末在产品的实际成本与定额成本之间的差额由本期完工产品负担。这种方法适用于定额管理基础较好，各项消耗定额比较准确、稳定，且各月在产品数量变动不大的产品。其计算公式如下：

月末在产品定额成本=月末在产品数量×单位在产品定额成本

完工产品成本=月初在产品定额成本+本月生产费用-月末在产品定额成本

业务12 在产品按定额成本计价

【业务说明】本业务是会计人员根据龙翔公司本月基本生产成本明细账记录、产品产量记录等资料，采用在产品按定额成本计价法计算完工产品成本和在产品成本。

【业务资料】仍用业务10中龙翔公司化工桶应负担的生产费用情况及产量资料，原材料在生产开始时一次投入。假定单位产品直接材料费用定额30元，单位在产品定额工时共计6小时，每小时人工费用定额3元，制造费用2元。

【业务实施】

第一步：编制“产品成本计算单”。

根据产品生产成本明细账记录和产品产量记录，编制“产品成本计算单”（表3－24）。

表3－24　**产品成本计算单**　完工产品：750只

产品：化工桶　2016年7月　在产品：50只

项目		直接材料	直接人工	制造费用	合计
月初在产品成本		—	—	—	—
本月生产费用		52 907.33	8 729.00	4 508.79	66 145.12
生产费用合计		52 907.33	8 729.00	4 508.79	66 145.12
完工产品成本	总成本	51 407.33	7 829.00	3 908.79	63 145.12
	单位成本	68.54	10.44	5.21	84.19
月末在产品成本		1 500	900	600	3 000

会计主管：赵少波　记账：　复核：吕永立　制表：毛珍

注：月末在产品定额成本计算如下：

直接材料＝50×30＝1 500（元）

直接人工＝50×6×3＝900（元）

制造费用＝50×6×2＝600（元）

完工产品成本＝生产费用合计－月末在产品成本

其他各步骤的处理参考业务10。

6. 约当产量法

约当产量也称在产品约当产量，是指将月末在产品数量按其完工程度折算为相当于完工产品的数量。**约当产量法**：是指按完工产品产量与月末在产品约当产量的比例分配生产费用，计算完工产品和月末在产品成本的一种方法。该种方法适用于月末在产品数量较大，各月末在产品数量变化也较大，产品成本中直接材料费用和直接人工及制造费用的比重相差不多的产品。其计算公式如下：

月末在产品约当产量＝月末在产品数量×完工程度（或投料程度）

$$\text{某项费用分配率}=\frac{\text{该项费用总额}}{\text{完工产品产量}+\text{月末在产品约当产量}}$$

完工产品应分配某项费用＝完工产品产量×该项费用分配率

月末在产品应分配某项费用＝月末在产品约当产量×该项费用分配率

或＝某项费用总额－完工产品该项费用

应用上述公式分配生产费用，要按直接材料、直接人工、制造费用等成本项目分别进行计算。

采用约当产量法分配生产费用的关键是正确计算在产品的约当产量，其正确与否主要取决于在产品的投料程度和完工程度的计算结果。

注意：通常情况下，分配直接材料费用时，在产品约当产量按投料程度计算；分配直接人工、制造费用等加工费时，在产品约当产量按完工程度计算。

（1）分配直接材料费用时在产品约当产量的计算。分配直接材料费用时，在产品通常按投料程度计算。**投料程度**是指在产品已投入的直接材料费用占完工产品应投入的直接材料费用的比重。

生产过程中，材料投入方式通常有三种：在生产开始时一次投入；在生产过程中陆续投入；在生产过程中分阶段批量投入。由于投料方式不同在产品的投料程度也不一样。

A. **在生产开始时一次投入**：则在产品和完工产品所耗材料数量相同，月末在产品投料程度为100%。这样无论在产品的完工程度如何，在分配直接材料费用时，直接按完工产品和在产品数量比例分配。即：

月末在产品约当产量 = 月末在产品数量

B. **随生产过程陆续投入**：如果原材料随生产过程陆续投入，且投料程度与生产进度基本一致，则分配直接材料费用的在产品约当产量按在产品完工程度折算。

C. **分工序一次投入**：如果原材料为分工序投入，并在每道工序开始时一次投入，则月末在产品的投料程度按下列公式计算：

$$\text{某工序投料程度} = \frac{\text{单位在产品上道工序累计投入材料费用} + \text{单位在产品本工序投入材料费用}}{\text{单位完工产品应投全部材料费用}} \times 100\%$$

某工序在产品约当产量 = 该工序月末在产品数量 × 该工序投料程度

【例 3-1】峰山厂生产铁铸件经三道工序完成，原材料为分工序投入，并在每道工序开始时一次投入，有关资料及计算结果如表 3-25 所示。

表 3-25

生产工序	各工序直接材料投料定额（元）	投料程度（%）	月末在产品数量（件）	月末在产品约当产量（件）
第一道工序	176	55	90	49.50
第二道工序	96	85	110	93.50
第三道工序	48	100	100	100
合计	320	—	300	243

表 3-25 中投料程度计算如下：

第一道工序：$\frac{176}{320} \times 100\% = 55\%$

第二道工序：$\frac{176+96}{320} \times 100\% = 85\%$

第三道工序：$\frac{176+96+48}{320} \times 100\% = 85\%$

D. **分工序逐步投入**：如果原材料分工序投入，并在每道工序随加工进度逐步投入，则月末在产品的投料程度按下列公式计算：

$$某工序投料程度=\frac{\text{单位在产品上道工序累计投入材料费用}+\text{单位在产品本工序投入材料费用}\times 50\%}{\text{单位完工产品应投全部材料费用}}\times 100\%$$

【例3-2】仍用表3-25的资料，峄山厂生产铁铸件经三道工序完成，原材料为分工序投入，并在每道工序随加工进度逐步投入，则各工序投料程度的计算如下：

第一道工序：(176×50%) ÷320×100% =27.50%

第二道工序：(176+96×50%) ÷320×100% =70%

第三道工序：(176+96+48×50%) ÷320×100% =92.50%

在产品约当产量=90×27.50% +110×70% +100×92.50% =194.25（件）

（2）分配其他成本项目时在产品约当产量的计算。其他成本项目主要指直接人工和制造费用，这些费用的发生与完工程度密切相关，随着工艺过程的进行，产品完工程度的增高，产品负担的这些费用也就越多。所以，在完工产品和在产品之间分配直接人工和制造费用时，按完工程度计算在产品的约当产量。

完工程度：指在产品实际耗用工时（或定额工时）占完工产品实际应耗用工时（或定额工时）的百分比。完工程度的计算方法一般有两种：

第一种方法：平均计算法。是将所有在产品一律按50%的完工程度计算在产品的约当产量。这种方法适用于各工序在产品的数量和加工程度相差不多的企业，可以简化核算工作。

第二种方法：各工序分别测定完工程度。各工序分别测定完工程度是根据各工序的累计工时定额占完工产品工时定额数的比例，事先确定各工序在产品的完工程度。其计算公式如下：

$$某工序在产品完工程度=\frac{\text{单位在产品前面各工序累计定额工时}+\text{本工序定额工时}\times 50\%}{\text{单位完工产品定额工时}}\times 100\%$$

这种方法适用于各工序在产品的数量及其完工程度差别比较大的企业。

【例3-3】峄山厂生产铁铸件经三道工序完成，有关资料及计算结果如表3-26所示。

表3-26

生产工序	工时定额（小时）	完工程度（%）	月末在产品数量（件）	月末在产品约当产量（件）
第一道工序	15	18.75	90	16.875
第二道工序	18	60	110	66
第三道工序	7	91.25	100	91.25
合计	40	—	300	174.125

表3-26中完工程度计算如下：

第一道工序：(15×50%) ÷40×100% =18.75%

第二道工序：(15+18×50%) ÷40×100% =60%

第三道工序：(15+18+7×50%) ÷40×100% =91.25%

业务13 采用约当产量法分配生产费用

【业务说明】本业务是会计人员根据龙翔公司本月基本生产成本明细账记录、产品产量记录等资料，采用约当产量法在本月完工产品和在产品之间分配生产费用。

【业务资料】龙翔公司生产过程中原材料系生产开始时一次投料。7月份各种产品应负担的生产费用情况如下：果汁桶483 711.81元（见表2－6）；化工桶66 145.12元（见表2－7）。产品产量如下：果汁桶，完工4 400只，月末在产品100只；化工桶，完工750只，月末在产品50只（见表2－2）。月末在产品完工程度为50%。

【业务实施】

第一步：编制“产品成本计算单”。

根据产品生产成本明细账记录和产品产量记录，编制“产品成本计算单”（见表3－27、表3－28）。

表3－27 **产品成本计算单**

产品：果汁桶 2016年7月

项目		直接材料	直接人工	制造费用	合计
月初在产品成本		—	—	—	—
本月生产费用		353 900.20	79 017.00	50 794.61	483 711.81
本月生产费用合计		353 900.20	79 017.00	50 794.61	483 711.81
本月完工产品数量		4 400	4 400	4 400	—
月末在产品数量		100	100	100	—
月末在产品约当产量		100	50	50	—
约当总产量		4 500	4 450	4 450	—
费用分配率		78.6445	17.7566	11.4145	—
完工产品成本	总成本	346 035.80	78 129.04	50 223.80	474 388.64
	单位成本	78.64445	17.7566	11.4145	107.8156
月末在产品成本		7 864.40	887.96	570.81	9 323.17

会计主管：赵少波 记账： 复核：吕永立 制表：毛珍

表3－27中有关数据计算如下：

按投料程度计算的在产品约当产量＝100×100%＝100（只）

$$直接材料费用分配率=\frac{353\ 900.20}{4\ 400+100}\approx 78.6445（元/只）$$

完工产品应分配直接材料费用＝4 400×78.6445＝346 035.80（元）

在产品应分配直接材料费用＝353 900.20－346 035.80＝7 864.40（元）

按完工程度计算的在产品约当产量＝100×50%＝50（只）

$$直接人工费用分配率=\frac{79\ 017}{4\ 400+50}\approx 17.7566（元/只）$$

完工产品应分配直接人工费用＝4 400×17.7566＝78 129.04（元）

在产品应分配直接人工费用＝79 017－78 129.04＝887.96（元）

$$制造费用分配率=\frac{50\ 794.61}{4\ 400+50}\approx 11.4145（元）$$

完工产品应分配制造费用＝4 400×11.4145＝50 223.80（元）

在产品应分配制造费用＝50 794.61－50 223.80＝570.81（元）

表3－28　　**产品成本计算单**

产品：化工桶　　2016年7月

项　目		直接材料	直接人工	制造费用	合　计
月初在产品成本		—	—	—	—
本月生产费用		52 907.33	8 729.00	4 508.79	66 145.12
本月生产费用合计		52 907.33	8 729.00	4 508.79	66 145.12
本月完工产品数量		750	750	750	—
月末在产品数量		50	50	50	—
月末在产品约当产量		50	25	25	—
约当总产量		800	775	775	—
费用分配率		66.1342	11.2632	5.8178	—
完工产品成本	总成本	49 600.65	8 447.40	4 363.35	62 411.40
	单位成本	66.1342	11.2632	5.8178	83.2152
月末在产品成本		3 306.68	281.60	145.44	3 733.72

会计主管：赵少波　　记账：　　复核：吕永立　　制表：毛珍

想一想：表3－28中的数据是怎么来的？

第二步：编制“完工产品成本汇总表”。

根据产品成本计算单，编制“完工产品成本汇总表”（见表3－29）。

表3－29　　**完工产品成本汇总表**

2016年7月　　单位：元

车间名称	产品名称	总成本
一车间	果汁桶	474 388.64
	化工桶	62 411.40
合计		536 800.04

会计主管：赵少波　　记账：　　复核：吕永立　　制表：毛珍

第三步：进行账务处理（填制记账凭证）。

根据完工产品成本汇总表，结转完工产品成本，账务处理为：

借：库存商品——果汁桶　　474 388.64

　　　　　　——化工桶　　62 411.40

　　贷：基本生产成本——果汁桶　　474 388.64

　　　　　　　　　　——化工桶　　62 411.40

第四步：登记生产成本明细账。

根据审核无误的记账凭证及所附原始凭证登记生产成本明细账（参见表2－6、表2－7，此处略）。

7. 定额比例法

定额比例法：是指按照完工产品和月末在产品的定额消耗量或定额费用的比例分配生产费用，计算完工产品和在产品成本的一种方法。其中，直接材料费用按照原材料定额消耗量或定额费用比例分配，其他成本项目按定额工时比例分配。这种方法适用于各项消耗定额或费用定额比较准确、稳定，但各月末在产品数量变动较大的产品。其计算公式如下：

$$直接材料费用分配率=\frac{月初在产品材料费用+本月发生材料费用}{完工产品定额材料费用+月末在产品定额材料费用}$$

完工产品应分配直接材料费用＝完工产品定额材料费用×直接材料费用分配率

月末在产品应分配直接材料费用＝月末在产品定额材料费用×直接材料费用分配率

或＝月初在产品成本＋本月发生的直接材料费用－完工产品直接材料费用

$$直接人工（制造费用）分配率=\frac{月初在产品直接人工（制造费用）+本月发生直接人工（制造费用）}{完工产品定额工时+月末在产品定额工时}$$

完工产品应分配的直接人工（制造费用）＝完工产品定额工时×直接人工（制造费用）分配率

月末在产品应分配的直接人工（制造费用）＝月末在产品定额工时×直接人工（制造费用）分配率

或＝月初在产品直接人工（制造费用）＋本月发生的直接人工（制造费用）－完工产品应分配的直接人工（制造费用）

三、完工产品成本的结转

生产费用完成了在各产品之间以及在完工产品和月末在产品之间横向与纵向的分配和归集后，完工产品的单位成本已计算出来，可据以结转入库完工产品成本。

工业企业的完工产品包括产成品、自制半成品、工具和模具等。

完工产品经产成品仓库验收入库后，其成本应从“基本生产成本”账户的贷方转入各有关账户的借方，“基本生产成本”账户的月末借方余额，就是基本生产在产品的成本，即占用在基本生产过程中的生产资金。

无论采用何种方式确定月末在产品，在计算出本期完工产品的总成本和单位成本后，都要根据编制的产品生产费用分配表或产品成本计算单，结合产品入库单进行账务处理（填制记账凭证）：

借：库存商品（或自制半成品、周转材料）

　　贷：基本生产成本——××产品

并根据记账凭证登记基本生产成本明细账，转出完工产品成本，结出月末在产品成本。

实例应用

生搬硬套完工产品与月末在产品成本的分配方法

会兴厂是一家机械制造企业，在其产品成本结构中，原材料费用所占比重较大，月末在产品较多且各月之间变化较大，但其定额管理基础不错，该厂采用了月末在产品按约当产量法作为分配完工产品与月末在产品成本的方法。

【问题】会兴厂的做法合适吗？请进行分析。

【分析】会兴厂的做法不合适。该厂没有根据具体的行业背景、企业生产特点、管理要求，以及完工产品与月末在产品成本的各种分配方法所适用的条件等进行全面的分析和考虑，采用了不适当的分配方法。这不仅会影响核算的准确性与合理性，还会影响核算的速度。

在选择完工产品与月末在产品成本的分配方法时，应考虑在产品数量的多少、各月在产品数量变化的大小、各项费用比重的大小、在产品是否接近完工和定额管理基础的好坏。另外，还要结合企业实际需要，综合分析确定适当的分配方法。

在会兴厂的产品成本结构中，原材料费用所占比重较大，月末在产品较多且各月之间变化较大，定额管理基础好，所以该厂适宜采用定额比例法或在产品按所耗直接材料成本计价法来分配完工产品与月末在产品的成本。

本单元知识要点

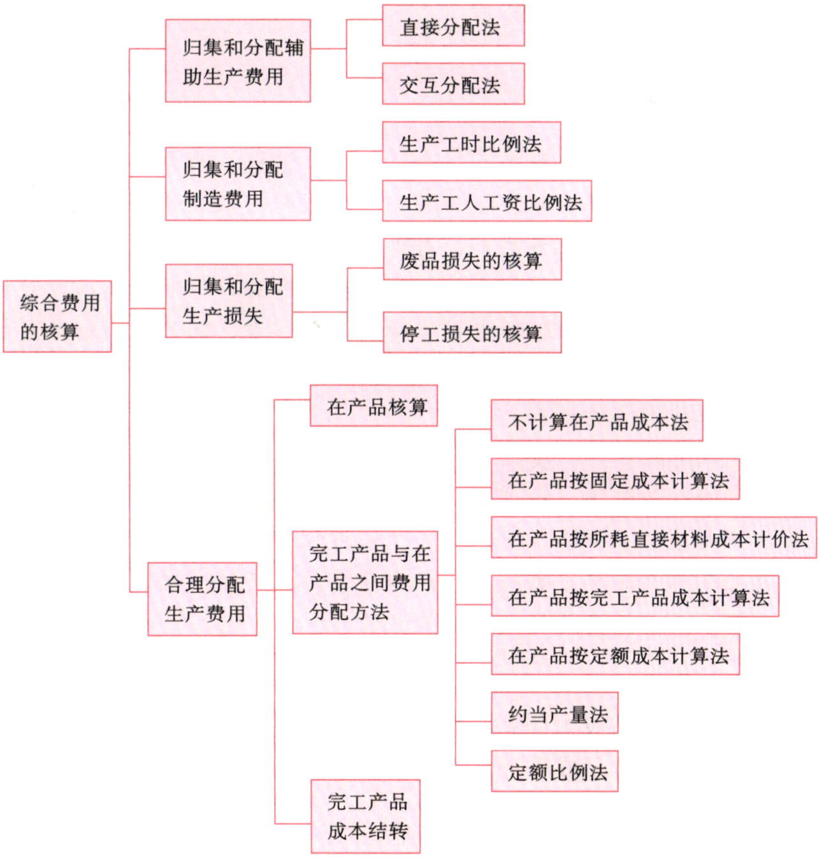

4 单元四 产品成本计算的基本方法

学习目标

- 了解企业的生产特点和管理要求对选择产品成本计算方法的影响
- 掌握产品成本计算的品种法、分批法、分步法
- 理解不同产品成本计算方法对产品成本计算的影响

引例

江帆毕业后应聘到雪晴服装厂做会计工作。这是一家新办企业，主要生产格田西服和诗雅羽绒服。根据市场调研，企业的格田西服将有很大市场，决定大量生产；诗雅羽绒服季节性比较强，实行批量生产；另外，利用诗雅羽绒服生产线的剩余生产能力可接受羽绒被产品的订单生产。江帆虽然学的是会计专业，但对成本核算还没有经验，加上是新办企业，又没有本企业的历史核算资料可以参考，因此，当财务科长问他应采用什么方法计算成本时，江帆便在脑子里急速搜索起书本中学到的知识，但仍然不知应采用什么方法计算上述产品的成本。

我们在前面介绍了生产费用在各种产品之间以及在完工产品与月末在产品之间进行横向与纵向的分配与归集，按理说就可以据以进行成本计算了。但在实际工作中，由于企业生产组织类型的多样性、产品生产工艺过程的复杂性以及成本管理的不同要求，产品成本计算并不那么简单。每一个生产企业在计算产品成本时，都要根据本企业的生产特点和管理要求来选择具体的成本计算方法。

本单元主要阐述产品成本计算的品种法、分批法、分步法的特点、适用范围及其具体应用。企业在选择相应的产品成本计算方法时，还要紧密结合本企业实际的生产特点和管理要求，确定适合本企业的产品成本计算方法。

任务一
概述产品成本计算方法

任务描述

本部分的学习任务是：熟悉企业生产的主要类型及特点；掌握生产类型、管理要求对成本计算方法的影响；了解产品成本计算的基本方法和辅助方法。

知识准备

一、生产特点和管理要求对产品成本计算的影响

通过前面的学习，我们已熟悉了计算产品成本的一般程序和方法，即归集构成产品成本的各项费用的方法，它们是一般企业需要共同遵循的。但在实际工作中，仅仅掌握这些一般程序和方法还不够。计算产品成本是为成本管理提供资料，应该满足成本管理对成本资料的要求，而产品成本又是在生产过程中形成的，成本管理需要哪些成本资料，在很大程度上受生产特点的影响。因此，企业在确定成本计算方法时，必须从企业的具体情况出发，同时考虑企业的生产类型特点和成本管理的要求。

（一）工业企业生产类型及其特点

不同部门、行业的企业生产千差万别，对工业企业，可以根据生产工艺过程和生产组织方式的特点将其划分为不同类型。

1. 按生产工艺过程的特点分类

工业企业的生产，按照生产工艺过程的特点，可以分为单步骤生产和多步骤生产两种类型。

（1）**单步骤生产**（也称“简单生产”）是指生产工艺过程不能间断，或者由于工作场地的限制不便于分散在几个不同地点进行的生产，如发电、采煤、采矿、化肥等生产。该类生产通常只能由一个企业整体进行。

（2）**多步骤生产**（也称“复杂生产”）是指生产工艺过程由若干个可以间断、分散在不同地点、分别在不同时间进行的生产步骤所组成的生产，如纺织、钢铁、机械、造纸、服装等生产。该类生产可以由一个企业的各个生产单位进行，也可以由几个企业协作进行。

多步骤生产按其产品的加工方式的不同，又可以分为连续加工式生产和装配式生产。

- **连续加工式生产**：是指原材料投入生产后，要依次经过各生产步骤的连续加工，才能成为产品的生产，如冶金、纺织、造纸、啤酒等行业的生产。
- **装配式生产**：是指先将原材料分别加工为零件、部件，再将零件、部件装配为产品

的生产，如机床、汽车、仪表、计算机、电视机等产品的生产。

2. 按生产组织方式的特点分类

工业企业的生产，按照生产组织的特点可以分为大量生产、成批生产和单件生产三种类型。

（1）**大量生产**是指不断地重复生产相同产品的生产。在这种生产的企业或车间中，产品的品种往往比较少，但每种产品的产量都比较大，而且每种产品的规格都比较单一。所以，这类企业的生产专业化水平一般都比较高，如食品、发电、酿酒、造纸、采掘等企业。

（2）**成批生产**是指按照预先规定的产品批别和数量进行的生产。在这种生产类型的企业或车间中，产品的品种比较多，而且各种产品的生产往往成批地重复进行，生产具有一定的重复性，如服装加工、制鞋、机械制造等。成批生产按照产品批量的大小，又可以分为大批生产和小批生产。

大批生产，由于产品批量大，往往在几个月内不断地重复生产一种或几种产品，因而性质近于大量生产；小批生产，由于产品批量小，一批产品一般可以同时完工，因而其性质近于单件生产。

（3）**单件生产**是指按照购买单位订单的要求生产个别的、特殊的产品而进行的生产。在这种生产类型的企业或车间中，产品的品种多，但每种产品的数量一般都很少，而且生产完成后，该规格产品一般不再重复生产，如飞机制造、大型设备和船舶制造等。

知识链接

- 生产工艺过程是指产品从投料到完工的生产工艺、加工制造过程。
- 生产组织方式是企业生产的专业化程度，具体是指在一定时期生产产品品种的多少、同类产品的数量以及生产的重复程度。

（二）生产特点和成本管理要求对成本计算方法的影响

不同类型的企业具有不同的生产特点，为了正确计算产品成本，企业必须根据生产特点，并考虑成本管理的因素，选择适当的成本计算方法。

1. 生产特点对产品成本计算方法的影响

生产特点对成本计算方法的影响主要表现在三方面：

（1）对成本计算对象的影响。成本计算对象的确定原则是：适合企业的生产特点，满足企业成本管理的要求。

- 在大量大批单步骤生产中，由于不间断重复生产同类产品，中间又没有自制半成品存在，因而只能以产品的品种作为成本计算对象；
- 在大量大批多步骤生产中，由于各个步骤相对独立地生产半成品，生产费用可以按产品的生产步骤进行归集，因而可以以各个加工步骤的产品作为成本计算对象；
- 单件小批生产是以客户的订单或批别来组织生产的，这就决定了可以按产品的订单或批别作为成本计算对象。

（2）对成本计算期的影响。成本计算期是指生产费用计入产品成本所规定的起止时期，即每次计算成本的期间。

• 在大量大批生产情况下，由于生产连续不断地进行，每月都有完工产品，因而既不能在产品一生产出来就计算其成本，也不能等生产过程终止后再计算产品成本。为了满足企业成本管理的需要，产品成本的计算是定期在每月末进行的，即按月计算产品成本。

• 在单件小批生产情况下，由于产品品种多、批量小，一批产品往往同时投产、同时完工，且生产周期较长，因此，产品成本的计算只能在某件、某批产品完工后进行，成本计算期与产品生产周期一致，而与会计报告期不一致。

（3）对生产费用在完工产品和在产品之间分配的影响。

• 在单步骤生产的情况下，月末一般没有在产品或在产品数量很少，不计算在产品成本对完工产品成本影响不大，因此，不需将生产费用在完工产品和在产品之间进行分配。

• 在多步骤生产情况下，由于月末一般有在产品，且在产品数量较多，同时管理上也要求分步骤计算产品成本，因此，需要采用适当的方法将生产费用在完工产品与在产品之间进行分配。

• 在单件小批生产情况下，一般可以做到一批产品同时投产，同时完工，即对于一批产品来说，完工产品与月末在产品不会同时存在。产品完工前，产品成本明细账中所登记的生产费用就是月末在产品成本，完工后所登记的费用就是完工产品成本，因此不存在生产费用在完工产品和在产品之间分配的问题。

2. 管理要求对产品成本计算方法的影响

成本计算方法主要受企业生产特点的影响，但并不完全服从于生产特点。企业对成本管理的要求不同，对成本计算方法的确定也会产生影响。

如在大量大批多步骤生产的企业，由于产品生产可以间断，并可分散在不同地点进行生产，这样客观上具备了按生产步骤计算半成品成本的条件。如果企业管理上要求分步骤计算各步骤半成品成本，那么成本计算对象就可以确定为各步骤的半成品及最后步骤的产成品；但如果管理上不要求提供各步骤半成品的成本，则尽管这种生产具备了按步骤计算产品成本的条件，也不以各步骤的半成品作为成本计算对象，而以产品品种、批别作为计算对象。

知识链接

成本计算对象是指生产费用归集和分配的对象，即生产费用的承担者。它是根据企业的生产特点和管理要求确定的，可以是产品的品种、批别、步骤等，也是设置产品成本明细账的依据。

生产周期：在工业企业中，指该产品从原材料投入生产开始，经过加工，到产品完成、验收入库为止的全部时间。

二、产品成本计算方法

产品成本计算方法是指将生产过程中发生的生产费用，在成本计算对象之间归集和分配，以确定计算对象的总成本和单位成本的方法。成本计算对象、成本计算期、生产费用在完工产品和在产品之间的分配等方面的结合，构成了不同的成本计算方法，这是由企业自身的生产特点和管理要求所决定的。

（一）产品成本计算的基本方法

工业企业生产的特点、管理的要求对成本计算的影响，主要表现在成本计算对象的确定上。结合企业的生产特点、管理要求，可以有三种不同的成本计算对象，由此产生了以产品成本计算对象为标志的三种不同的产品成本计算方法：

（1）以产品的品种作为成本计算对象的，与此相应的成本计算方法称为“品种法”。

（2）以产品的批别作为成本计算对象的，与此相应的成本计算方法称为“分批法”。

（3）以产品的步骤作为成本计算对象的，与此相应的成本计算方法称为“分步法”。

以上三种方法是计算产品成本必不可少的方法。任何产品成本计算必然要采用其中一种或将其结合应用，所以将这三种方法称为产品成本计算的基本方法，其基本特点及区别简单列示如表4－1所示。

表4－1　产品成本计算基本方法及适用范围

成本计算方法	生产特点对成本计算的影响			适用范围	
	成本计算对象	成本计算期	生产费用在完工产品和在产品之间的分配	生产特点	成本管理要求
品种法	产品品种	按月计算，与会计报告期一致	单步骤生产下，一般不需分配，多步骤生产下一般需分配	大量大批单步骤生产或多步骤生产	管理上不要求分步计算产品成本
分批法	产品批别	不定期计算，与产品的生产周期一致	一般不存在分配问题	单件小批单步骤生产或多步骤生产	管理上不要求分步计算产品成本
分步法	产品生产步骤	定期计算，与会计报告期一致	要进行分配	大量大批多步骤生产	管理上要求分步计算产品成本

（二）产品成本计算的辅助方法

在实际工作中，由于产品生产情况复杂多样，企业管理条件差异不一，为了简化成本计算工作，或为了适应成本管理基础工作较好的企业管理需要，除上述三种基本方法外，还会采用一些辅助方法，如分类法、定额法等。

1. 分类法

分类法是以产品类别作为成本计算对象来归集生产费用，计算各类产品成本，然后再按照一定标准在类内各种产品之间进行分配，以计算各种产品成本的一种方法。在企业产品品种、规格繁多的情况下，如果以产品的品种为成本计算对象来进行成本核算，工作量较大。此时，为了简化成本计算工作，可以采用分类法计算产品成本。分类法主要适用于产品的品种、规格繁多，但每类产品的结构、所用原材料、生产工艺过程都基本相同的企业。

2. 定额法

定额法是以产品的定额成本为基础，加上（或减去）脱离定额的差异和定额变动差异来计算产品成本的一种方法。在定额管理基础较好的企业，为了加强生产费用和产品成本的定额管理，加强成本控制，可以采用定额法来计算产品成本。它适用于管理制度比较健全，定额管理基础工作较好，产品生产定型和消耗定额合理且稳定的企业。

产品成本计算的辅助方法是从基本方法中延伸出来的，这些成本计算方法都不是独立的成本计算方法，在进行成本计算时，必须与三种基本成本计算方法中的某一种结合使用，不能单独使用。这些方法与生产类型的特点没有直接的联系，不涉及成本计算对象；它们的应用或者是为了简化成本计算工作，或者是为了加强成本管理，只要具备条件，各种生产类型的企业都可以使用。因此，从计算产品实际成本的角度来说，它们不是必不可少的，这些方法称为“成本计算的辅助方法”。

三、各种产品成本计算方法的综合应用

（一）几种成本计算方法同时采用

（1）一个企业的各个生产车间，如果生产类型不同，可同时采用不同的成本计算方法。如，钢铁工厂的基本生产（炼铁、炼钢、轧钢）属于大量大批的多步骤生产，而且各步骤所生产的半成品可以对外出售，因此，要采用分步法计算产品成本。而辅助生产车间生产的工具、模具，一般属于小批单件生产，需采用分批法计算产品成本。

（2）一个企业或一个车间的各种产品可同时采用不同的成本计算方法。如，服装厂生产的各种服装，有的已经定型，开始大量大批组织生产，可采用分步法计算产品成本；有的正在试制，只能按单件小批组织生产，可采用分批法计算产品成本。

（二）几种成本计算方法结合运用

在有的工业企业，除同时采用几种成本计算方法外，还会有以一种成本计算方法为主，结合其他成本计算方法的某些特点加以综合运用的情况。如，在大量大批多步骤生产的机械制造企业中，如果定额管理基础较好，各项消耗定额比较准确、稳定，则可在采用分步法的基础上结合定额法计算产品成本。

需要说明的是，在工业企业中，确定不同的成本计算对象，采用不同的成本计算方法，主要是为了适应企业的生产特点和管理要求，正确提供成本核算资料以加强成本管理。但是，不论什么生产类型的企业，不论采用什么成本计算方法，最终都必须按照产品品种计算出产品成本。因此，按照产品品种计算成本，是产品成本计算的最一般、最起码的要求，即品种法是上述基本方法中的最基本的成本计算方法。为了便于企业进行各期成本资料的分析、考核和对比，防止企业利用成本计算方法的改变人为调节各期成本与利润，企业的成本计算方法一经确定，不应随意变更。

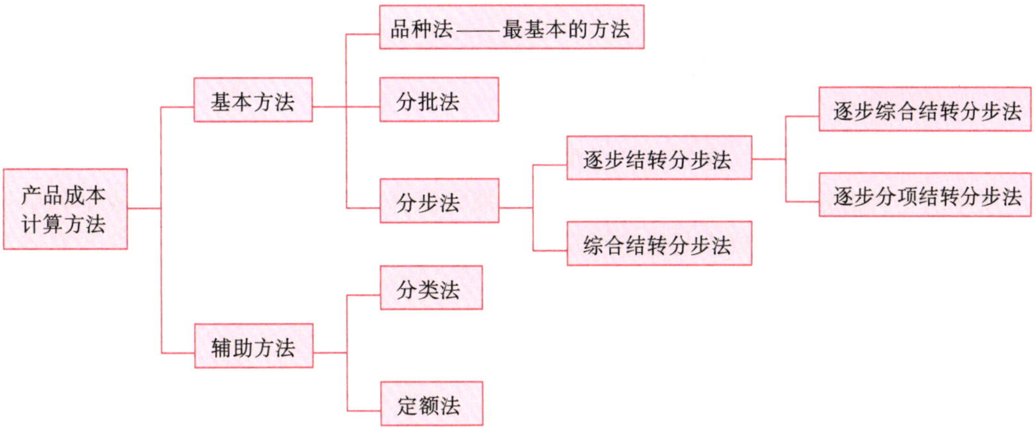

图 4－1　产品成本计算方法汇总

应用实例

选择适当的成本计算方法

欣欣服装厂常年加工六种企业劳保工作服，产品畅销全国各地。该加工厂设有剪裁、缝纫、熨烫整理三个基本生产车间，一个辅助生产车间（机修车间），由于半成品不对外出售，企业管理不要求核算半成品成本，不设半成品仓库。企业采用了品种法核算产品成本。

【问题】 该企业为什么采用品种法核算成本？请进行分析。

【分析】 企业成本核算方法的选择要考虑两个因素，即产品的生产特点和成本管理的要求。根据欣欣服装厂加工劳保工作服的生产特点，可以工作服的品种或工作服的生产步骤为成本计算对象，采用品种法或分步法核算成本。但根据企业管理要求，服装在生产过程中的半成品不具有独立经济意义，不要求分步骤计算半成品成本，在这种情况下，企业就没必要再按六种工作服的生产步骤为成本计算对象，而以工作服的品种为对象就可满足要求。因此，该企业采用品种法计算产品成本是正确的。

任务二
学习品种法

任务描述

本部分的学习任务是：理解品种法的含义；熟练掌握品种法的成本核算程序和方法；掌握品种法核算的特点。

知识准备

一、品种法的含义

产品成本计算的**品种法，是指以产品的品种作为成本核算对象，用以归集费用并计算产品生产成本的一种方法**。各种成本计算方法最终都要计算出各种产品的实际总成本和单位成本，按照产品品种计算产品成本是成本计算最起码的要求，因此，品种法是企业产品成本计算最基本的方法，在实际工作中应用较为广泛。

知识链接

根据品种法成本核算对象的差别，可以将品种法划分为单品种的品种法和多品种的品种法。

1. 单品种的品种法，即企业只生产一种产品，只有一个成本核算对象，生产过程中发生的应计入产品成本的费用都是直接计入费用，不存在在各成本核算对象之间分配的问题。如果企业生产周期较短，期末在产品没有或极少，也不存在在本期完工产品和期末在产品之间分配费用的问题。在供水、供电、采掘等企业采用的就是单品种的品种法，这种方法在实际工作中也称为“简单法”。

2. 多品种的品种法，即企业生产多种产品，生产过程中发生的应计入产品成本的各种费用要分产品品种来归集，分别登记各自的产品明细账，计算出各自完工产品的总成本和单位成本。该方法下，凡生产过程中发生的直接费用应直接计入各种产品成本计算单，间接费用则要采用适当的分配方法，在各种产品之间分配后计入各产品成本计算单。这种方法在很多企业中使用，因此也称之为“标准品种法”。

二、品种法的适用范围

（1）适用于大量大批单步骤生产的企业，如发电、供水、供气、采掘、粮食加工等企业的生产。这种类型的企业生产过程在工艺上不可间断，没有中间产品，不需要对产品的生产过程加以划分来计算产品的成本，又因是大量大批生产，连续不断地重复生产同种类的产品，就不需要划分批别计算成本，也没有必要追随产品的生产周期同步计算产品成本。因此，大量大批单步骤生产适宜采用品种法计算产品成本。

（2）在大量大批多步骤生产下，如果企业或车间的规模较小，而且管理上又不要求按照生产步骤计算成本，也可以采用品种法计算产品成本。例如，小型水泥厂、造纸厂、砖瓦厂、糖果厂等，虽然是大量大批多步骤生产，但也可以采用品种法计算产品成本。

（3）企业的辅助生产单位，如供水车间、供电车间、供气车间，也可以采用品种法计算其产品的成本。

提示：品种法成本计算程序简单、适用性强，但如果企业产品品种繁多，就会增加成本核算的工作量。

三、品种法的主要特点

（一）以产品品种作为成本核算对象

采用品种法计算成本时可分为两种情况：

（1）如果企业只生产一种产品，成本核算对象就是该种产品的产成品。生产成本明细账就按该种产品设置，所有生产费用都可以直接记入该种产品的生产成本明细账，包括制造费用在内的各种生产费用都不需要在各成本计算对象之间进行分配。

（2）如果生产多种产品，则应该按照产品的品种分别设置生产成本明细账，发生的直接费用可以直接记入各品种生产成本明细账，间接费用应另行归集，然后采用适当的分配方法在各成本对象之间分配，再记入各品种生产成本明细账。

（二）成本计算定期按月进行

采用品种法计算成本的企业是大量大批生产组织形式，不可能在产品全部完工以后才计算成本，成本计算是定期按月进行的，与会计报告期一致，与产品生产周期不一致。

（三）有期末在产品时需要在本期完工产品和期末在产品之间分配费用

工业企业的成本计算一般应当按月进行。在月末计算产品成本时，如果没有在产品或者在产品数量很少，则不需要计算月末在产品成本。在这种情况下，按产品品种设置的生产成本明细账中按成本项目汇集的生产费用就是该产品的完工产品的总成本，用它除以该产品的实际总产量得到的就是该产品的本月实际平均单位成本。如果月末有在产品，而且数量比较多，还需要将归集于生产成本明细账的生产费用，采用一定的方法，在本月完工产品与月末在产品之间进行分配，以便计算出本月完工产品成本和月末在产品成本。

四、品种法的成本计算程序

品种法是最基本的产品成本计算方法，因而品种法下的成本计算程序也是产品成本计算的一般程序（见图4－2）。其程序如下：

（一）按产品品种设置有关成本明细账

企业应设置“基本生产成本”和“辅助生产成本”账户，同时按照企业确定的成本核算对象设置基本生产成本明细账，按照辅助生产单位或辅助生产单位提供的产品（劳务）品种，设置辅助生产成本明细账；在“制造费用”总分类账户下，按生产单位设置制造费用明细账。

基本生产成本明细账和辅助生产成本明细账应当按照成本项目设专栏，制造费用明细账应当按费用项目设专栏。

（二）归集和分配本月发生的各项费用

企业应根据发生各项费用的原始凭证和其他有关凭证归集和分配材料费用、人工费用和其他各项费用。按成本核算对象归集和分配生产费用时，按以下原则进行账务处理：凡能直接记入有关生产成本明细账的应当直接记入；不能直接记入的，应当先按照受益原则分配，再根据有关费用分配表分别记入有关产品生产成本明细账。各生产单位发生的制造费用，先通过制造费用明细账归集，记入有关制造费用明细账。直接计入当期损益的管理费用、销售费用、财务费用，应分别记入有关期间费用明细账。

（三）分配辅助生产费用

根据辅助生产成本明细账归集的本月辅助生产费用总额，按照企业确定的辅助生产费用分配方法，分别编制各辅助生产单位的“辅助生产费用分配表”，分配辅助生产费用。根据分配结果，进行账务处理，分别记入有关产品生产成本明细账、制造费用明细账和期间费用明细账。

辅助生产单位发生的制造费用，如果通过制造费用明细账归集，应在分配辅助生产费用前分别转入各辅助生产成本明细账，并计入该辅助生产单位本期费用总额。

（四）分配基本生产单位制造费用

根据制造费用明细账结出本期发生额，编制“制造费用分配表”，分配给有关成本计算对象，并记入“基本生产明细账”。

（五）月末计算完工产品成本和在产品成本

月末如果没有在产品，则本月发生的全部生产费用就是完工产品成本；月末如果有在产品，而且数量较大时，则采用一定的分配方法，将生产费用在完工产品和在产品之间进行分配，计算出完工产品成本。

（六）计算完工产品总成本和单位成本

根据产品成本计算结果，编制本月“完工产品成本汇总表”，编制结转本月完工产品成本的记账凭证，并分别记入有关产品基本生产成本明细账和库存商品明细账。

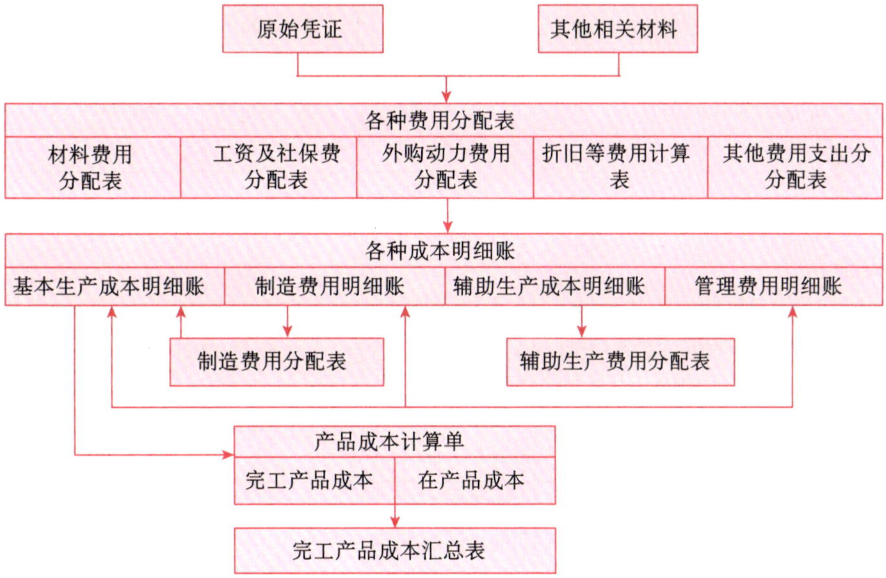

图 4－2 品种法的成本计算程序

应用品种法计算产品成本，应按照品种法的成本计算程序，将企业在生产过程中所发生的各项直接生产费用、辅助生产费用、制造费用分别归集和分配到各完工产品的成本中，计算出完工产品的总成本和单位成本。下面，我们就来学习品种法的具体应用。

业务举例

业务1 采用品种法核算产品成本

【业务说明】本业务是会计人员根据大同火力发电厂的有关资料，采取品种法核算电力产品成本。

【业务资料】大同火力发电厂只生产电力一种产品，该厂3月份生产电力1 000万千瓦时，基本生产成本明细账中归集的生产费用见表4－2所示。

表4－2 基本生产成本明细账

产品名称：电 生产车间：发电车间 金额单位：元

2016年		凭证		摘 要	产量	成本项目			合 计
月	日	字	号			直接材料	直接人工	制造费用	
3	31		略	燃料费用		2 550 000			2 550 000
	31			辅助材料		152 000			152 000
	31			水费		18 000			18 000
	31			工人工资			70 000		70 000
	31			计提社保费			25 200		25 200
	31			分配制造费用				184 800	184 800
3	31			生产费用合计		2 720 000	95 200	184 800	3 000 000

【业务实施】

根据发电厂的产量资料及基本生产成本明细账中归集的生产费用，计算出该企业产品的总成本为3 000 000元，单位成本为0.30元。编制产品成本计算单如表4－3所示。

表4－3 产品成本计算单

产品名称：电 2016年3月31日 金额单位：元

成本项目	总成本（元）	单位成本（元/千瓦时）
直接材料	2 720 000	0.2720
直接人工	95 200	0.00952
制造费用	184 800	0.01848
合 计	3 000 000	0.30

注："千瓦时"就是平时所说的"度"，是电功的单位，1千瓦时=1度。

业务2 采用品种法计算生产成本

【业务说明】本业务是会计人员根据天创科技有限公司的有关资料，采用品种法计算无水钙、医药钙的生产成本。

【业务资料】天创科技有限公司为大量大批单步骤生产的企业，企业设有一个基本生产车间，生产无水钙、医药钙两种产品（无水钙用于各类农药，配制农药的乳化剂；医药钙广泛应用于医药、日用化工行业，主要用于制造医药药丸），还设有一个辅助生产车间：运输车间。该厂 3 月份有关产品成本核算资料如下：

（1）产量资料见表 4－4。

表 4－4　　产 量 资 料　　单位：吨

产品名称	月初在产品	本月投产	本月完工产品	月末在产品	完工率
无水钙	800	1 200	1 600	400	60%
医药钙	320	680	600	400	60%

（2）月初在产品成本见表 4－5。

表 4－5　　月初在产品成本　　单位：元

产品名称	直接材料	直接人工	制造费用	合计
无水钙	80 000	10 000	8 000	98 000
医药钙	60 000	2 000	6 000	68 000

（3）该月发生的生产费用：

● 材料费用：生产无水钙耗用材料 260 万元，生产医药钙耗用 80 万元，生产无水钙和医药钙共同耗用材料 60 万元（无水钙材料定额耗用量为 800 千克，医药钙材料定额耗用量为 400 千克）。运输车间耗用材料 1 万元，基本生产车间耗用消耗性材料 3 万元。

● 工资费用：生产工人工资 32 万元，运输车间人员工资 3 万元，基本生产车间管理人员工资 5 万元。不考虑职工福利费等其他职工薪酬费用。

● 其他费用：运输车间固定资产折旧费为 7 000 元，水电费为 500 元，办公费为 300 元。基本生产车间厂房、机器设备折旧费为 4 万元，水电费为 1 万元，办公费为 2 000 元。水电费、办公费已用银行存款支付。

（4）工时记录：无水钙耗用实际工时为 1 800 小时，医药钙耗用实际工时为 2 200 小时。

（5）本月运输车间共完成 2 200 公里运输工作量，其中：基本生产车间 2 000 公里，企业管理部门 200 公里。

（6）该厂有关费用分配方法：

● 无水钙、医药钙共同耗用材料按定额耗用量比例分配；

● 生产工人工资按无水钙、医药钙工时比例分配；

● 辅助生产费用按运输公里比例分配；

● 制造费用按无水钙、医药钙工时比例分配；

● 按约当产量法分配计算无水钙、医药钙完工产品和月末在产品成本。无水钙耗用的材料随加工程度陆续投入，医药钙耗用的材料于生产开始时一次投入。

【业务实施】

第一步：设置有关成本费用明细账。

设置如下明细账："基本生产成本——无水钙"（见表4－15）、"基本生产成本——医药钙"（见表4－16）、"制造费用——基本生产车间"（见表4－11）、"辅助生产成本——运输车间"（见表4－9）。

第二步：归集和分配本月发生的各项要素费用。

1. 归集和分配材料费用

（1）编制材料费用分配表（见表4－6）。

（2）根据"材料费用分配表"进行如下账务处理（填制记账凭证）：

借：基本生产成本——无水钙　　3 000 000
　　基本生产成本——医药钙　　1 000 000
　　辅助生产成本——运输车间　　10 000
　　制造费用——基本生产车间　　30 000
　　贷：原材料　　4 040 000

表4－6　　材料费用分配表

2016年3月　　单位：元

应借账户		成本或费用项目	直接计入金额	分配计入		合计
				分配标准	分配金额	
基本生产成本	无水钙	直接材料	2 600 000	800	400 000	3 000 000
	医药钙	直接材料	800 000	400	200 000	1 000 000
	小计		3 400 000	1 200	600 000	4 000 000
辅助生产成本	运输车间	材料费	10 000			10 000
制造费用	基本生产车间	机物料消耗	30 000			30 000
合计			3 440 000		600 000	4 040 000

注：此表"直接计入金额"栏根据资料"该月发生生产费用"中"材料费用"相关数字直接填写。

（3）根据记账凭证登记成本费用明细账（见表4－9、表4－11、表4－15、表4－16）。

2. 归集和分配职工薪酬费用

（1）编制应付职工薪酬分配表（见表4－7）。

表4－7　　应付职工薪酬分配表

2016年3月　　单位：元

应借账户		成本或费用项目	直接计入金额	分配计入		合计
				分配标准	分配金额	
基本生产成本	无水钙	直接人工		1 800	144 000	144 000
	医药钙	直接人工		2 200	176 000	176 000
	小计			4 000	320 000	320 000

续表

应借账户		成本或费用项目	直接计入金额	分配计入		合计
				分配标准	分配金额	
辅助生产成本	运输车间	工资	30 000			30 000
制造费用	基本生产车间	工资	50 000			50 000
合计			80 000			400 000

注：此表“直接计入金额”栏根据资料“该月发生生产费用”中“工资费用”相关数字直接填写。

（2）根据“应付职工薪酬分配表”进行的账务处理（填制记账凭证）如下：

借：基本生产成本——无水钙　144 000
　　基本生产成本——医药钙　176 000
　　辅助生产成本——运输车间　30 000
　　制造费用——基本生产成本　30 000
　　贷：应付职工薪酬——工资　400 000

（3）根据记账凭证登记成本费用明细账（见表4－15、表4－16、表4－11、表4－9）。

3. 归集和分配其他费用

（1）编制其他费用汇总表（见表4－8）。

表4－8　其他费用汇总表

2016年3月　单位：元

应借账户		折旧费	水电费	办公费	合计
辅助生产成本	运输车间	7 000	500	300	7 800
制造费用	基本生产成本	40 000	10 000	2 000	52 000
合　计		47 000	10 500	2 300	59 800

注：此表比较简单，根据资料“该月发生生产费用”中“其他费用”相关数字直接填写即可。

（2）根据“其他费用汇总表”进行的账务处理（填制记账凭证）如下：

借：辅助生产成本——运输车间　7 000
　　制造费用　40 000
　　贷：累计折旧　47 000

借：辅助生产成本——运输车间　800
　　制造费用　12 000
　　贷：银行存款等　12 800

（3）根据记账凭证登记成本费用明细账（见表4－9、表4－11）。

第三步：归集和分配辅助生产费用。

（1）归集辅助生产费用（见表4－9）。

表 4－9　　辅助生产成本明细账

车间名称：运输车间　　单位：元

2016 年		摘要	费用项目					
月	日		材料费	工资	折旧费	水电费	办公费	合计
3	31	材料费用	10 000					10 000
	31	工资费用		30 000				30 000
	31	其他费用			7 000	500	300	7 800
		合计	10 000	30 000	7 000	500	300	47 800
	31	分配转出	10 000	30 000	7 000	500	300	47 800

注：上表数字根据前三张表而来，最后用红字转出。

（2）分配辅助生产费用（见表 4－10）。

表 4－10　　辅助生产费用分配表

2016 年 3 月　　单位：元

应借账户	费用项目	提供的劳务数量	分配率	分配额
制造费用——基本生产车间	运输费	2 000	0.9	43 020
管理费用	运输费	200	0.1	4 780
合计		2 200	1	47 800

（3）根据“辅助生产费用分配表”进行的账务处理（填制记账凭证）如下：

借：制造费用——基本生产成本　　43 020

　　管理费用　　4 780

　　贷：辅助生产成本——运输车间　　47 800

（4）根据记账凭证登记成本费用明细账（见表 4－9、表 4－11）。

第四步：归集和分配制造费用。

（1）归集制造费用（见表 4－11）。

表 4－11　　制造费用明细账　　单位：元

2016 年		摘要	机物料消耗	工资	折旧费	水电费	办公费	运输费	合计
月	日								
3	31	材料费用分配表	30 000						30 000
	31	工资费用分配表		50 000					50 000
	31	其他费用分配表			40 000	10 000	2 000		52 000
	31	辅助生产费用分配表						43 020	43 020
		合计	30 000	50 000	40 000	10 000	2 000	43 020	175 020
	31	分配转出	30 000	50 000	40 000	10 000	2 000	43 020	175 020

（2）分配基本生产车间制造费用（见表 4－12）。

表 4－12　　**制造费用分配表**

2016 年 3 月　　单位：元

应借账户	成本项目	生产工时	分配率	分配额
基本生产成本——无水钙	制造费用	1 800	43.755	78 759
基本生产成本——医药钙	制造费用	2 200	43.755	96 261
合计		4 000		175 020

（3）根据“制造费用分配表”进行的账务处理（填制记账凭证）如下：

借：基本生产成本——无水钙　78 759

　　　　　　　——医药钙　96 261

　贷：制造费用　175 020

（4）根据记账凭证登记成本费用明细账（见表 4－15、表 4－16）。

第五步：月末，计算结转完工产品成本。

（1）编制产品成本计算单（见表 4－13、表 4－14）。

无水钙费用分配率：

直接材料费用分配率＝3 080 000÷1 840＝1 673.91

直接人工费用分配率＝154 000÷1 840＝83.70

制造费用分配率＝86 759÷1 840＝47.15

表 4－13　　**产品成本计算单**

产品名称：无水钙　　2016 年 3 月　　单位：元

成本项目	直接材料	直接人工	制造费用	合计
月初在产品成本	80 000	10 000	8 000	98 000
本月生产费用	3 000 000	144 000	78 759	3 222 759
合计	3 080 000	154 000	86 759	3 320 759
完工产品数量	1 600	1 600	1 600	
在产品约当产量	240	240	240	
约当产量合计	1 840	1 840	1 840	
费用分配率	1 673.91	83.70	47.15	
完工产品成本	2 678 256	133 920	75 440	2 887 616
月末在产品成本	401 744	20 080	11 319	433 143

注：“在产品约当产量”是本表的难点，根据已知条件，月末在产品 400 吨，完工程度为 60%，材料陆续投入，所以直接材料、直接人工、制造费用的约当产量都为 4 000×60%＝240 吨。

无水钙完工产品成本：

直接材料＝1 600×1 673.91＝2 678 256（元）

直接人工＝1 600×83.70＝133 920（元）

制造费用＝1 600×47.15＝75 440（元）

表 4－14　　产品成本计算单

产品名称：医药钙　　2016 年 3 月　　单位：元

成本项目	直接材料	直接人工	制造费用	合计
月初在产品成本	60 000	2 000	6 000	68 000
本月生产费用	1 000 000	176 000	96 261	1 272 261
合计	1 060 000	178 000	102 261	1 340 261
完工产品数量	600	600	600	
在产品约当产量	400	240	240	
约当产量合计	1 000	840	840	
费用分配率	1 060	211.90	121.74	
完工产品成本	636 000	127 140	73 044	836 184
月末在产品成本	424 000	50 860	29 217	504 077

注：此表的填制与无水钙基本一致，“在产品约当产量”是本表的难点，根据已知条件，月末在产品 400 吨，完工程度为 60%，材料一次投入，直接材料的约当产量 = 400 × 100% = 400（吨），直接人工、制造费用的约当产量 = 400 × 60% = 240（吨）。

医药钙费用分配率：

直接材料费用分配率 = 1 060 000 ÷ 1 000 = 1 060

直接人工费用分配率 = 178 000 ÷ 840 = 211.90

制造费用分配率 = 102 261 ÷ 840 = 121.74

医药钙完工产品成本：

直接材料 = 600 × 1 060.00 = 636 000（元）

直接人工 = 600 × 211.90 = 127 140（元）

制造费用 = 600 × 121.74 = 73 044（元）

（2）根据无水钙、医药钙成本计算单登记“基本生产成本明细账”（见表 4－15、表 4－16）。

表 4－15　　基本生产成本明细账

产品名称：无水钙　　单位：元

2016 年		凭证号	摘要	直接材料	直接人工	制造费用	合计
月	日						
3	1		月初在产品成本	80 000	10 000	8 000	98 000
	31		材料费用分配表	3 000 000			3 000 000
	31		工资费用分配表		144 000		144 000
	31		制造费用分配表			78 759	78 759
	31		合计	3 080 000	154 000	86 759	3 222 759
	31		转出完工产品成本	2 678 256	133 920	75 440	2 887 616
3	31		月末在产品成本	401 744	20 080	11 319	433 143

表 4－16　　基本生产成本明细账

产品名称：医药钙　　单位：元

2016 年 月	日	凭证号	摘要	直接材料	直接人工	制造费用	合计
3	1		月初在产品成本	60 000	2 000	6 000	68 000
	31		材料费用分配表	1 000 000			1 000 000
	31		工资费用分配表		176 000		176 000
	31		制造费用分配表			96 261	96 261
	31		合 计	1 060 000	178 000	102 261	1 340 261
	31		转出完工产品成本	636 000	127 140	73 044	836 184
	31		月末在产品成本	424 000	50 860	29 217	504 077

（3）根据基本生产成本明细账编制完工产品成本汇总表（见表 4－17）。

表 4－17　　完工产品成本汇总计算表

2016 年 3 月　　单位：元

产品名称	完工产品产量	直接材料	直接人工	制造费用	总成本	单位成本
无水钙	1 600	2 678 256	133 920	75 440	2 887 616	1 804. 76
医药钙	600	636 000	127 140	73 044	836 184	1 393. 64
合计		3 314 256	261 060	148 484	3 723 800	

（4）根据产品成本汇总表（表 4－17）和产成品入库单（略）进行账务处理（填制记账凭证）如下：

借：库存商品——无水钙　　2 887 616

　　　　　——医药钙　　836 184

　贷：基本生产成本——无水钙　　2 887 616

　　　　　　　　——医药钙　　836 184

（5）登记基本生产成本明细账（见表 4－15、表 4－16）。

应用实例

忽视生产特点和管理要求而滥用品种法

黄河民间艺术研究所某年 3 月开始生产运营，该企业生产规模较小（只有一个基本生产车间），生产工人分为 3 个小组，各小组承包接受生产任务。该企业生产的澄泥砚台销路很好。月末生产部门提供资料如下：本月 3 日投产 01 批号甲产品 10 件，月末完工 10 件；17 日投产 02 批号乙产品 30 件，月末完工 20 件；26 日投产 03 批号甲产品 40 件，月末没有完工产品。该企业的成本会计梁芳认为，本月虽然投产 01 甲、02 乙、03 甲 3 个批号的产品，但按品种来分就是生产甲、乙两种产品，03 批号甲产品月末没有完工，不需计算成本，只需计算甲产品 10 件、乙产品 20 件完工产品成本，于是梁芳决定采用品种法计算成本。

【问题】梁芳的决定正确吗？为什么？

【分析】梁芳采用品种法是不正确的。品种法是产品成本计算的最基本方法，广泛应用于制造企业，但在实际应用时，还要根据企业的生产特点和成本管理要求选用，不能滥用品种法来计算产品成本。

从案例资料可以看出，该企业生产规模较小、生产工艺比较简单，生产部门按收到的订单组织批量生产，同时将生产通知书交财务部门一份。因此，该企业应采用分批法计算产品成本，按01批号甲产品、02批号乙产品、03批号甲产品分别设置基本生产成本明细账，分别归集各批号产品的生产费用和完工产品成本。即按产品的批号和产品品种设置生产成本明细账，不能认为最终目的是计算某种产品的成本，成本计算方法就是品种法。

任务三
学习分批法

任务描述

本部分的学习任务是：了解分批法的含义和适用范围；理解分批法的特点和优缺点；掌握分批法的计算程序；学会应用分批法计算产品生产成本。

知识准备

一、分批法概述

（一）含义

按照产品生产批别计算产品成本的方法，称为产品成本计算的“分批法”。

在实际工作中，单件小批生产企业，生产产品的品种和每批产品的批量，往往是根据购货单位的订单组织生产。会计部门为了保持成本计算与企业生产经营管理的协调一致，按照订单确定的品种和批别组织成本核算。但由于产品的批别大多是根据购货单位的订单确定的，因此，这种方法又称“订单法”，它是产品成本计算的基本方法。

（二）适用范围

这种方法一般适用于小批单件单步骤生产的企业，主要包括：

- 单件、小批生产重型机械、船舶、精密工具、仪器制造企业。

- 不断更新产品种类的时装制造企业。
- 新产品的试制、机器设备的修理作业以及工具、器具、模具制造等企业。

注意： 这种方法也适用于管理上不要求分步骤计算产品成本的多步骤生产企业。

（三）主要特点

1. 成本计算对象是产品批别或生产令号

会计部门要根据生产计划部门下达的“产品批号”或“生产令号”，开设“产品成本计算单”计算产品成本。

产品批别是企业生产计划部门根据与订货单位签订的订单而编制，往往以一张订单规定的产品作为一批。但实际工作中，产品的批别与客户的订单有时候也不完全相同，一般要分别以下情况来确定：

（1）如果一张订单中规定的产品不止一种，为了考核分析产品成本计划的完成情况，并便于生产管理，要将该订单按照产品的品种划分成几个批别组织生产，分别计算产品成本。

例如：金鑫金属制桶公司接到云峰化工公司订单一份，定制规格 18L 的化工桶 300 个，定制规格 246L 的化工桶 80 个。这一份订单就要求按两批组织生产，分别计算规格 18L 和规格 246L 的化工桶成本。

（2）如果一张订单中只要求生产一种产品，但这种产品的数量过大，不便于集中一次投产，或者购货单位要求分批交货的，也可将该订单分为几个批别组织生产，分批计算成本。

例如：金鑫金属制桶公司 2 月份接到云峰化工公司订单一份，定制规格 18L 的化工桶 1 000 个，对方要求三批交货：3 月份 400 个、4 月份 300 个、5 月份 300 个。

（3）如果一张订单中只规定有一种产品，但该产品属于大型复杂产品，价值较大、生产周期较长，也可将该订单按产品的组成部件分为几个批别组织生产，计算成本。例如轮船制造企业的巨型货轮订单。

（4）如果在同一时期内接到的几张订单都规定有相同一种产品，为了更经济合理地组织生产，也可将这几张订单合为一批组织生产，计算成本。

例如：金鑫公司 3 月 1 日接到云峰公司订单一份，订制规格 18L 的化工桶 100 个；接到三宇重工公司订单一份，订制规格 18L 的化工桶 200 个，两公司都要求 3 月 31 日前交货。

综上，在分批法下，成本计算对象的确定与产品生产组织的关系可归纳如下图 4－3 所示。

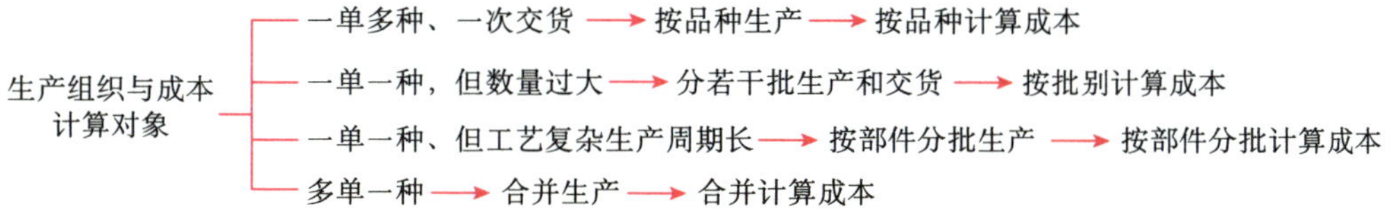

图 4－3

2. 成本计算期不固定

产品成本的计算周期是与生产任务通知单的签发和结束紧密配合的，因此，产品成本计算是不定期的，成本计算期与产品生产周期基本一致，但与财务报告期不一定一致。

3. 生产费用一般不需要在完工产品和在产品之间分配

在单件或小批生产，购货单位要求一次交货的情况下，每批产品要求同时完工。这样该批产品完工前的成本明细账上所归集的生产费用，即为在产品成本；完工后的成本明细账上所归集的生产费用，即为完工产品成本。因此，在通常情况下，生产费用不需要在完工产品和在产品之间分配。

但是，如果产品批量较大、购货单位要求分次交货时，就会出现批内产品跨月陆续完工的情况，月末计算产品时，一部分产品已经完工，另一部分尚未完工，这时，应采用适当的方法在完工产品和月末在产品之间分配费用，以便计算产成品成本和在产品成本。

（四）成本计算程序

分批法计算产品成本，一般按以下程序进行：

第一步：开设“产品成本明细账”。

会计部门根据生产计划部门下达的“生产通知单”的产品批别，为每批产品开设“生产成本明细账”，也称“产品成本计算单”，按成本项目开设专栏。根据各种原始凭证或通过费用分配汇总表，接规定的程序和方法，将各项生产费用记入按产品的批别设置的生产成本明细账，归集各批产品成本。

第二步：各批产品发生的材料费、人工费和制造费用，能直接计入该批产品成本的直接计入，不能直接计入的采用合理的分配方法计入产品成本。

第三步：一批产品完工后，根据生产成本明细账所归集的成本费用总额和产成品数量，计算该批产品的总成本和单位成本，分别按以下几种情况计算：

①如果是单件生产，生产完工以前，产品成本明细账所记的生产费用，都是在产品成本；在产品完工时，产品成本明细账所记的生产费用，就是完工产品成本，不存在完工产品与在产品之间分配费用的问题。

②如果是小批生产，批内产品一般都能同时完工，在月末计算成本时，或是全部已经完工，或是全部没有完工，因而一般也不存在完工产品与在产品之间分配费用的问题。

③如果批内产品跨月陆续完工，这时就要在完工产品与在产品之间分配费用。对一批产品分次完工、分次出售的部分，可以采用按计划单位成本、定额单位成本或近期同类产品的实际单位成本计算完工产品成本，从产品成本明细账中转出。

（五）分批法的优缺点

优点：

（1）成本计算与生产周期相一致，产品成本计算结果接近市场价格，便于考核成本计划的执行情况。

（2）计算方法比较简单，容易掌握和应用。

缺点：

（1）不能完整地反映各批别的在产品成本，如果在产品数量较大，会影响产品成本计算的真实性；

（2）会使成本平均化，影响成本计算的正确性。

二、分批法成本计算的工作流程

分批法计算产品成本的工作流程可用图 4－4 表示。

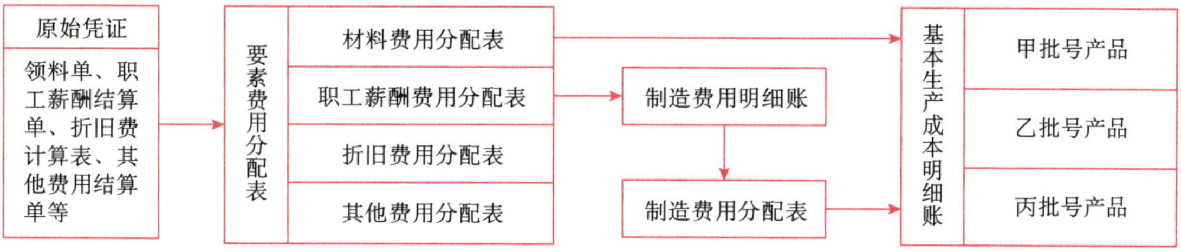

图 4－4

业务举例

业务 3 采用分批法计算产品成本

【业务说明】本业务是会计人员根据金鑫金属制桶公司的有关资料，采用分批法计算产品的成本。

【业务资料】

（1）2 月，公司根据宣威磷化工集团有限公司的订单，生产车间开工生产 36L 的化工桶 3 000 个，该批产品编号为 701#，月末完工 2 700 个，还有在产品 300 个，根据 2 月 28 日该产品的“产品成本计算单”，在产品费用见表 4－18。

表 4－18　　月初在产品生产费用明细账

产品批别：701#（化工桶）　　2016 年 2 月 28 日　　单位：元

产品名称	直接材料	直接人工	制造费用	合 计
化工桶	19 440	4 514	2 119	26 073

（2）3 月，公司又接到宣威磷化工集团有限公司的订单两份，生产计划部门根据订单签发“生产通知单”下达给生产车间，本月又投产 701#化工桶 4 200 个；新开工生产 26L 化工桶 800 个，产品编号为 702#。至 3 月 31 日，701#产品完工 4 500 个，无月末在产品；702#产品完工 750 个，月末有在产品 50 个。

（3）根据 3 月份生产 701#和 702#产品的直接材料、直接人工和制造费用分配表，汇总 701 批和 702 批发生的生产费用见表 4－19。

表 4－19　　本月投入产品生产费用明细账

2016 年 3 月 31 日　　单位：元

产品名称	直接材料	直接人工	制造费用	合 计
701#产品	339 860. 20	79 017	37 089	455 966. 20
702#产品	51 347. 33	8 729	6 181. 70	66 258. 03

【业务实施】

第一步：计算701#产品成本。

在本例中，701#产品3月份全部完工，所以，2月末生产成本余额和3月份发生的产品生产成本合计，即为3月份完工产品的成本。

①产品的材料成本＝19 440＋339 860.20＝359 300.20（元）

②产品的单位材料成本＝359 300.20÷4 500＝79.84（元/只）

（直接人工成本、制造费用的计算方法依次类推）

③产品的总成本＝359 300.20＋83 531＋39 208＝482 039.20（元）

结转完工产品成本：

借：库存商品——36L化工桶　　482 039.20

　　贷：基本生产成本——生产车间　　482 039.20

④产品的单位成本＝79.84＋18.56＋8.71＝107.11（元/只）

或＝482 039.2÷4 500＝107.12（元/只）

⑤根据计算结果编制产品成本计算单（见表4－20）

表4－20　　产品成本计算单

批　　号：701#（36L化工桶）　　批量：4 500只

委托单位：宣威磷化工集团有限公司

开工日期：3月1日　　完工日期：3月31日　　单位：元

项　目	直接材料成本	直接人工成本	制造费用	合 计
2月末成本余额	19 440	4 514	2 119	26 073
3月份发生生产成本：				
据材料成本分配表	339 860.20			339 860.20
据工资成本分配表		79 017		79 017
据制造费用分配表			37 089	37 089
合计	359 300.20	83 531	39 208	482 039.20
结转产成品成本	359 300.20	83 531	39 208	482 039.20
单位成本	79.84	18.56	8.71	107.11

第二步：计算702#产品成本。

702#产品3月末部分完工，应采用适当的方法将产品生产成本在完工产品和在产品之间进行分配。本例由于材料在生产开始时一次投入，所以材料成本按完工产品和在产品的实际数量的比例进行分配，而其他成本则按约当产量法进行分配。计算方法如下：

①材料成本按完工产品产量和在产品数量作为比例进行分配：

材料成本分配率＝51 347.33/（750＋50）＝64.18（元/只）

完工产品应负担的材料成本＝750×64.18＝48 135（元）

在产品应负担的材料成本＝51 347.33－48 135＝3 212.33（元）

②其他生产成本按约当产量比例进行分配，在产品约当产量见表4－21。

表 4－21　　计算 702#产品在产品约当产量

工序	完工进度	在产品		完工产品	产量合计
		盘存数	约当量		
1	15%	20	3		
2	25%	20	5		
3	70%	10	7		
合计	—	50	15	750	715

③直接人工成本按约当产量法分配：

直接人工成本分配率＝8 729/（750＋15）＝11.41（元/只）

完工产品应负担的直接人工成本＝750×11.41＝8 557.50（元）

在产品应负担的直接人工成本＝8 729－8 557.5＝171.50（元）

④制造费用按约当产量法分配：

制造费用分配率＝6 181.7/（750＋15）＝8.08（元/只）

完工产品应负担的制造费用＝750×8.08＝6 060（元）

在产品应负担的制造费用＝6 181.7－6 060＝121.70（元）

⑤计算完工产品总成本和单位成本：

完工产品总成本＝48 135＋8 557.5＋6 060＝62 752.50（元）

完工产品单位成本＝64.18＋11.41＋8.08＝83.67（元/只）

结转完工产品成本：

借：库存商品——26L 化工桶　　62 707.50

　　贷：基本生产成本——生产车间　　62 707.50

⑥计算在产品总成本：

在产品总成本＝3 212.33＋171.50＋121.7＝3 505.53（元）

⑦根据计算结果编制产品成本计算单见表 4－22。

表 4－22　　产品成本计算单

批　号：702#（26L 化工桶）　　批量：800 只

委托单位：宣威磷化工集团有限公司

开工日期：3 月 1 日　　完工日期：3 月 31 日　　单位：元

项　目	直接材料成本	直接人工成本	制造费用	合　计
3 月份发生生产成本： 据材料费用分配表	51 347.33			51 347.33
据工资成本分配表		8 729		8 729
据制造费用分配表			6 181.70	6 181.70
合　　计	51 347.33	8 729	6 181.70	66 258.03
结转产成品成本	48 135	8 557.50	6 060	62 752.50
单位成本	64.18	11.41	8.08	83.67
月末在产品成本	3 212.33	171.50	121.70	3 505.53

三、简化分批法

（一）概述

在小批单件生产的企业或车间，同一月份内投产的产品批数往往很多，有的多至几十批甚至几百批。在这种情况下，各种间接费用在各批产品之间按月分配，工作就极其繁重。因此，在投产批数繁多而且月末在产品数量较多的企业，例如机械制造厂或者修配厂，就采用不分批计算在产品成本的简化的分批法。

采用这种方法，仍应按产品批别设立产品成本明细账，但在该批产品完工前，账内只按月登记直接计入的费用（如直接材料）和生产工时，只有在有完工产品的月份，方可分配间接计入的费用，计算、登记该批完工产品成本。

（二）适用范围

在有些小批单件生产的企业或车间里，订单多、生产周期长，而实际每月完工的订单并不多。在这种情况下，如果采用当月分配法分配各项费用，即将当月发生的各项生产费用全部分配给各批产品，而不论各批产品完工与否，这样，由于产品批次众多，费用分配的核算工作量将非常繁重。因而，为了简化核算，这类企业或车间可采用简化分批法。

（三）主要特点

（1）设立生产成本二级账，按成本项目登记全部产品的月初在产品费用、本月生产费用、累计生产费用、月初在产品生产工时、本月生产工时和累计生产工时，以按月提供全部产品的累计的生产费用和生产工时资料，据此计算全部产品累计间接费用分配率。

（2）每月发生的各项间接计入费用，先将其分别累计后，在产品完工时，按照完工产品累计生产工时的比例，在各批完工产品之间进行分配。因此，这种方法也叫“累计间接费用分配法”，有的还称之为“不分批计算在产品成本分批法”。

间接费用分配的计算公式如下：

$$\text{全部产品某项累计间接费用分配率}=\frac{\text{全部产品该项累计间接费用}}{\text{完工产品累计生产工时}+\text{在产品累计生产工时}}$$

$$\text{某批完工产品应负担的某项间接费用}=\text{该批完工产品累计生产工时}\times\text{全部产品该项累计间接费用分配率}$$

简化的分批法，在产品完工之前，各批产品每月发生的间接计入费用不需要按月在各批产品之间分配登记，而是先累计登记，待产品完工时再进行间接计入费用的分配登记，因此这种方法也称“累计间接费用分配法”。

简化分批法与分批法的不同之处在于：各批产品之间分配间接费用以及完工产品与月末在产品之间分配费用，是利用累计间接费用分配率，到产品完工时合并在一起进行，即各项间接费用累计分配率，既是在各批完工产品之间分配该费用的依据，也是在完工批别与月末在产品批别之间，以及某批产品的完工产品与月末在产品之间分配各该费用的依据，这就进一步简化了费用的分配和登记工作量，月末未完工产品的批数越多，核算工作越简化。

但是，这种方法在下列情况下不宜采用，否则会影响计算的正确性：

（1）各月间接费用水平相差悬殊的情况下，如间接费用大部分发生在产品生产前期或者后期；

（2）月末未完工产品的批数不多；

（3）某批产品本月投产，当月完工。

应用实例

三峡化工机械有限公司对成本计算方法的选择

三峡化工机械有限公司是中国化工机械行业大型骨干企业之一，属国家级高新技术企业，其主导产品有压力容器、蒸汽煅烧炉、多晶硅还原炉、铸铁塔器等，该企业在化肥、多晶硅、煤化工、环保等行业享有较高声誉，产品远销韩国、泰国、澳大利亚等国家。该企业根据客户的订单组织生产，以生产批号为成本计算对象，采用分批法计算产品成本。其基本生产成本账中设有直接材料、直接人工、制造费用等成本项目，费用按月汇总，产品成本是在一张订单的全部产品完工后才计算其实际成本。

【问题】三峡化工机械公司为什么采用分批法核算产品成本?

【分析】该企业属于单件小批生产类型的企业，而计算产品成本的分批法，主要适用于在成本管理上不要求分步骤归集费用，也不要求计算半成品成本的生产企业。在这些企业中，产品的生产一般是根据用户的订单组织的，生产何种产品、每批产品的批量大小以及完工时间，通常要根据需用单位的订单加以确定，但同时也要考虑订单的具体情况，并结合企业的生产负荷程度合理组织产品生产的批次及批量。三峡化工机械公司的生产特点和管理要求正符合分批法的适用情况，因此，该企业以产品批别为成本计算对象，采用分批法核算产品成本。

任务四
学习分步法

任务描述

本部分的学习任务是：了解分步法的特点和种类；掌握逐步结转分步法和平行结转分步法的成本核算程序和适用范围；认识逐步结转分步法和平行结转分步法的主要区别；学会按实际成本综合结转和成本还原的方法。

知识准备

一、分步法概述

（一）概念

分步法是按照产品的生产步骤和产品品种为成本计算对象归集和分配生产费用，计算产品成本的一种方法。

（二）适用范围

分步法主要适用于大量、大批的多步骤生产，因为在这些企业中，产品生产可以划分为若干个可以间断的生产步骤来进行。如纺织企业生产可分为纺纱、织布等步骤；钢铁企业可分为炼铁、炼钢、轧钢等步骤；造纸企业可分为制浆、制纸、包装等步骤；机械制造企业可分为铸造、加工、装配等步骤。从原材料投入生产到产品完工，每个步骤的产品，除最后一个步骤是产成品外，其他步骤都是半成品。这些半成品可能用于下一步骤继续加工或装配，也可能对外销售。为了适应企业的生产特点和管理要求，不仅要按照产品品种归集生产费用，计算产品成本，而且要按照产品的生产步骤归集生产费用，计算各步骤产品成本。

（三）特点

（1）以各个加工步骤的各种产品作为成本计算对象，并据以设置基本生产成本明细账。即基本生产成本明细账按照生产步骤设立，账中按照产品品种反映。对于生产过程中发生的费用，若是直接材料、直接人工等直接费用应直接计入各种产品成本明细账，若是间接费用应先按生产步骤来归集，然后按一定标准在该步骤的各种产品之间进行分配。

相关链接

产品成本计算的分步与实际的生产步骤不一定完全一致。为了简化成本计算工作，可以只对管理上要求分步计算成本的步骤单独设立产品成本明细账，单独计算成本；而对管理上不要求单独计算成本的生产步骤，则可与其他相近的生产步骤合并设立成本明细账，合并核算成本。

（2）成本计算期与会计报告期一致。在大量、大批多步骤生产中，由于生产过程较长，可以间断，而且往往都是跨月陆续完工，因此，成本计算一般是按月、定期进行，与会计报告期一致，但与产品的生产周期不一致。

（3）月末要将生产费用采用适当方法在完工产品与在产品之间进行分配。在大量大批多步骤生产情况下，原材料不断投入，产品不断产出，月末各生产步骤通常都会有在产品。因此，必须按加工步骤将所归集的生产费用在完工产品与在产品之间进行分配。

（4）各步骤之间结转成本。由于产品生产是分步骤进行的，上一步骤生产的半成品是下一步骤的加工对象。因此，为了计算各种产品的产成品成本，还需要按照产品品种结转各步骤成本。也就是说，与其他成本计算方法不同，采用分步法计算产品成本时，各步骤之间还需进行成本结转，这是分步法的一个重要特点。

（四）分步法的分类

在实际工作中，成本管理对各步骤是否要计算半成品成本有着不同的要求，有的要求具体计算各生产步骤的半成品成本，有的则不要求。根据成本管理的要求，同时也为了简化成本计算工作，各生产步骤成本的计算和结转，可采用逐步结转和平行结转两种方法，这样，分步法也就分为逐步结转分步法和平行结转分步法两种。

二、逐步结转分步法

（一）概念

逐步结转分步法也称“顺序结转分步法”，它是按照产品连续加工的先后顺序，逐步计算并结转各步骤半成品的成本，直至最后生产步骤计算出产成品成本的一种成本计算方法。

（二）特点

（1）它是计算半成品成本的分步法，其成本计算对象是产成品及其所经过各生产步骤的半成品，并以此开设生产成本明细账。

（2）半成品成本要随同半成品实物一起在各生产步骤之间顺序转移。即按照产品的加工顺序，先计算每一步骤半成品成本，随着第一步骤实物转移到第二步骤，其半成品成本也结转到第二步骤；第二步骤将第一步骤转来的半成品成本加上本步骤发生的费用，计算出第二步骤半成品成本，再随半成品实物转入第三步骤，直至最后步骤计算出产成品成本。

（3）按月计算半成品成本和完工产品成本。每月终了，应将各步骤基本生产成本明细账中归集的费用，包括本步骤发生的费用和上步骤转来的半成品成本，在完工产品（半成品或产成品）和在产品（狭义在产品）之间进行分配，以便计算出各生产步骤的半成品成本，逐步结转计算出产成品的成本。

（三）适用范围

逐步结转分步法是为了适应成本管理的特定要求而采用的一种方法。它一般适用于半成品种类不多、逐步结转半成品成本的工作量不大，管理上要求提供各生产步骤半成品成本的以下类型的企业：

（1）有自制半成品对外销售的企业。这种企业各生产步骤所产的半成品，不仅由本企业进一步加工，而且还经常作为商品出售。如纺织企业的棉纱、钢铁企业的生铁就是可以本企业继续加工，也可以对外出售的半成品。

（2）自制半成品可以加工为不同产品的企业。这种企业的半成品，是本企业几种产品所需的耗用品，为了分别计算各种产品的成本，也要采用逐步结转分步法计算这些半成品的成本。如造纸企业生产的纸浆、机械制造企业生产的一些铸件等。

（3）需要考核自制半成品成本的企业。在实行厂内经济责任制的企业，为了有效地控制各生产步骤内部的生产耗费和资金占用水平，也要求计算并在各生产步骤之间结转半成品成本。

（四）计算程序

采用逐步结转分步法，其成本计算程序是：

（1）计算第一步骤所产半成品成本，并将其转入第二步骤；

（2）将第二步骤发生的各种费用，加上第一步骤转入的半成品成本，计算出第二步骤所产半成品成本，并将其转入第三步骤；

（3）依此类推，在最后步骤计算出完工产成品成本。

逐步结转分步法的计算程序如图 4－5、图 4－6 所示。

1. 半成品不通过仓库收发

如果半成品完工后，不通过半成品库收发，而直接被下一步骤领用，则首先计算第一步骤半成品成本，然后随半成品实物转移，将其成本转入第二步骤的产品成本明细账，再加上第一步骤所发生的费用，计算第二步骤半成品成本，依次逐步累计结转，直到最后步骤计算出产成品成本为止。

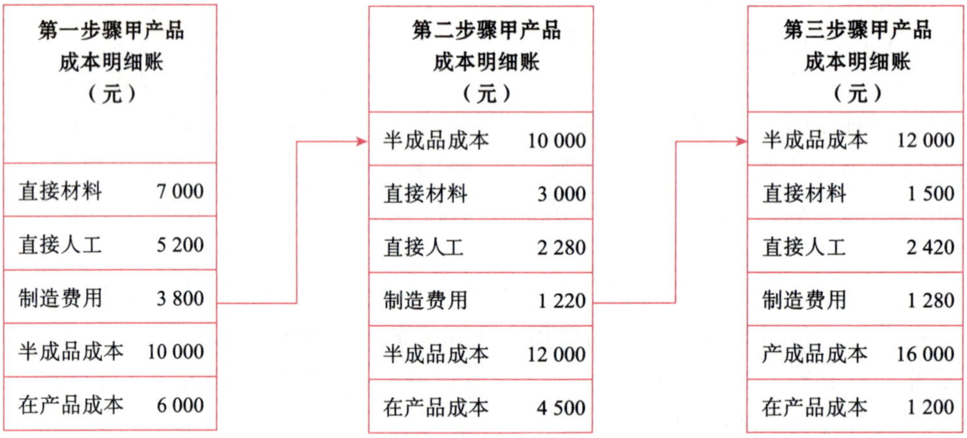

图 4－5　逐步结转分步法的成本计算程序（不通过仓库收发）

2. 半成品通过仓库收发

如果半成品完工后，先入半成品库，下一步骤生产时再领用的，则需在各步骤设立“自制半成品明细账”核算各步骤半成品的收、发、存情况。在半成品验收入库时，应借记“自制半成品”账户，贷记“基本生产成本”账户，领用时，再做相反的账务处理。

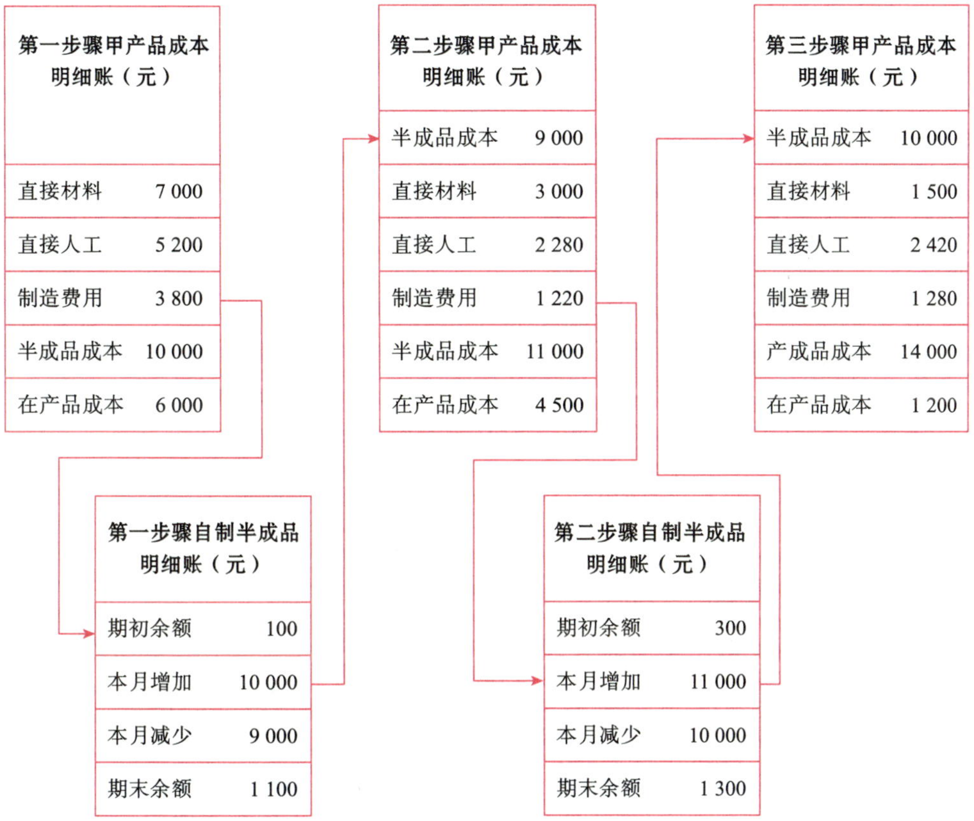

图4－6　逐步结转分步法的成本计算程序（通过仓库收发）

从以上所述的成本结转计算程序可以看出，逐步结转分步法实际上就是品种法的多次连续应用。即在采用品种法计算上一步骤的半成品成本以后，按照下一步骤的耗用数量转入下一步骤成本；下一步骤再次采用品种法归集所耗半成品的费用和本步骤其他费用，计算其半成品成本；如此逐步结转，直至最后一个步骤算出产成品成本。

逐步结转分步法，按照半成品成本在下一步骤成本明细账中的反映方法，又可分为逐步综合结转分步法和逐步分项结转分步法两种方法。

（五）逐步综合结转分步法

逐步综合结转分步法是指将上一生产步骤转入下一生产步骤的半成品成本，不分成本项目，全部记入下一步骤产品生产成本明细账中的“直接材料”成本项目或专设的“半成品”成本项目，综合反映各步骤所耗上一步骤所产半成品成本。

1. 逐步综合结转分步法的特点

逐步综合结转分步法的特点是将各生产步骤所耗用的上一步骤半成品成本，以“直接材料”（原材料）或专设的“半成品”（自制半成品）综合成本项目，转入下一生产步骤的成本计算单及产品成本明细账。其要点主要有以下四个方面：

（1）“期初在产品成本”，根据上月的“期末在产品成本”资料登记。

（2）“本月发生费用”，除“自制半成品”是前一步骤转入的以外，其他费用根据本月各生产费用分配表和其他支出凭证登记。

（3）生产费用在完工产品和在产品之间的分配，采用约当产量法计算。

（4）在登记“产品成本计算单”时，对最后一步产成品所耗自制半成品的成本需要进行成本还原。

2. 逐步综合结转分步法的适用范围

逐步综合结转分步法主要适用于大量、大批连续式多步骤生产，且在管理上要求分步计算成本的企业。

注意： 采用实际成本结转时，各步骤所耗上一步骤的半成品费用，应根据所耗半成品的实际数量乘以半成品的实际单位成本计算。由于各月所产半成品的实际单位成本不同，因而所耗半成品的实际单位成本的计算，可根据企业的实际情况，选择使用先进先出法、全月一次加权平均法、个别计价法和移动加权平均法等方法确定。

业务举例

业务 4　采用逐步综合结转分步法计算产品成本

【业务说明】隆康轮毂制造有限公司本月生产的 902670 号涂装轮毂所发生的各项料、工、费，企业会计人员已采用一定的方法进行归集和分配，需要会计人员根据各步骤发生的各项要素费用登记生产成本明细账，采用逐步综合结转分步法计算产品成本。

【业务资料】隆康公司 3 月份生产 902670 号涂装轮毂发生的各项费用情况及产量资料见表 4 – 23、表 4 – 24（材料按实际成本计价核算）。上一车间生产的半成品直接交付下一车间继续生产，车间之间结转成本按实际成本计价核算，月末在产品按约当产量法计算，且月末在产品完工率为 50%。辅助生产车间的制造费用不设置“制造费用”账户核算。辅助生产费用采用直接分配法分配。

本月领用材料 493. 367 万元，应付工资 368. 66 万元，计提职工福利等其他职工薪酬 158. 5238 万元，计提固定资产折旧费 30. 521 万元，领料单、职工薪酬等费用的原始单据略。

表 4 – 23　　月初在产品成本资料

产品名称：902670 轮毂　　2016 年 3 月　　单位：元

项目	铸造车间	机加工车间	涂装车间
直接材料	363 290		
直接人工	10 010	17 020	23 430
制造费用	21 960	18 880	22 100
合计	395 260	35 900	45 530

注：数据来源于基本生产成本明细账。

表 4－24　　产 量 记 录

产品名称：902670 轮毂　　2016 年 3 月　　单位：只

项目	铸造车间	机加工车间	涂装车间
月初在产品	4 800	5 000	9 000
本月投产	47 800	48 500	48 800
本月完工	46 900	48 500	49 000
月末在产品	5 700	5 000	8 800

【业务实施】

第一步：按产品生产步骤开设产品的生产成本明细账。

该企业铸造、机加工、涂装三个基本生产车间的生产是连续的生产步骤，基本生产成本明细账就分别按这三个车间的名称开设，并登记月初余额（见表 4－30 至表 4－32）。

第二步：归集和分配本月发生的各项要素费用。

（1）归集和分配材料费用。

①根据领料凭证编制发料凭证汇总表（见表 4－25）。

表 4－25　　发料凭证汇总表

2016 年 3 月　　金额单位：元

领用部门	用途	原料及主要材料	燃料	外购半成品	辅助材料	合计
铸造车间	生产 902670 轮毂	3 841 180	501 460		489 430	4 832 070
供电车间	供电		81 600			81 600
机修车间	修理设备				20 000	20 000
合　计		3 841 180	583 060	0	509 430	4 933 670

②根据发料凭证汇总表进行账务处理（填制记账凭证。假定此业务编号为转字 002 号）：

借：基本生产成本——铸造车间　　4 832 070

　　辅助生产成本——供电车间　　81 600

　　　　　　　　——机修车间　　20 000

　　贷：原材料　　4 933 670

（2）归集和分配职工薪酬费用。

①编制工资结算汇总表（见表 4－26）。

② 编制职工薪酬费用计提表（格式参见表 2－24，请试着编一下吧）。

按当地政府的规定，根据应付工资的 10%、12%、2% 提取的医疗保险费、养老保险费、失业保险费总计为 884 784 元，提取的住房公积金为 387 093 元；预计本月应承担社会福利义务金额为工资总额的 4%，计 147 464 元；按照工资总额的 2%、2.5% 计提的工会经费、职工教育经费为 73 732 元、92 165 元。

③ 根据工资结算汇总表和职工薪酬费用计提表进行账务处理（填制记账凭证。假定此业务编号为转字 003 号）：

表 4－26　　工资结算汇总表

2016 年 3 月　　金额单位：元

人员部门	人员类别	月标准工资	奖金	津贴、补贴	扣缺勤款	应付工资合计
铸造车间	产品生产工人	1 095 500		10 000		1 105 500
	车间管理人员	178 800		20 000		198 800
机加工车间	产品生产工人	751 600		5 000		756 600
	车间管理人员	43 200		10 000		53 200
涂装车间	产品生产工人	1 083 500		15 000		1 098 500
	车间管理人员	144 100		8 000		152 100
供电车间	生产工人	80 900				80 900
机修车间	生产工人	120 000				120 000
厂部	管理人员	50 500		30 000		80 500
专设销售机构	销售人员	30 500		10 000		40 500
合　　计		3 578 600	0	108 000	0	3 686 600

借：基本生产成本——铸造车间　　1 580 865
　　　　　　　——机加工车间　　1 081 938
　　　　　　　——涂装车间　　1 570 855
　　辅助生产成本——供电车间　　115 687
　　　　　　　——机修车间　　171 600
　　制造费用——铸造车间　　284 284
　　　　　——机加工车间　　76 076
　　　　　——涂装车间　　217 503
　　管理费用　　115 115
　　销售费用　　57 915
　　贷：应付职工薪酬——工资　　3 686 600
　　　　　　　——社会保险费　　884 784
　　　　　　　——住房公积金　　387 093
　　　　　　　——职工福利　　147 464
　　　　　　　——工会经费　　73 732
　　　　　　　——职工教育经费　　92 165

（3）归集和分配固定资产折旧费。

①编制固定资产折旧计算表（见表 4－27）。

②根据固定资产折旧计算表进行账务处理（填制记账凭证。假定此业务编号为转字 004 号）：

借：制造费用——铸造车间　　54 320
　　　　　——机加工车间　　88 480
　　　　　——涂装车间　　90 720

表 4－27 **固定资产折旧计算表**

2016 年 3 月 金额单位：元

使用部门	固定资产类别	固定资产原值	月折旧率	月折旧额
铸造车间	房屋	3 206 350	0.63%	20 200
	机器设备	5 415 870	0.63%	34 120
机加工车间	房屋	3 206 350	0.63%	20 200
	机器设备	10 838 100	0.63%	68 280
涂装车间	房屋	3 206 350	0.63%	20 200
	机器设备	11 193 650	0.63%	70 520
供电车间	房屋	1 622 220	0.63%	10 220
	机器设备	3 261 900	0.63%	20 550
机修车间	房屋	1 342 860	0.63%	8 460
	机器设备	2 485 710	0.63%	15 660
厂部	房屋	1 714 286	0.63%	10 800
专设销售机构	房屋	952 380	0.63%	6 000
合　计		48 446 036		305 210

辅助生产成本——供电车间 30 770
　　　　　　——机修车间 24 120
管理费用 10 800
销售费用 6 000
贷：累计折旧 305 210

第三步：归集和分配本月发生的辅助生产费用。

（1）归集辅助生产费用。根据前述记账凭证登记辅助生产成本明细账（试编一下吧！格式参照表 2－8，此处略），归集辅助生产费用，其中：供电车间 228 057 元；机修车间 215 720 元。

（2）分配辅助生产费用。

①编制辅助生产费用分配表。根据辅助生产车间提供的产品及劳务情况（表 4－28），采用直接分配法分配辅助生产费用，编制辅助生产费用分配表（见表 4－29）。

表 4－28 **辅助生产车间产品及劳务供应汇总表**

2016 年 3 月

受益单位	机修工时数（小时）	供电度数（度）
机修车间	—	20 000
供电车间	400	—
小计	400	20 000
铸造车间	1 980	149 000
机加工车间	2 940	130 000

续表

受益单位	机修工时数（小时）	供电度数（度）
涂装车间	2 600	52 000
管理部门	60	8 000
销售部门	20	1 000
小计	7 600	340 000
劳务供应量合计	8 000	360 000

表 4－29　　　　辅助生产费用分配表（直接分配法）

2016 年 3 月　　　　金额单位：元

辅助生产部门名称			供电车间	机修车间	合计
待分配费用			228 057	215 720	443 777
供应辅助生产部门以外单位的劳务量			340 000	7 600	
费用分配率			0. 6708	28. 3842	
应借账户	基本生产成本——铸造车间	耗用劳务量	149 000	1 980	
		应分配金额	99 949. 20	56 200. 72	156 149. 92
	基本生产成本——机加工车间	耗用劳务量	130 000	2 940	
		应分配金额	87 204	83 449. 55	170 653. 55
	基本生产成本——涂装车间	耗用劳务量	52 000	2 600	
		应分配金额	34 881. 60	73 798. 92	108 680. 52
	管理费用	耗用劳务量	8 000	60	
		应分配金额	5 366. 40	1703. 05	7 069. 45
	销售费用（其分配金额承担了差额，倒挤得出）	耗用劳务量	1 000	20	
		应分配金额	665. 80	567. 76	1 223. 56
分配金额合计			228 057	215 720	443 777

②根据辅助生产费用分配表进行账务处理（填制记账凭证。假定此业务编号为转字 005 号）：

借：制造费用——铸造车间　　　　156 149. 92
　　　　　　——机加工车间　　　　170 653. 55
　　　　　　——涂装车间　　　　108 680. 52
　　管理费用　　　　7 069. 45
　　销售费用　　　　1 223. 56
　　贷：辅助生产成本——供电车间　　　　228 057
　　　　　　　　　　——机修车间　　　　215 720

第四步：归集和分配本月发生的制造费用。

（1）归集制造费用。根据前述记账凭证登记制造费用明细账（试一下吧！格式参照表 2－10，此处略），其中：铸造车间 494 753. 92 元；机加工车间 335 209. 55 元；涂装车间 416 903. 52 元。

（2）分配制造费用。各车间都只生产一种产品，不需要进行制造费用的分配计算，可直接根据制造费用明细账记录，将本月制造费用转入本车间（即本步骤）产品成本，进行账务处理（填制记账凭证。假定此业务编号为转字006号）：

借：基本生产成本——铸造车间　494 753.92
　　　　　　　　——机加工车间　335 209.55
　　　　　　　　——涂装车间　416 903.52
　贷：制造费用——铸造车间　494 753.92
　　　　　　　——机加工车间　335 209.55
　　　　　　　——涂装车间　416 903.52

第五步：月末计算结转完工产品成本。

（1）登记生产成本明细账。根据前述记账凭证登记基本生产成本明细账（见表4－30至表4－32），归集各生产步骤的生产费用。

表4－30　基本生产成本明细账

车间名称：铸造车间　　金额单位：元

时间	凭证字号	摘要	直接材料	直接人工	制造费用	合计
2016.03		月初余额	363 290	10 010	21 960	395 260
2016.03	转字－002	领用材料	4 832 070			4 832 070
2016.03	转字－003	结转工资计提职工薪酬费用		1 580 865		1 580 865
2016.03	转字－006	结转制造费用			494 753.92	494 753.92
		本月合计	4 832 070	1 580 865	494 753.92	6 907 688.92
		生产费用合计	5 195 360	1 590 875	516 713.92	7 302 948.92
2016.03	转字－007	完工半成品成本	4 632 364.59	1 499 740.06	487 112.78	6 619 217.43
		月末在产品成本	562 995.41	91 134.94	29 601.14	683 731.49

表4－31　基本生产成本明细账

车间名称：机加工车间　　金额单位：元

时间	凭证字号	摘要	自制半成品	直接人工	制造费用	合计
2016.03		月初余额		17 020	18 880	35 900
2016.03	转字－007	领用半成品成本	6 619 217.43			6 619 217.43
2016.03	转字－003	结转工资计提职工薪酬费用		1 081 938		1 081 938
2016.03	转字－006	结转制造费用			335 209.55	335 209.55
		本月合计	6 619 217.43	1 081 938	335 209.55	8 036 364.98
		生产费用合计	6 619 217.43	1 098 958	354 089.55	8 072 264.98
2016.03	转字－008	完工半成品成本	6 000 599.45	1 045 087.70	336 730.65	7 382 417.80
		月末在产品成本	618 617.98	53 870.30	17 358.90	689 847.18

表 4－32 基本生产成本明细账

车间名称：涂装车间　　金额单位：元

时间	凭证字号	摘要	自制半成品	直接人工	制造费用	合计
2016.03		月初余额		23 430	22 100	45 530
2016.03	转字－008	领用半成品成本	7 382 417.80			
2016.03	转字－003	结转工资计提职工薪酬费用		1 570 855		1 570 855
2016.03	转字－006	结转制造费用			416 903.52	416 903.52
		本月合计	7 382 417.80	1 570 855	416 903.52	9 370 176.32
		生产费用合计	7 382 417.80	1 594 285	439 003.52	9 415 706.32
2016.03	转字－009	完工产成品成本	6 258 451.50	1 462 919.50	402 829	8 124 200
		月末在产品成本	1 123 966.30	131 365.50	36 174.52	1 291 506.32

（2）编制产品成本计算单，将生产费用在完工产品和在产品之间进行分配，并进行账务处理。

①计算结转铸造车间半成品成本。

A. 根据铸造车间生产成本明细账记录（见表 4－30）和产量记录（见表 4－24，下同），采用约当产量法分配生产费用，编制铸造车间产品成本计算单（见表 4－33）。

表 4－33 产品成本计算单

车间名称：铸造车间　　2016 年 3 月　　单位：元

项目	直接材料	直接人工	制造费用	合计
①月初余额	363 290	10 010	21 960	395 260
②本月生产费用	4 832 070	1 580 865	494 753.92	6 907 688.92
③本月生产费用合计	5 195 360	1 590 875	516 713.92	7 302 948.92
④本月完工产品数量（只）	46 900	46 900	46 900	46 900
⑤月末在产品数量	5 700	5 700	5 700	5 700
⑥月末在产品约当产量	5 700	2 850	2 850	—
⑦约当产量合计（只）	52 600	49 750	49 750	—
⑧费用分配率	98.7711	31.9774	10.3862	141.1347
⑨完工半成品成本	4 632 364.59	1 499 740.06	487 112.78	6 619 217.43
⑩月末在产品成本	562 995.41	91 134.94	29 601.14	683 731.49

注：①＋②＝③；④＋⑥＝⑦；⑧＝③÷⑦；⑨＝④×⑧；⑩＝③－⑨。表 4－34、表 4－35 同理。

B. 根据产品成本计算单和机加工车间半成品领用单（略），进行账务处理（填制记账凭证，假定此业务编号为转字 007 号）：

借：基本生产成本——机加工车间　　6 619 217.43

　　贷：基本生产成本——铸造车间　　6 619 217.43

C. 根据记账凭证登记基本生产成本明细账（见表 4－30、4－31）。

②计算结转机加工车间半成品成本。

A. 根据机加工车间生产成本明细账记录（见表4－31）和产量记录（见表4－24，下同），采用约当产量法分配生产费用，编制机加工车间产品成本计算单（见表4－34）。

表4－34　产品成本计算单

车间名称：机加工车间　2016年3月　单位：元

项目	自制半成品	直接人工	制造费用	合计
月初余额		17 020	18 880	35 900
本月生产费用	6 619 217.43	1 081 938	335 209.55	8 036 364.98
本月生产费用合计	6 619 217.43	1 098 958	354 089.55	8 072 264.98
本月完工产品数量（只）	48 500	48 500	48 500	48 500
月末在产品数量	5 000	5 000	5 000	5 000
月末在产品约当产量	5 000	2 500	2 500	—
约当产量合计（只）	53 500	51 000	51 000	—
费用分配率	123.7237	21.5482	6.9429	152.2148
完工半成品成本	6 000 599.45	1 045 087.70	336 730.65	7 382 417.80
月末在产品成本	618 617.98	53 870.30	17 358.90	689 847.18

B. 根据产品成本计算单和涂装车间半成品领用单（略），进行账务处理（填制记账凭证，假定此业务编号为转字008号）：

借：基本生产成本——涂装车间　7 382 417.80

　贷：基本生产成本——机加工车间　7 382 417.80

C. 根据记账凭证登记基本生产成本明细账（见表4－31、表4－32）。

③计算结转涂装车间产成品成本。

A. 根据涂装车间生产成本明细账记录（见表4－32）和产量记录（见表4－24，下同），采用约当产量法分配生产费用，编制涂装车间产品成本计算单（见表4－35）。

表4－35　产品成本计算单

车间名称：涂装车间　2016年3月　单位：元

项目	自制半成品	直接人工	制造费用	合计
月初余额		23 430	22 100	45 530
本月生产费用	7 382 417.80	1 570 855	416 903.52	9 370 176.32
本月生产费用合计	7 382 417.80	1 594 285	439 003.52	9 415 706.32
本月完工产品数量（只）	49 000	49 000	49 000	49 000
月末在产品数量	8 800	8 800	8 800	8 800
月末在产品约当产量	8 800	4 400	4 400	—
约当产量合计（只）	57 800	53 400	53 400	—
费用分配率	127.7235	29.8555	8.2210	165.80
完工产成品成本	6 258 451.50	1 462 919.50	402 829	8 124 200
月末在产品成本	1 123 966.30	131 365.50	36 174.52	1 291 506.32

B. 根据产品成本计算单和涂装车间产成品入库单（略），进行账务处理（填制记账凭证，假定此业务编号为转字 009 号）：

借：库存商品——902670 轮毂　　8 124 200

　　贷：基本生产成本——涂装车间　　8 124 200

C. 根据记账凭证登记基本生产成本明细账（见表 4－32）。

相关链接

采用半成品的计划成本结转时，半成品日常收发的明细核算均按计划成本计价，在半成品实际成本计算出来后，再计算半成品成本差异额和差异率，并调整半成品成本差异。按计划成本综合结转半成品成本便于进行成本的考核和分析。

3. 综合结转法的成本还原

（1）成本还原的意义。逐步结转分步法采用半成品成本综合结转方式时，上一步骤转入的自制半成品成本，综合登记在本步骤产品成本明细账中的“自制半成品”（或“直接材料”）成本项目。综合结转法虽然可以简化成本核算工作，但是在最后生产步骤计算出的产品成本中，除了本步骤发生的加工费用（直接人工、制造费用）是按原始成本项目反映外，前面各步骤发生的各种费用都集中在“自制半成品”一个成本项目中。这样计算出来的产成品成本，不能提供原始成本项目反映的成本资料，因而不能据以从整个企业的角度来考核与分析产品成本的构成和水平，为了弥补这个缺陷，就要进行成本还原。

成本还原：就是把本月产成品成本中所耗上一步骤半成品的综合成本，还原成“直接材料”、“直接人工”、“制造费用”等原始成本项目，从而取得按原始成本项目反映的产成品成本资料。

（2）成本还原的方法。成本还原是按照反工艺顺序进行的，即从最后一个生产步骤开始，将其所耗用的上一生产步骤自制半成品的综合成本，按照上一生产步骤所产半成品的成本构成，分解还原为原来成本项目的成本，直到第一个生产步骤；然后，将各生产步骤相同成本项目的数额加以汇总，就可以求得成本还原以后产成品的实际总成本，即按原始成本项目反映的产成品实际总成本。成本还原的具体方法有项目比重还原法和成本还原分配率法。下面主要介绍成本还原分配率法。

成本还原分配率法：是按照本月完工产品所耗上一步骤半成品费用占本月所产该种半成品总成本的比例（即成本还原分配率）进行成本还原。具体的计算程序如下：

①计算还原分配率。

$$\text{还原分配率}=\frac{\text{本月产成品所耗上一步骤半成品费用}}{\text{本月所产该种完工半成品成本合计}}$$

②按上步骤各成本项目进行分解还原。

还原后的成本项目数额＝上步骤所产该种半成品各个成本项目的数额×还原分配率

③计算产成品还原后各成本项目金额。

在分步还原的基础上，将各步骤还原后相同的成本项目数额进行加总，求得产成品按原始成本项目反映的数额。成本还原一般是通过成本还原计算表进行的。

业务5　采用还原分配率法成本还原

【业务说明】隆康公司的会计人员采用逐步综合结转分步法计算产品成本。为便于成本分析，需要会计人员采用还原分配率法进行成本还原。

【业务资料】仍以本单元业务4中的902670轮毂的产品成本资料为例，在涂装车间产品成本明细账中，本月完工产品成本8 124 200元，所耗的机加工车间的半成品费用为6 258 451.50元是成本还原的对象。

【业务实施】

第一步：根据涂装车间902670轮毂明细账中完工转出产品成本填列还原前完工产品成本（表4-36中的①）。

表4-36　　产品成本还原计算表

产量：49 000只　　2016年3月　　金额单位：元

项目	还原分配率	自制半成品	直接材料	直接人工	制造费用	合计
①还原前产成品成本		6 258 451.50		1 462 919.50	402 829	8 124 200
②第二步骤半成品成本		6 000 599.45		1 045 087.70	336 730.65	7 382 417.80
③第一次成本还原	0.8478	5 087 308.21		886 025.35	285 117.94	6 258 451.50
④第一步骤半成品成本			4 632 364.59	1 499 740.06	487 112.78	6 619 217.43
⑤第二次成本还原	0.7686		3 560 435.42	1 152 700.21	374 172.58	5 087 308.21
⑥还原后产成品总成本			3 560 435.42	3 501 645.06	1 062 119.52	8 124 200
⑦还原后产成品单位成本			72.66	71.46	21.68	165.80

第二步：根据机加工车间902670轮毂明细账中完工转出半成品成本填列第二步骤半成品成本（表4-36中的②），其中各项费用之间的比例是成本还原的依据。

第三步：根据计算公式计算成本还原分配率，进行第一次还原。

还原分配率＝6 258 451.50÷7 382 417.80＝0.8478

涂装车间产成品所耗机加工车间半成品中的各项费用还原为：

直接材料＝6 000 599.45×0.8478＝5 087 308.21（元）

直接人工＝1 045 087.70×0.8478＝886 025.35（元）

制造费用＝6 258 451.50－（5 087 308.21＋886 025.35）＝285 117.94（元）

第四步：根据计算公式计算成本还原分配率，进行第二次还原。

还原分配率＝5 087 308.21÷6 619 217.43＝0.7686

机加工车间半成品所耗铸造车间半成品中的各项费用还原为：

直接材料＝4 632 364.59×0.7686＝3 560 435.42（元）

直接人工＝1 499 740.06×0.7686＝1 152 700.21（元）

制造费用＝5 087 308.21－3 560 435.42－1 152 700.21＝374 172.58（元）

第五步：将表4-36中①、③、⑤的“直接材料”“直接人工”“制造费用”的金额分别相加，填列还原后完工产品总成本⑥。

第六步：将完工产品总成本⑥的“直接材料”“直接人工”“制造费用”的金额分别除

以完工产品产量，填列还原后完工产品单位成本⑦。

4. 综合结转法的优缺点

从以上举例可以看出，采用综合结转法逐步结转半成品成本，可以在各步骤生产成本明细账中看出所耗上一步骤半成品成本的水平和本步骤加工费用的水平，从而有利于各生产步骤的成本管理。但是，为了从整个企业的角度反映产品成本的构成，加强企业综合的成本管理，必须进行成本还原，这样会增加核算工作量，所以，这种结转方法只宜在管理上要求计算各步骤完工产品所耗半成品费用，而不要求进行成本还原的情况下采用。

（六）逐步分项结转分步法

分项结转法是将各步骤所耗用的上一步骤半成品成本，分别按照“直接材料”“直接人工”“制造费用”等成本项目转入各该步骤生产成本明细账，并与该步骤相同成本项目合并计算产品成本的一种方法。如果半成品通过仓库收发，在自制半成品明细账中登记半成品成本时，也要按照成本项目分别登记。

分项结转，可以按照半成品的实际成本结转，也可以按照半成品的计划成本结转，然后按成本项目分项调整成本差异。由于后一种做法计算工作量较大，所以一般采用按实际成本分项结转的方法。

业务6 采用逐步分项结转法计算产品成本

【业务说明】隆康公司的会计人员采用分项结转分步法计算产品成本。

【业务资料】仍以本单元业务4中的902670轮毂的产品成本资料为例。

（1）产量记录见表4－24。

（2）成本资料见表4－23、表4－30至表4－32及其产品成本计算单。

【业务实施】

各步骤的处理参考业务4。这里只列示各车间的产品成本明细账（见表4－37至表4－39），请观察分项结转与综合结转的不同。

表4－37 基本生产成本明细账 完工产量：46 900

车间名称：铸造车间 金额单位：元

时间	凭证字号	摘要	直接材料	直接人工	制造费用	合计
2016.03	略	月初余额	363 290	10 010	21 960	395 260
2016.03		本月发生费用	4 832 070	1 580 865	494 753.92	6 907 688.92
		生产费用合计	5 195 360	1 590 875	516 713.92	7 302 948.92
		在产品约当产量	5 700	2 850	2 850	—
		单位成本（分配率）	98.7711	31.9774	10.3862	141.1347
2016.03		转出半成品成本	4 632 364.59	1 499 740.06	487 112.78	6 619 217.43
		月末在产品成本	562 995.41	91 134.94	29 601.14	683 731.49

单位成本的计算：直接材料 =5 195 360 ÷ （46 900 +5 700） =98.7711（元）
直接人工 =1 590 875 ÷ （46 900 +2 850） =31.9774（元）
制造费用 =516 713.92 ÷ （46 900 +2 850） =10.3862（元）

表 4 －38　　基本生产成本明细账

完工产量：48 500

车间名称：机加工车间　　金额单位：元

时间	凭证字号	摘要	直接材料	直接人工	制造费用	合计
2016.03	略	月初余额		17 020	18 880	35 900
		上步骤转入费用	4 632 364.59	1 499 740.06	487 112.78	6 619 217.43
2016.03		本月发生费用		1 081 938	335 209.55	1 417 147.55
		生产费用合计	4 632 364.59	2 598 698.06	841 202.33	8 072 264.98
		在产品约当产量	5 000	2 500	2 500	—
		单位成本（分配率）	86.5863	50.9549	16.4942	154.0354
2016.03		转出半成品成本	4 199 435.55	2 471 312.65	799 968.70	7 470 716.90
		月末在产品成本	432 929.04	127 385.41	41 233.63	601 548.08

单位成本的计算：直接材料 =4 632 364.59 ÷ （48 500 +5 000） =86.5863（元）
直接人工 =2 598 698.06 ÷ （48 500 +2 500） =50.9549（元）
制造费用 =841 202.33 ÷ （48 500 +2 500） =16.4942（元）

表 4 －39　　基本生产成本明细账

完工产量：49 000

车间名称：涂装车间　　金额单位：元

时间	凭证字号	摘要	直接材料	直接人工	制造费用	合计
2016.03	略	月初余额		23 430	22 100	45 530
		上步骤转入费用	4 199 435.55	2 471 312.65	799 968.70	7 470 716.90
2016.03		本月发生费用		1 570 855	416 903.52	1 987 758.52
		生产费用合计	4 199 435.55	4 065 597.65	1 238 972.22	9 504 005.42
		在产品约当产量	8 800	4 400	4 400	—
		单位成本（分配率）	72.6546	76.1348	23.2017	171.9913
2016.03		转出完工产品成本	3 560 075.40	3 730 605.20	1 136 883.30	8 427 563.90
		月末在产品成本	639 360.15	334 992.45	102 088.92	1 076 441.52

单位成本的计算：直接材料 =4 199 435.55 ÷ （49 000 +8 800） =72.6546（元）
直接人工 =4 065 597.65 ÷ （49 000 +4 400） =76.1348（元）
制造费用 =1 238 972.22 ÷ （49 000 +4 400） =23.2017（元）

表 4 －39 的计算结果表明，本月完工轮毂 49 000 只的实际总成本为 8 427 563.90 元，其中，直接材料 3 560 075.40 元，直接人工 3 730 605.20 元；制造费用 1 136 883.30 元。可见，采用分项结转法结转半成品成本，可以直接、准确地提供按原始成本项目反映的企业产品成本资料，便于从整个企业角度考核和分析产品成本计划的执行情况，不需要进行成本还

原。但是，这种方法的成本结转工作比较复杂，而且在各步骤完工产品成本中看不出所耗上一步骤半成品的费用和本步骤加工费用的水平，不便于进行各步骤完工产品成本分析，因此，这种结转方法一般适用于管理上不要求分别提供各步骤完工产品所耗半成品费用和本步骤加工费用资料，但要求按原始成本项目反映产品成本的企业。

（七）对逐步结转分步法的评价

综上所述，逐步结转分步法的优点缺点可概括如下：

（1）以各种产品及各步骤的半成品为成本计算对象，能够提供各个生产步骤的半成品成本资料；

（2）由于半成品成本随着半成品实物的转移而结转，能为在产品的实物管理和生产资金管理提供资料；

（3）综合结转时，能够全面地反映各生产步骤所耗上一步骤半成品费用和本步骤加工费用，有利于各个生产步骤的成本管理。在分项结转时，可以直接按原始成本项目反映产品成本，满足企业分析和考核产品成本构成和水平的需要。

（4）这一方法的核算工作比较复杂，核算工作的及时性也较差。如果采用综合结转法，需要进行成本还原；如果采用分项结转法，结转核算的工作量大；如果半成品按计划成本结转，还要计算和调整半成品成本差异；如果半成品按实际成本结转，各步骤则不能同时计算成本，成本计算的及时性差。

因此，采用这一方法时，必须从实际出发，根据管理要求，权衡利弊，做到既满足管理要求，提供所需的各种资料，又能简化核算工作。

三、平行结转分步法

（一）平行结转分步法的概念、特点和适用范围

1. 概念

平行结转分步法：是指不计算各步骤的半成品成本，只计算本步骤发生的生产费用和计算这些费用中应由最终完工产品成本负担的份额，月末将各步骤产品成本明细账中应由产成品负担的份额平行汇总，以计算产成品成本的一种方法。

2. 特点

（1）各生产步骤不计算半成品成本，只计算本步骤所发生的生产费用。除第一步骤生产费用中包括所耗用的原材料和各项加工费用外，其他各步骤只计算本步骤发生的各项加工费用。

（2）各步骤半成品成本不随半成品实物的转移而结转，即各步骤之间不结转半成品成本。

（3）各步骤生产成本明细账中归集的生产费用，应选用一定的方法，在产成品及在产品之间分配，计算出各步骤生产费用中应计入产成品成本的份额。

（4）将各步骤费用中应计入产成品的份额，平行结转、汇总计算该种产品的总成本和单位成本。

注意：这里的“完工产品”是指最后步骤完工的产成品。在产品指广义在产品，包括尚

在本步骤加工的在产品、本步骤已完工转入半成品库的半成品、已从半成品仓库转到以后各步骤进一步加工，尚未最后制成的半成品。每一生产步骤的生产费用如何正确地在完工产成品和广义在产品之间进行分配，是采用平行结转分步法时能否正确计算产成品成本的关键所在。

3. 适用范围

平行结转分步法适用于多步骤且所产半成品的种类很多或无独立经济意义，但不要求计算半成品成本的生产企业，如：砖瓦厂、瓷厂、大批量生产的机械制造企业等。一般情况下，只要不要求提供各步骤半成品成本，前面所举的运用逐步结转分步法的企业也都可运用平行结转分步法。

（二）平行结转分步法的计算程序

采用平行结转分步法，其成本计算程序是：

（1）按照产品生产步骤和产品品种开设生产成本明细账，设立“直接材料”、“直接人工”、“制造费用”等成本项目。

（2）按每种产品和它所经过的生产步骤归集生产费用，计算出每一步骤所发生的生产费用总额。

（3）月终，将各步骤归集的生产费用在产成品与广义在产品之间进行分配，计算各步骤应计入产成品成本的份额。

（4）将各生产步骤中确定的应计入产成品成本的“份额”平行汇总，计算出每种产成品的总成本和单位成本。

（5）将各步骤生产费用总额减去本步骤应计入产成品成本的费用份额，即为本步骤期末在产品成本。计算公式如下：

某步骤月末在产品成本 = 该步骤月初在产品成本 + 该步骤本月生产费用 − 该步骤应计入产成品成本的份额

平行结转分步法的成本计算程序如图 4－7 所示。

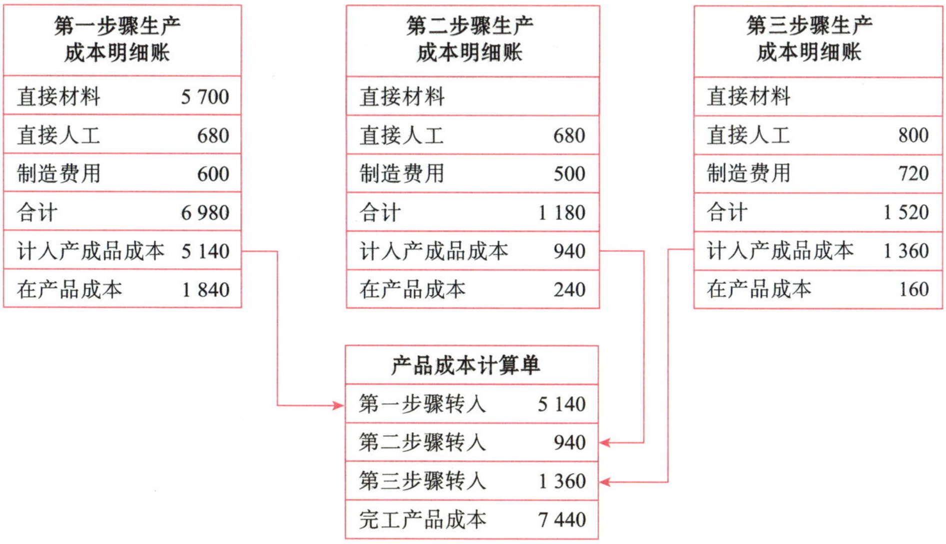

图 4－7 平行结转分步法的成本计算程序

从图4－7可以看出，各生产步骤不计算也不结转半成品成本，只是待产成品完工入库时，才将各步骤费用中应计入产成品成本的份额从各步骤产品成本明细账中转出，从“基本生产成本”账户的贷方转入“库存商品”账户的借方。

注意：采用平行结转分步法，不论半成品是在各生产步骤间直接转移，还是通过半成品库收发，都不通过“自制半成品”账户核算。

这里需要特别说明的是平行结转分步法下约当产量的计算问题。因为平行结转分步法各步骤的费用是不随实物的转移而结转的，所以在计算各步骤产品的约当产量时，应从广义在产品的角度考虑，其计算公式为：

某步骤产品约当产量＝最终完工产品产量＋本步骤月末在产品数量×完工程度（投料程度）＋本步骤之后各步骤月末在产品数量

$$\text{某项生产费用单位成本（分配率）}=\frac{\text{某步骤某成本项目费用合计}}{\text{该步骤产品约当产量}}$$

各步骤应计入产成品成本份额＝∑最终完工产品数量×某项生产费用单位成本（分配率）

业务7　采用平行结转分步法计算产品成本

【业务说明】隆康公司本月生产的902670号涂装轮毂所发生的各项料、工、费，企业会计人员已采用一定的方法了进行归集和分配，需要会计人员根据各步骤发生的各项要素费用登记生产成本明细账，采用平行结转分步法计算产品成本。

【业务资料】仍以本单元业务4中的902670轮毂的产品成本资料为例。

（1）产量记录见表4－24。

（2）成本资料见表4－23、4－30、4－31、4－32。

【业务实施】

本业务各步骤的处理参考业务4。这里只列示各步骤约当产量计算表及产品成本明细账（见表4－40、4－41、4－42、4－43）。

第一步：编制各生产步骤的约当产量计算表（见表4－40）。

表4－40　各生产步骤约当产量计算表　单位：只

摘要	直接材料	直接人工	制造费用
铸造车间的约当产量	49 000＋5 700×100%＋5000＋8 800＝68 500	49 000＋5 700×50%＋5 000＋8 800＝65 650	65 650
机加工车间的约当产量		49 000＋5 000×50%＋＋8 800＝60 300	60 300
涂装车间的约当产量		49 000＋8 800×50%＝53 400	53 400

第二步：根据前列资料登记基本生产成本各步骤的明细账（见表4－41至表4－43）。

表 4－41　　　　基本生产成本明细账

铸造车间：第一步骤　　　　金额单位：元

时间	凭证字号	摘要	直接材料	直接人工	制造费用	合计
2016.03	略	①月初余额	363 290	10 010	21 960	395 260
2016.03		②本月发生费用	4 832 070	1 580 865	494 753.92	6 907 688.92
		③生产费用合计	5 195 360	1 590 875	516 713.92	7 302 948.92
		④第一步骤约当产量	68 500	65 650	65 650	
		⑤单位成本（分配率）	75.8447	24.2327	7.8707	107.9481
2016.03		⑥应计入产成品成本份额	3 716 390.30	1 187 402.30	385 664.30	5 289 456.90
		⑦月末在产品成本	1 478 969.70	403 472.70	131 049.62	2 013 492.02

表中各行数据的计算：①＋②＝③；③÷④＝⑤；⑤×49 000＝⑥；⑦＝③－⑥

表 4－42　　　　基本生产成本明细账

机加工车间：第二步骤　　　　金额单位：元

时间	凭证字号	摘要	直接材料	直接人工	制造费用	合计
2016.03	略	①月初余额		17 020	18 880	35 900
2016.03		②本月发生费用		1 081 938	335 209.55	1 417 147.55
		③生产费用合计		1 098 958	354 089.55	1 453 047.55
		④第二步骤约当产量		60 300	60 300	—
		⑤单位成本（分配率）		18.2248	5.8721	24.0969
2016.03		⑥应计入产成品成本份额		893 015.20	287 732.90	1 180 748.10
		⑦月末在产品成本		205 942.80	66 356.65	272 299.45

表中各行数据的计算：①＋②＝③；③÷④＝⑤；⑤×49 000＝⑥；⑦＝③－⑥

表 4－43　　基本生产成本明细账

涂装车间：第三步骤　　金额单位：元

时间	凭证字号	摘要	直接材料	直接人工	制造费用	合计
2016.03	略	①月初余额		23 430	22 100	45 530
2016.03		②本月发生费用		1 570 855	416 903.52	1 987 758.52
		③生产费用合计		1 594 285	439 003.52	2 033 288.52
		④第三步骤约当产量		53 400	53 400	
		⑤单位成本（分配率）		29.8555	8.2210	38.0765
2016.03		⑥应计入产成品成本份额		1 462 919.50	402 829	1 865 748.50
		⑦月末在产品成本		131 365.50	36 174.52	167 540.02

表中各行数据的计算：①＋②＝③；③÷④＝⑤；⑤×49 000＝⑥；⑦＝③－⑥

第三步：根据各步骤基本生产成本明细账编制产品成本汇总计算表（如表 4－44 所示）。

表 4－44　　产品成本汇总计算表

产品名称：902670 轮毂　　产量：49 000 只　　单位：元

项目	直接材料	直接人工	制造费用	总成本	单位成本
铸造车间	3 716 390.30	1 187 402.30	385 664.30	5 289 456.90	107.9481
机加工车间		893 015.20	287 732.90	1 180 748.10	24.0969
涂装车间		1 462 919.50	402 829	1 865 748.50	38.0765
合计	3 716 390.30	3 543 337	1 076 226.20	8 335 953.50	170.12

第四步：根据产品成本汇总表和产成品入库单，进行账务处理：

借：库存商品——902670 轮毂　　8 335 953.50

　　贷：基本生产成本——铸造车间　　5 289 456.90

　　　　　　　　　　——机加工车间　　1 180 748.10

　　　　　　　　　　——涂装车间　　1 865 748.50

（三）对平行结转分步法的评价

总结以上内容，平行结转分步法与逐步结转分步法比较，具有以下优点：

（1）各步骤可以同时计算产品成本，然后将应计入完工产品成本的份额平行结转汇总计入产成品成本，不必逐步结转半成品成本，从而可以简化和加速成本计算工作。

（2）可以直接提供按原始成本项目反映的产成品成本资料，不必进行成本还原，省去了大量繁琐的计算工作。

但是，由于采用这一方法各步骤不计算、也不结转半成品成本，因而存在以下缺点：

（1）不能提供各步骤的半成品成本资料。

（2）半成品实物转移与费用结转脱节，不能为各步骤在产品的实物管理和资金管理提供资料。

（3）各生产步骤的在产品成本不包括所耗用半成品的成本，因而不能全面反映各步骤产品的实际耗用水平，不利于各步骤的成本管理。

应用实例

误解分步法的适用范围

丁岚就要到美阳服装厂做会计工作了。为了做到心中有数，她查找了有关资料，了解到服装生产分为验布、裁剪、印绣花、缝制、整烫、检验、包装等生产步骤，生产工艺属于多步骤生产。丁岚认为，既然服装生产分7个步骤，属于多步骤生产，就应采用分步法计算产品成本。

【问题】你同意丁岚的看法吗?

【分析】

1. 丁岚的认识不全面，她误解了分步法的适用范围。

2. 分步法作为成本计算的基本方法之一，适用于生产组织为大量大批、生产工艺为多步骤生产且管理上要求分步核算的企业。如果认为多步骤生产的企业一定要采用分步法计算产品成本是不对的。

3. 选择何种成本计算方法需要考虑企业生产工艺特点、生产组织特点和成本管理的要求。具体到服装厂，不能认为其生产工艺分7个步骤，成本核算就一定要采用分步法，应区别以下情况采用不同的成本核算方法：

（1）服装生产一般按订货单位要求的品种、规格、批量分批组织生产，生产组织一般属于小批量生产。据此生产特点，服装厂产品的成本计算一般采用分批法计算各批服装的成本。

（2）规模较大、管理上要求按生产步骤计算成本的服装厂，可以在分批法的基础上，结合采用分步法，计算各批服装及其各步骤的成本（产品成本计算的‘分步’与实际的生产步骤不一定完全一致）。

（3）规模较大、管理上要求按生产步骤计算成本的服装厂，如果大量大批生产某种类型的定型产品，在这类产品中又能够划分不同规格的产品，则可以在分步法的基础上，结合分类法，计算类内各种服装及其各生产步骤的成本。

本单元知识要点

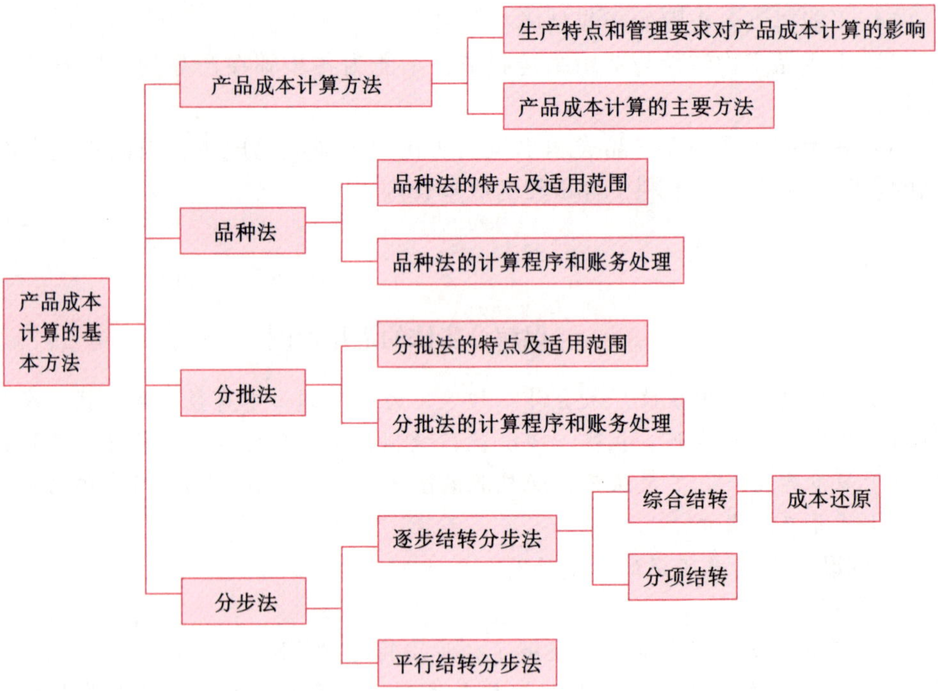
产品成本计算的基本方法
产品成本计算方法
生产特点和管理要求对产品成本计算的影响
产品成本计算的主要方法
品种法
品种法的特点及适用范围
品种法的计算程序和账务处理
分批法
分批法的特点及适用范围
分批法的计算程序和账务处理
分步法
逐步结转分步法
综合结转
成本还原
分项结转
平行结转分步法

单元五 5 产品成本计算的辅助方法

学习目标

- 理解产品成本计算分类法和定额法的含义、特点及其适用范围
- 掌握分类法产品成本计算程序和实际应用
- 了解联产品、副产品、等级产品的含义

引例

雪兰公司是当地最大的液态奶生产企业，公司拥有国际一流的牛奶生产线。目前公司有三大系列、11 个规格、21 个品种的乳产品。主要生产纯牛奶、酸牛奶、甜牛奶、乳酸活性奶、草莓奶、学生饮用奶等产品，每种产品又分为不同规格，如纯牛奶又分为 200 克、230 克、250 克、380 克、500 克五种产品。牛奶从挤出到产品灌装出厂在 4—6 个小时就可以完成。

在整个生产过程中发生了很多共同成本，而这些产品在分离点之前是不可分离的。这时会计人员该怎样计算产品成本呢?

任务一 学习分类法

任务描述

本部分的学习任务是：理解分类法的含义、特点、适用范围；掌握分类法的计算程序；

学会类内产品费用的分配方法。

知识准备

一、分类法的含义

产品成本计算的分类法是按照产品类别来归集生产费用，计算出各类完工产品的总成本，再按一定的标准在类内产品之间进行成本分配，计算出类内每一种产品成本的一种辅助方法。

一些企业生产的产品种类、规格繁多，如果按照产品的品种、规格归集生产费用，计算各种产品的成本，其计算工作量会十分繁重。因此，为减轻核算工作量，对于可按一定标准分类的生产企业，采用分类法计算产品成本，就可以简化成本计算的工作。

二、分类法的特点和适用范围

（一）分类法的特点

分类法是以产品类别开设生产成本明细账归集生产费用，计算每一类产品的成本，采用相关分配方法再确定类内各种产品的成本。其特点归纳如下：

（1）分类法是以产品的类别为成本计算对象，开设生产成本明细账归集该类产品的生产费用，每种产品发生的费用直接计入其所属类别后再采用一定的分配标准在所属类别内进行分配，最后计算出该种产品的成本。

（2）分类法的成本计算期要根据成本管理要求和产品生产类型进行确定，如果是小批生产，配合分批法使用，产品成本计算期就可以不固定；如果是大量生产类型，需要配合品种法或分步法进行成本计算，产品成本计算期固定。

（3）如果月末存在未完工产品，需要采用约当产量法、定额成本法或定额比例法等分配方法将生产费用在完工产品和月末在产品之间进行分配。

（二）分类法的适用范围

分类法适用于企业所生产产品的品种或规格繁多并且可以按照一定要求和标准划分类别的企业或企业的生产车间。具体包括以下类型：

1. 同类产品

同类产品是指产品的结构、性质、用途以及使用的原材料、生产工艺过程等大体相同，规格和型号不一样的产品，如制鞋厂生产不同尺寸的鞋。

2. 联产品

联产品是指企业利用相同的原材料，在同一生产过程中，同时生产出的几种使用价值不同，又具有同等地位的主要产品。所谓主要产品是指在企业生产中具有主导地位的产品，如石油冶炼行业投入原油，加工出润滑油、机油、汽油、柴油、沥青，制糖厂用甜菜制成的各种冰糖、红糖、白砂糖等。

冰糖

红糖

白砂糖

3. 副产品

副产品是指企业在生产主要产品的过程中，附带生产出的一些非主要产品，如：食用油厂在油脂精炼后的副产品油脚、皂脚，炼铁生产中产生的高炉煤气、炉渣等等。将主副产品归为一类作为成本计算对象，然后将副产品成本按有关方法确定后从总成本中扣除，余额即为主产品成本。

4. 等级产品

等级产品是指使用同一种原材料，经过同一生产过程生产出来的品种相同但质量不同的产品。如针织厂生产的针织内衣可分为一级、二级、三级。如果不同质量的产品，是由于内部结构、所用原材料的质量或工艺技术上的要求不同而产生的，那么，这些产品应是同一品种不同规格的产品，也可以归为一类，采用分类法计算成本。这里需要提醒的是，如果是人工造成的等级产品不能采用分类法计算成本。

注意：等级产品与联产品、副产品有共同点也有不同点。共同点是：它们是使用同种原材料，经过同一生产过程生产出来的产品；不同点是：等级产品是品种相同而质量不同的产品，而联产品、副产品是不同品种的产品。

5. 零星产品

一些企业还可能生产一些零星产品，如：自制少量材料和工具，为协作企业生产少量的零部件等等。这些零星产品虽然内部结构、所耗原材料和工艺过程不一定完全相近，但是它们的品种、规格繁多，数量少、费用比重小。为了简化成本计算，这些零星产品也可归为几类，采用分类法计算成本。

三、分类法的计算程序

第一步，根据产品所用原材料和工艺技术过程的不同，将产品按性质、结构、用途、工艺、用料等标准划分为若干类，按照产品类别开设成本明细账，按类归集产品的生产费用，计算各类产品的成本。

第二步，按规定的成本项目归集生产费用，计算各类产品的实际总成本，并在完工产品和在产品之间进行分配。

第三步，选择适当的分配标准，将每类产品的成本，在类内的各种产品之间进行分配，计算每类产品内各种产品的成本。

分类法的成本计算程序见图 5－1。

归集和分配要素费用⟶计算各类产品成本⟶计算各种产品成本

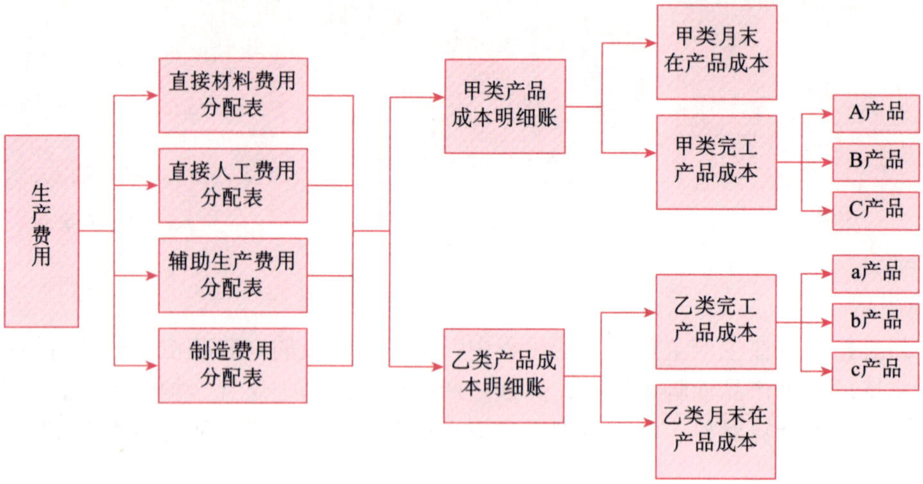

图 5－1

四、类内产品费用的分配方法

类内各种产品之间的分配是以类别总成本为标准的。这里要注意分配标准与成本之间要联系紧密，否则会影响类内各种产品成本计算的正确性。可以根据相关依据与产品成本的关系是否密切，采用价值指标（如销售价格、计划成本、定额成本等）或技术指标（如长度、重量、体积等）。也可按成本项目进行划分，如直接材料可以按材料消耗重量比例分配，直接人工费用和制造费用按工时比例分配等。

在实际工作中，常常将分配标准折合成系数，系数一经确定，可以在较长时间内使用。按系数分配生产费用的方法，称为“系数法”。

系数法是将分配标准折算成相对固定的系数，按照固定的系数在类内各种产品之间分配费用的一种方法。系数法的工作步骤和计算公式如下：

第一步，选择标准产品。在同类产品中选择标准产品，如产量大、生产稳定或规格适中的产品，将其系数确定为“1”；

第二步，计算其他产品的系数。

$$\text{某种产品系数} = \frac{\text{该种产品的分配标准数额}}{\text{标准产品的分配标准数额}}$$

第三步，计算标准总产量。

某种产品标准产量（总系数）＝该产品实际产量×该产品的系数

第四步，计算某项费用分配率。

$$\text{某类产品某项费用分配率} = \frac{\text{该类完工产品共同耗用的该项费用总额}}{\text{类内各种产品标准产量之和}}$$

第五步，计算各种产品应分配的费用。

类内某种产品应负担的某项费用＝该产品标准产量×该类产品该项费用分配率

相关链接

运用分类法计算产品成本的结果是否正确主要取决于以下两个因素：
第一，必须恰当地划分产品类别；
第二，必须在类别内部选择合理的标准分配费用。

业务举例

业务1　采用分类法计算某类产品成本

【业务说明】本业务是会计人员根据雪兰公司本月纯牛奶类产品的成本计算单和材料、工时消耗定额，采用分类法计算纯牛奶类产品中各种产品的成本。

【业务资料】雪兰公司是一家乳制品生产企业，只生产纯牛奶，分别为200克、230克、250克、380克、500克五个品种。根据该公司产品生产特点和成本管理要求，可先采用品种法的基本原理计算出纯牛奶类产品本月完工产品的实际总成本，然后，采用系数法将本类产品的总成本分配于类内各种规格的产品。本月生产的纯牛奶类产品的成本已经按照品种法的基本原理进行归集和分配，纯牛奶类产品的成本计算单见表5－1。类产品的生产费用在本月完工产品和月末在产品之间的分配采用定额比例法。纯牛奶类产品中各种产品的消耗定额见表5－2。

表5－1　雪兰公司产品成本计算单

产品：纯牛奶　2016年3月　单位：元

项目	直接材料	直接人工	制造费用	合计
月初在产品成本	24 000	4 800	3 600	32 400
本月生产费用	120 000	36 000	26 400	182 400
生产费用合计	144 000	40 800	30 000	214 800
本月完工产品总成本	120 000	38 250	28 050	186 300
月末在产品成本	24 000	2 550	1 950	28 500

表5－2　雪兰公司纯牛奶类产品的材料和工时消耗定额

产品：纯牛奶　2016年度使用

产品名称	材料消耗定额	工时消耗定额
500克	3.60	0.84
380克	3.30	0.72
250克	3.00	0.60
230克	2.40	0.54
200克	2.10	0.48

【业务实施】

第一步：选定标准产品。

雪兰公司纯牛奶中，250克纯牛奶生产比较稳定、产量较大，故选择250克纯牛奶为标准产品。

第二步：确定各类产品系数。

雪兰公司纯牛奶中，直接材料费用按材料消耗定额比例进行分配，直接人工和制造费用按工时消耗定额确定系数，类内产品系数的计算见表5-3。

表5-3　雪兰公司纯牛奶系数计算表

产品：纯牛奶　　2016年度使用

产品名称	材料消耗定额	系数	工时消耗定额	系数
500克	3.60	1.2	0.84	1.4
380克	3.30	1.1	0.72	1.2
250克	3.00	1.0	0.60	1.0
230克	2.40	0.8	0.54	0.9
200克	2.10	0.7	0.48	0.8

第三步：计算各类产品本月总系数。

生产成本在类内各种产品之间分配，分配标准是总系数（标准产量），根据表5-3所列各种产品的系数和本月各种产品产量资料，编制"雪兰公司产品总系数计算表"，见表5-4。

表5-4　雪兰公司纯牛奶总系数计算表

2016年3月

产品名称	产品产量	材料		工时	
		系数	总系数	系数	总系数
500克	500	1.2	600	1.4	700
380克	400	1.1	440	1.2	480
250克	2 140	1.0	2 140	1.0	2 140
230克	500	0.8	400	0.9	450
200克	600	0.7	420	0.8	480
合计			4 000		4 250

第四步：计算各种产品的总成本和单位成本。

（1）根据表5-1所列纯牛奶本月完工产品总成本，以及表5-4所列各种产品总系数，可以计算出各成本项目的费用分配率。

直接材料费用分配率＝120 000÷4 000＝30

直接人工费用分配率 = 38 250 ÷ 4 250 = 9

制造费用分配率 = 28 050 ÷ 4 250 = 6.6

（2）根据各种产品的总系数和费用分配率，编制“雪兰公司纯牛奶成本计算表”（见表 5－5），计算各种产品的总成本和单位成本。

表 5－5 雪兰公司纯牛奶成本计算表

产品：纯牛奶 2016 年 3 月 金额单位：元

产品名称	产品产量	材料总系数	直接材料分配金额	工时总系数	直接人工分配金额	制造费用分配金额	产成品总成本	单位成本
分配率			30		9	6.6		
500 克	500	600	18 000	700	6 300	4 620	28 920	57.84
380 克	400	440	13 200	480	4 320	3 168	20 688	51.72
250 克	2 140	2 140	64 200	2 140	19 260	14 124	97 584	45.60
230 克	500	400	12 000	450	4 050	2 970	19 020	38.04
200 克	600	420	12 600	480	4 320	3 168	20 088	33.48
合计		4 000	120 000	4 250	38 250	28 050	186 300	

（3）根据上述产品成本计算资料，结转本月完工入库产品成本的账务处理如下：

借：库存商品——500 克 28 920

——380 克 20 688

——250 克 97 584

——230 克 19 020

——200 克 20 088

贷：基本生产成本——纯牛奶 186 300

五、分类法的优缺点

优点：

（1）在产品品种繁多，但可按一定标准分配的情况下，减少了成本计算对象，从而简化了成本计算工作。

（2）既能提供各种产品的成本信息，又能提供各类产品的成本信息，便于企业对各类产品成本进行考核和分析。

缺点：

（1）由于是按产品类别归集生产费用，类内各种产品是按一定标准分配成本的，分配结果有一定的假定性。

（2）如果类别成本增加或减少，则该类内各种产品成本就同增或同减相应幅度，形成类内产品之间成本的平均化，一定程度上影响了成本计算的准确性。

六、联产品、副产品、等级产品的成本计算

（一）联产品的成本计算

联产品在经过同一生产过程后，是在某一个“点”被分别确认的，我们把这个点称为“分离点”，分离后的联产品，有的直接对外销售，有的进一步加工后再出售。分离点前发生的成本称为“联合成本”。

1. 联产品成本的计算程序

第一步，采用分类法，计算联产品分离前的联合成本；

第二步，采用适当的标准在各种联产品之间分配联合成本；

第三步，将分配的联合成本和分离后的加工成本进行汇总，计算联产品的总成本和单位成本。

2. 联合成本的分配方法

采用什么样的方法分配联合成本，关系到联产品成本计算的准确性和合理性。联合成本的分配方法常用的有实物量分配法、系数分配法、相对售价比例分配法和可实现净值分配法等，企业可根据实际情况选用。

（1）**实物量分配法**。实物量分配法就是根据分离点上各种联产品的重量、长度、容积或其他实物量比例来分配联合成本的一种方法。其计算公式如下：

联产品成本分配率＝联合成本÷各种联产品实物产量之和

某种产品应分配的联合成本＝该种联产品实物产量×联合成本分配率

实物量分配法的优点是计算比较简便；局限性是，不是所有的成本都与实物量具有直接的关系，因而对于有些成本来说其分配的结果并不十分合理。

（2）**系数分配法**。系数分配法是根据各种联产品的实际产量，按系数将其折算为标准产量来分配联合成本的一种方法。具体计算程序是：

第一步，确定各种联产品的系数；

第二步，用每种产品的产量乘以各自的系数，计算出标准产量；

第三步，将联合成本除以各种联产品标准产量之和，求得联合成本分配率；

第四步，用联合成本分配率乘以每种产品的标准产量，就可以计算出各种产品应负担的联合成本。

（3）**相对售价比例分配法**。相对售价比例分配法是按照生产出的各联产品销售价格的比例，将联合成本在各种联产品之间进行分配，以计算各联产品的总成本和单位成本的一种联产品成本分配方法。在这种情况下，售价较高的联产品负担的联合成本较多，售价较低的联产品负担的联合成本较少，以使各联产品取得大致相同的毛利率。这种方法弥补了实物量比例分配法的缺陷，使各联产品应负担的联合成本与售价联系了起来。相对售价比例分配法的计算公式如下：

联合产品成本分配率＝联合成本÷各种联产品销售价格之和

某种产品应分配的联合成本＝该种联产品销售价格×联合成本分配率

应当指出，相对售价比例分配法中的销售价格即指产品的销售收入，但是，这里的销售收入不是按照产品销售量计算的，而是按照产品产量计算的。

（4）可实现净值分配法。可实现净值分配法是按各联产品的可实现净值比例分配联合成本的方法。可实现净值是指产品的最终销售价值减去其可分成本的余额。

（二）副产品的成本计算

一些企业在主要产品的生产过程中，还会附带生产出一些非主要产品，这些非主要产品通常称为“副产品”。副产品虽然不是企业的主要产品，但它们却有一定的价值和用途。如，在制皂工业中产生的甘油、在生产生铁过程中产生的煤气以及炼油厂在提炼原油的过程中产生的渣油、石油焦等。

1. 副产品成本的计价方法

（1）副产品成本不计价。副产品不计价是指副产品不负担分离前的成本，副产品的成本由主要产品负担，副产品销售取得的收入作为其他业务收入处理。这种方法一般适用于副产品分离后不再加工，而且其价值较低的情况。采用此法的优点是手续简便，但由于副产品成本是由主要产品负担，因而会影响主要产品成本计算的准确性。

（2）副产品成本按销售价格扣除销售税金、销售费用后的余额计算。副产品成本按销售价格扣除销售税金、销售费用后的余额计算或按售价减去按正常利润率计算的销售利润后的余额计价，以此作为分离前的共同成本中副产品应负担的部分。这种方法适用于副产品价值较高的情况。如果副产品在分离后还需进一步加工才能出售，则按这一方法对副产品进行计价时，还应从其售价中扣除分离后的加工费。

（3）副产品成本按固定成本计价。这种计价方法是指按确定的固定成本作为副产品的成本，从联合成本中扣除，其中，固定成本可按固定价格计价，也可以按计划成本计价。这种计算方法手续简便，但是当副产品成本变动较大、市价不稳定时，会影响主要产品成本计算的准确性。

（三）等级产品的计算

造成等级产品的原因很多，归纳起来主要有两类：

（1）主观原因。由于管理不善、工人操作不当或技术不熟练等原因造成的等级产品。出现次级产品说明企业在提高产品质量上还存在着需要改进的问题。

（2）客观原因。根据生产决策设计采用品质不同的原材料、自然环境或工艺条件等原因造成的等级产品。

等级产品成本的计算应根据不同情况区别进行：

（1）由于客观原因造成的等级产品，如：生产技术水平、工艺技术条件等原因造成的，可采用分类法计算各等级产品成本，一般以单价作为分配标准，确定系数按比例分配计算各等级产品成本。

（2）如果是由于主观原因造成的等级产品，如：工人违规操作、技术不熟练等，可以采用实物量分配法，那么各等级产品应负担相同的成本。

低等品价格低、效益低或造成损失，可反映企业的管理工作的不足或过失及管理水平有待提高，也说明企业要提高经济效益，必须重视产品质量，提高高等级品的产品比例。

应用实例

归类不合理与类距不适当

高强刚到中原灯泡厂财务科工作，财务科长安排他向负责成本核算的张会计学习。高强已了解到该企业生产 15W、20W、30W、40W、60W、100W 的日光灯，6W、9W、15W、20W、25W 的节能灯，15W、25W、40W、60W、100W、200W 的白炽灯，也已获得有关生产费用的资料。张会计让他考虑该厂应用何种成本计算方法，如何设置生产成本明细账。

高强认为，该厂成本计算应采用分类法与品种法相结合的方法。具体计算时，将所有产品看做一种产品——灯泡，设置生产成本明细账，把本月发生的各项生产费用分别按成本项目记入明细账中；然后将原材料、直接人工和制造费用各成本项目以原材料定额消耗量、工时定额为分配标准，计算灯泡的完工成本；最后分别按日光灯、节能灯、白炽灯中不同瓦数产品的售价，分配计算出各不同瓦数产品的完工产品成本。

【问题】高强的想法正确吗？

【分析】高强认为该厂采用分类法与品种法结合的方法计算成本，是正确的。但是，在具体考虑时，将日光灯、节能灯、白炽灯归为一类的分类方法应用是不正确的。他犯了分类法归类不合理与类距不适当的错误。运用分类法计算产品成本，强调“合理归类和划分类距”，即采用分类法必须恰当地分类、确定类距和合理选择类内产品的分配标准，本例将所耗原材料不同、工艺过程不一样的日光灯、节能灯、白炽灯作为一类，分类错误，既不能简化成本计算工作，成本计算的结果也不正确。这说明了高强没把握分类法的特点、目的及应用条件。

分类法在本例中的正确应用是：分别将日光灯、节能灯、白炽灯各自归为一类，设置 3 类产品成本明细账，计算各类产品的完工成本；然后，在日光灯类完工产品成本计算的基础上确定 15W、20W、30W、40W、60W、100W 各自规格产品的成本，在节能灯类完工产品成本计算的基础上确定 6W、9W、15W、20W、25W 各种规格产品的成本，在白炽灯类完工产品成本计算的基础上确定 15W、25W、40W、60W、100W、200W 各种规格产品的成本。

任务二
学习定额法

任务描述

本部分的学习任务是：理解定额法的含义、特点、适用范围；掌握定额法的计算程序；

学会脱离定额差异的计算方法。

知识准备

在前述各种成本计算方法——品种法、分批法、分步法和分类法下，生产费用的日常核算是按照生产费用的实际发生额进行的，产品的实际成本也是根据实际生产费用计算的。在这种情况下，生产费用和脱离定额的差异及其发生的原因，只有在月末时通过实际资料与定额资料的对比、分析才能得到反映，却不能在费用发生的当时就得到反映，这就不利于更好地加强定额管理，进行成本控制，不能更有效地发挥成本核算对于节约生产费用、降低产品成本的作用。

产品成本计算的定额法（也称“定额成本法”），就是为了及时反映和监督生产费用和产品脱离定额的差异，加强成本管理和成本控制而采用的一种成本计算方法。

一、定额法的含义

产品成本计算的**定额法**，是以产品定额成本为基础，加上（或减去）脱离现行定额差异（如脱离定额的差异、材料成本差异）及定额变动差异来计算产品实际生产成本的一种方法。采用定额法计算产品成本，可以及时地反映和监督产品成本脱离定额成本的状况，为加强定额管理提供相关信息。

在定额法下，产品实际成本与定额成本的关系可用下列公式表示：

产品实际成本 = 产品定额成本 ± 脱离定额成本差异 ± 材料成本差异 ± 定额变动差异

其中，

定额成本：是根据企业现行材料消耗定额、工时定额、费用定额及其他有关资料计算的一种目标成本。产品定额成本的制定过程也是对产品成本事前控制的过程。定额成本是计算实际产品成本的基础，也是企业对生产费用进行事中和事后分析的依据。

脱离定额差异：是指产品生产过程中各项费用（实际费用）脱离现行定额的差异。脱离定额差异反映了企业各项生产费用支出的合理程度以及执行现行定额的质量。

材料成本差异：是指在定额法下，材料或半成品的日常核算以计划成本计价而产生的材料或半成品实际成本与计划成本的差异，它反映所耗材料或半成品的价差。

定额变动差异：是指由于修订定额而产生的新旧定额之间的差异，它反映的是定额自身变动的结果，与生产费用支出的节约与超支无关。新定额的执行一般从月初开始，这样，当月投入的生产费用在计算其脱离定额差异时一般都按新标准执行，但月初在产品一般是按旧定额计算的，所以，月初在产品的生产费用和本月发生的生产费用就产生了定额标准不一致的现象，为了调整月初在产品定额成本，必须先计算月初在产品的定额变动差异。定额变动差异主要是指月初在产品账面定额成本与按新定额计算定额成本之间的差异。

二、定额法的特点

1. 事前制定产品的定额成本

定额法与产品成本计算的品种法、分批法、分步法和分类法不同，它是以产品的定额成本为基础来计算产品实际成本的一种方法。采用定额法计算产品成本，企业必须事前制定好产品的各项消耗定额和费用定额，并以此为依据制定产品的定额成本，作为降低成本、节约费用支出的目标。

2. 分别核算符合定额的费用和脱离定额的差异

在生产费用发生的当时，将符合定额的费用和发生的差异分别核算，以加强对成本差异的日常核算、分析和控制。

3. 以定额成本为基础，加减各种成本差异来求得实际成本，为成本的定期考核和分析提供数据

在定额成本法下，本月完工产品的实际成本是以本月完工产品的定额成本为基础，加上或减去本月完工产品应负担的脱离定额差异、材料成本差异、定额变动差异等成本差异来求得的。

简言之，定额法是将产品成本的计划工作、核算工作和分析工作结合起来，把事前、事中、事后反映和监督融为一体的一种产品成本计算方法和成本管理制度。

三、定额法的适用范围

定额法不是产品成本计算的基本方法，它是为了加强成本控制与管理而采用的一种成本计算与管理相互融合的方法。采用此种方法计算产品成本，能及时揭示差异，有助于促使企业控制和节约费用。该方法主要适用于企业定额管理制度比较健全、定额管理基础工作比较好、产品生产已经定型、各项消耗定额比较准确、稳定的企业，与企业生产类型没有直接联系。

四、定额法的成本计算程序

第一步，计算产品定额成本。

产品的定额成本是目标成本的一种，是以各种有关的现行消耗定额和计划单价为依据计算的产品成本。包括直接材料定额成本、直接人工定额成本、制造费用定额成本，其计算公式如下：

某产品直接材料定额成本＝直接材料定额耗用量×直接材料计划单价

某产品直接人工定额成本＝产品定额工时×生产工资计划单价（计划小时工资率）

某产品制造费用定额成本＝产品定额工时×制造费用计划单价（计划小时费用率）

某产品的定额成本＝直接材料定额成本＋直接人工定额成本＋制造费用定额成本

知识链接

定额成本与计划成本的比较

相同之处：都是以产品生产耗费的消耗定额和计划单价为依据确定的目标成本；在定额成本或计划成本的制定过程中，都是对产品成本实行事前控制。

不同之处：

- 成本制定的依据不同。定额成本是根据企业现行消耗定额制定的，随着生产技

术的进步和劳动生产率的提高，消耗定额必须不断修订，定额成本在年度内有可能因企业消耗定额的修订而改变。计划成本是根据企业计划期内的平均消耗定额制定的，在计划期内，计划成本通常是不变的。

- 成本的作用不同。定额成本是计算产品实际成本的基础，是生产费用日常控制的依据。计划成本是企业计划年度内成本控制的目标，是考核和分析企业成本计划完成与否的依据。

第二步，核算脱离定额差异。

脱离定额差异包括直接材料脱离定额差异的计算、直接人工脱离定额差异的计算、制造费用脱离定额差异的计算，它的计算是定额法的主要内容。

1. 直接材料脱离定额差异的计算

直接材料脱离定额差异是指生产过程中产品实际耗用材料数量与其定额耗用量之间的差异，其计算公式为：

直接材料脱离定额差异 =Σ[（材料实际耗用量 − 材料定额耗用量）× 该材料计划单价]

直接材料脱离定额差异的计算方法，通常包括限额法、切割核算法和盘存法三种。

（1）限额法。也称“差异凭证法”。为了控制材料领用，在采用定额成本法时，必须实行限额领料（或定额发料）制度，符合定额的直接材料应根据限额领料单（或定额发料单）等定额凭证领发。

直接材料定额消耗量 = 产品投产数量 × 直接材料消耗定额

直接材料实际消耗量 = 期初余额数量 + 本期领用数量 − 期末余额数量

直接材料脱离定额差异 = 直接材料实际消耗量 − 直接材料定额消耗量

（2）切割核算法。为了核算用料差异，更好地控制用料，对于经过切割（下料）才能使用的材料，如板材、棒材等，除了采用限额法以外，还应采用切割核算法，即通过材料切割核算单，核算用料差异，控制用料。根据实际切割成的毛坯数量和消耗定额，即可计算求得材料定额消耗量，以此与材料实际消耗量相比较，即可确定用料脱离定额的差异。

（3）定期盘存法。采用这种方法，应定期根据产量报表和在产品盘存资料所确定的完工产品数量和在产品数量，先计算投产数量，确定直接材料定额消耗量，然后再计算出直接材料实际消耗量，从而计算材料脱离定额差异的一种方法。

2. 直接人工费用脱离定额差异的计算

直接人工费用脱离定额差异的计算，因采用工资形式不同而有所区别。

（1）在计件工资制度下，直接人工为直接计入费用，在计件单价不变的情况下，按计件单价支付的生产工人薪酬就是定额工资，没有脱离定额的差异。因此，在计件工资制度下，脱离定额的差异往往仅指因工作条件变化而在计件单价之外支付的工资、津贴、补贴等。企业应将符合定额的工资，反映在产量记录中；脱离定额的差异应单独设置“工资补付单”等凭证，并经过一定的审批手续。

（2）在计时工资制度下，直接人工一般为间接计入费用，其脱离定额的差异不能在平时分产品（成本计算对象）计算，只有在月末确定本月实际直接人工费用总额和产品生产总工时后才能计算。有关计算公式如下：

$$计划小时工资率=\frac{计划产量的定额直接人工费用}{某车间计划产量的定额生产工时}$$

实际小时工资率 = 某车间实际直接人工费用总额 ÷ 某车间实际生产总工时

某产品定额直接人工费用 = 该产品实际完成的定额生产工时 × 计划小时工资率

某产品实际直接人工费用 = 该产品实际生产工时 × 实际小时工资率

某产品直接人工脱离定额的差异 = 该产品实际直接人工费用 − 该产品定额直接人工费用

3. 制造费用定额差异的计算

制造费用大多为间接费用，不能在费用发生时直接按产品确定其定额差异。只能在月末实际费用总额计算出来后才能与定额费用对比，确定差异定额。其计算公式如下：

$$计划小时制造费用分配率=\frac{某车间计划制造费用总额}{某车间计划产量的定额生产工时总数}$$

$$实际小时制造费用分配率=\frac{某车间实际制造费用总额}{某车间实际生产工时总数}$$

某产品定额制造费用 = 该产品定额生产工时 × 计划小时制造费用分配率

某产品实际制造费用 = 该产品实际工时 × 实际小时制造费用分配率

某产品制造费用定额差异 = 某产品实际制造费用 − 某产品定额制造费用

第三步，计算材料成本差异。

采用定额法计算产品成本的企业，应当按照计划成本来组织原材料的日常核算，因此，直接材料费用定额成本和脱离定额的差异都是按照原材料的计划单位成本计算的。这样，在月末计算产品的实际原材料费用时，还必须考虑所耗原材料应负担的成本差异，即所耗原材料的价差。其计算公式如下：

$$某产品应负担的原材料成本差异=\left(该产品的原材料定额费用\pm原材料脱离定额差异\right)\times材料成本差异率$$

为简化核算，各种产品应分配的材料成本差异，一般由各该产品的完工产品成本负担，月末在产品不负担材料成本差异。在实际工作中，材料成本差异的计算和分配是通过编制“耗用材料汇总表”、“材料成本差异分配表”进行的。

第四步，计算定额变动差异。

产品定额成本是根据现行定额（包括材料消耗定额、工时定额和费用定额等）计算确定的，现行定额修订以后，定额成本也应随之修订。月初，产品定额成本修订以后，当月投产的产品应按照新的定额成本计算，而月初在产品的定额成本是上月末按旧的定额计算的，为了将按旧定额计算的月初在产品定额成本和按新定额计算的本月投入产品的定额成本，在新定额的同一基础上相加起来，以便计算产品的实际成本，还应计算月初在产品的定额变动差异，用以调整月初在产品的定额成本。

月初在产品定额变动差异，可以根据消耗定额发生变动的在产品盘存数量或在产品账面结存数量和修订后的定额消耗量，计算出月初在产品新的定额消耗量和新的定额成本，再与修订前月初在产品定额成本比较计算得出。其计算公式为：

$$月初在产品定额变动差异=月初在产品按原定额计算的定额成本-月初在产品按调整后定额计算的定额成本$$

在构成产品的零部件种类较多的情况下，采用这种方法按照零部件和工序进行计算，工作量就会很大。为简化计算工作，也可以按照单位费用的折现系数进行计算。即将按新旧定额所计算出的单位产品费用进行对比，求出系数，然后根据系数进行计算。计算公式如下：

系数＝按新定额计算的单位产品费用÷按旧定额计算的单位产品费用

月初在产品定额变动差异＝按旧定额计算的月初在产品费用×（1－系数）

采用系数法计算月初在产品定额变动差异虽然比较简便，但由于系数是按照单位产品计算的，而不是按照产品的零部件计算的，因而它只适合于在零部件成套生产或零部件成套性较大的情况下采用。也就是说，在零部件生产不成套或成套性较差的情况下，采用系数法，就会影响计算结果的正确性。月初在产品定额变动差异是定额本身变动的结果，与实际生产费用的节约或浪费无关。但应当指出，定额成本是计算实际成本的基础，如果月初在产品定额成本调低时，应将定额变动差异加入产品实际成本；反之，应当从实际成本中予以扣除。

第五步，计算产品实际成本。

根据本月实际发生的生产费用，将符合定额的费用和脱离定额的差异分别核算，并进行账务处理，登记产品生产成本明细账（产品成本计算单）中的相应项目。

业务举例

业务2　采用定额法计算产品成本

【业务2－1】本业务是会计人员根据蓝剑公司的有关资料，列表计算橱柜直接材料定额成本。

【业务资料】蓝剑公司生产橱柜耗用纤维板、瓷砖、不锈钢三种材料，纤维板单位消耗定额为100千克，计划单价为8元；瓷砖单位消耗定额为130千克，计划单价为9元；不锈钢单位消耗定额为14千克，计划单价为20元，2013年3月投产量为110套。

【业务实施】橱柜的直接材料定额成本见表5－6。

表5－6　　橱柜直接材料定额成本计算表

2016年3月　　金额单位：元

材料名称	计量单位	计划单价	定额耗用		
			单位定额消耗量	耗用量	金额
纤维板	千克	8	100	11 000	88 000
瓷砖	千克	9	130	14 300	128 700
不锈钢	千克	20	14	1 540	30 800
合计					247 500

【业务2－2】本业务是会计人员根据蓝剑公司的有关资料，计算橱柜直接材料脱离定额差异。并结合业务2－1的计算结果进行账务处理。

【业务资料】仍用业务2－1的资料，假设瓷砖实际耗用纤维板10 800千克，实际耗用瓷砖13 900千克，实际耗用不锈钢1 650千克。

【业务实施】

第一步：计算橱柜直接材料脱离定额差异。

橱柜直接材料脱离定额差异 = (10 800 − 11 000) ×8 + (13 900 − 14 300) ×9 + (1 650 − 1 540) ×20

= −5 000（元）

第二步：结转生产领用材料的成本。

借：基本生产成本——橱柜（定额成本）　247 500

——橱柜（脱离定额差异）　−5 000

贷：原材料　242 500

【业务2−3】本业务是会计人员根据蓝剑公司的有关资料，编制直接人工费用定额和脱离定额差异汇总表，并进行账务处理。

【业务资料】蓝剑公司生产橱柜、消毒柜、炉灶三种产品。实际生产工时为200 000小时，其中，橱柜85 000小时，消毒柜50 000小时，炉灶65 000小时，本月三种产品实际完成定额工时205 000小时，其中橱柜86 000小时，消毒柜55 000小时，炉灶64 000小时；本月实际产品生产工人薪酬为820 800元，本月计划小时工资率为4元，实际小时工资率为4.104（820 800 ÷200 000）元。

【业务实施】

第一步：编制蓝剑公司直接人工费用定额和脱离定额差异汇总表（表5−7）。

表5−7　　蓝剑公司直接人工费用定额和脱离定额差异汇总表

2016年3月　　金额单位：元

产品名称	定额人工费用			实际人工费用			脱离定额差异
	定额工时（小时）	计划小时工资率	定额工资	实际工时（小时）	实际小时工资率	实际工资	
橱柜	86 000		344 000	85 000		348 840	4 840
消毒柜	55 000		220 000	50 000		205 200	−14 800
炉灶	64 000		256 000	65 000		266 760	10 760
合计	205 000	4	820 000	200 000	4.104	820 800	800

第二步：进行相关账务处理。

借：基本生产成本——橱柜（定额成本）　344 000

——橱柜（脱离定额差异）　4 840

——消毒柜（定额成本）　220 000

——消毒柜（脱离定额差异）　−14 800

——炉灶（定额成本）　256 000

——炉灶（脱离定额差异）　10 760

贷：应付职工薪酬——工资　820 800

【业务2−4】本业务是会计人员根据蓝剑公司的有关资料，编制“制造费用定额和脱离定额差异汇总表”，并进行账务处理。

【业务资料】蓝剑公司本月各种产品实际生产工时和实际完成定额工时同表5-7，本月实际制造费用总额为413 000元，本月制造费用计划分配率为每小时2元（见表5-8）；实际分配率为每小时2.065元（413 000÷200 000）。

【业务实施】

第一步：编制制造费用定额和脱离定额差异汇总表（表5-8）。

表5-8　蓝剑公司制造费用定额和脱离定额差异汇总表

2016年3月　　金额单位：元

产品名称	定额制造费用			实际制造费用			脱离定额差异
	定额工时（小时）	计划小时费用率	定额费用	实际工时（小时）	实际小时费用率	实际费用	
橱柜	86 000		172 000	85 000		175 525	3 525
消毒柜	55 000		110 000	50 000		103 250	-6 750
炉灶	64 000		128 000	65 000		134 225	6 225
合计	205 000	2	410 000	200 000	2.065	413 000	3 000

第二步：进行账务处理。

借：基本生产成本——橱柜（定额成本）　172 000
　　　　　　　　——橱柜（脱离定额差异）　3 525
　　　　　　　　——消毒柜（定额成本）　110 000
　　　　　　　　——消毒柜（脱离定额差异）　-6 750
　　　　　　　　——炉灶（定额成本）　128 000
　　　　　　　　——炉灶（脱离定额差异）　6 225
　贷：制造费用　413 000

【业务2-5】本业务是会计人员根据蓝剑公司的有关资料，计算橱柜应负担的材料成本差异，并进行账务处理。

【业务资料】橱柜所耗直接材料定额费用为247 500元（见表5-6），材料脱离定额差异为节约5 000元（见业务2-2），本月材料成本差异率为节约1.2%。

【业务实施】

第一步：计算橱柜应负担的材料成本差异。

橱柜应负担的材料成本差异 =（247 500 -5 000）×（-1.2%）= -2 910（元）

第二步：进行相关账务处理。

借：基本生产成本——橱柜（材料成本差异）　-2 910
　贷：材料成本差异　-2 910

【业务2-6】本业务是会计人员根据蓝剑公司的有关资料，计算橱柜月初在产品定额变动差异。

【业务资料】蓝剑公司橱柜的一些零件从3月1日起修订原材料消耗定额，单位产品新的直接材料费用为2 250元，旧的直接材料费用定额为2 343.75元，橱柜月初在产品按旧定额计算的直接材料费用为46 875元。

【业务实施】

定额变动系数 = 2 250 ÷ 2 343.75 = 0.96

橱柜月初在产品定额变动差异 = 46 875 ×（1 − 0.96）= 1 875（元）

月初在产品定额成本调整的数额与计入产品实际成本的定额变动差异之和应当等于零。橱柜月初在产品定额成本减少了1 875元，橱柜实际成本中就应当加上定额变动差异1 875元。

【业务2－7】本业务是会计人员根据蓝剑公司的有关资料，编制产品成本计算单，计算结转完工产品成本。

【业务资料】业务5－2、5－3、5－4、5－5、5－6、5－7的相关数据。

【业务实施】登记本月生产费用后，应将月初在产品成本、月初在产品定额变动和本月生产费用各相同项目分别汇总，计算出生产费用合计数（见表5－9）。生产费用合计数包括定额成本、脱离定额差异、材料成本差异和定额变动差异。为了简化计算，材料成本差异和定额变动差异可以全部由完工产品成本负担，脱离定额差异则要在本月完工产品和月末在产品之间进行分配。脱离定额差异一般按照本月完工产品和月末在产品定额成本的比例进行分配，具体方法和过程如下：

第一步：编制产品成本计算单（见表5－9）。

表5－9　　蓝剑公司产品成本计算单

产品：橱柜　　产量：120件　　2016年3月　　金额单位：元

项目	行次	直接材料	直接人工	制造费用	合计
一、月初在产品成本					
定额成本	1	46 875	31 000	15 500	93 375
脱离定额差异	2	－850	410	225	－215
二、月初在产品定额调整					
定额成本调整	3	－1 875	0	0	－1 875
定额变动差异	4	1 875	0	0	1 875
三、本月发生生产费用					
定额成本	5	247 500	344 000	172 000	763 500
脱离定额差异	6	－5 000	4 840	3 525	3 365
材料成本差异	7	－2 910			
四、生产费用合计					
定额成本	8	292 500	375 000	187 500	855 000
脱离定额差异	9	－5 850	5 250	3 750	3 150
材料成本差异	10	－2 910			－2 910
定额变动差异	11	1 875	0	0	1 875
差异分配率	12	－2%	1.4%	2%	
六、完工产品成本					

续表

项目	行次	直接材料	直接人工	制造费用	合计
定额成本	13	270 000	360 000	180 000	810 000
脱离定额差异	14	－5 400	5 040	3 600	3 240
材料成本差异	15	210			－2 910
定额变动差异	16	1 875	0	0	1 875
实际成本	17	263 565	365 040	183 600	812 205
七、月末在产品					
定额成本	18	22 500	15 000	7 500	45 000
脱离定额差异	19	－450	210	150	－90

（1）直接材料项目：

直接材料脱离定额差异分配率＝（－5 850）÷（270 000＋22 500）＝－2%

完工产品分配脱离定额差异＝270 000×（－2%）＝－5 400（元）

月末在产品分配脱离定额差异＝22 500×（－2%）＝－450（元）

（2）直接人工项目：

直接人工脱离定额差异分配率＝5 250÷（360 000＋15 000）＝1.4%

完工产品分配脱离定额差异＝360 000×1.4%＝5 040（元）

月末在产品分配脱离定额差异＝15 000×1.4%＝210（元）

（3）制造费用项目：

制造费用脱离定额差异分配率＝3 750÷（180 000＋7 500）＝2%

完工产品分配脱离定额差异＝180 000×2%＝3 600（元）

月末在产品分配脱离定额差异＝7 500×2%＝150（元）

（4）本月在完工产品和在产品之间分配脱离定额差异：

本月完工产品分配脱离定额差异＝－5 400＋5 040＋3 600＝3 240（元）

月末在产品分配脱离定额差异＝－450＋210＋150＝－90（元）

上述计算结果在蓝剑公司产品成本计算单（见表5－9）中登记。

第二步：计算结转完工产品实际成本。

通过以上分配和计算，蓝剑公司本月完工橱柜120件的实际总成本为812 205［810 000＋3 240＋（－2 910）＋1 875］元。有关账务处理如下：

借：库存商品——橱柜　　812 205

　　贷：基本生产成本——橱柜（定额成本）　　810 000

　　　　——橱柜（脱离定额差异）　　3 240

　　　　——橱柜（材料成本差异）　　－2 910

　　　　——橱柜（定额变动差异）　　1 875

五、定额法的优缺点

定额法具有以下优点：

（1）通过对生产耗费及其脱离定额差异的日常核算，能够及时反映和监督各项耗费发生脱离定额的差异，从而有利于加强成本控制，及时有效地促进生产耗费的节约，降低产品成本。

（2）由于产品实际成本是按照定额成本和各种差异分别核算的，因而，便于对各项生产耗费和产品成本进行定期分析，有利于进一步挖掘降低产品成本的潜力。

（3）通过脱离定额差异和定额变动差异的核算，还有利于提高成本的定额管理和计划管理的水平。

（4）由于存在现成的定额成本资料，因而能够较为合理、简便地解决完工产品和月末在产品之间的分配费用问题。

由于采用定额法必须制定定额成本，单独核算脱离定额差异。在定额变动时还必须修订定额成本，计算定额变动差异，因而计算产品成本的工作量较大。

应用实例

红星机床厂定额法的应用

红星机床厂在成本控制中运用定额成本制度，李军负责该企业的成本控制工作。在每个月末，为了节省时间，减少工作量，李军只是把成本按各个成本项目加总起来，从总体上考察一下成本的控制情况而已，并不去分析具体的差异及其形成原因。

【问题】李军的做法有何不妥?

【分析】李军的做法不妥，他忽视了定额成本控制的精髓，即按各个项目对成本差异进行深入分析。

企业实行定额成本制度，就是为了在生产费用发生时，将发生的费用与定额成本相比较，如果有差异，应该揭示出来，追查产生的原因和责任，采取相应的措施来加强成本管理和寻求降低成本的途径。应该说，分析成本差异是定额成本制度的关键所在，但李军在实务中却缺少对成本差异的进一步分析，从而使定额成本控制的意义不能真正得到体现。

本单元知识要点

- 产品成本计算的辅助方法
  - 分类法
    - 分类法的含义、特点、适用范围
    - 分类法的成本计算程序及其应用
    - 联产品、副产品、等级产品的成本计算
  - 定额法
    - 定额法的含义、特点、适用范围
    - 定额法的成本计算程序及其应用
    - 分类法的优缺点

6 单元六 成本报表的编制与分析

学习目标

- 了解成本报表的含义、种类、设置要求
- 掌握成本报表的编制
- 学会成本报表的分析方法

引例

通过前面各单元的学习，我们已掌握了成本计算的各种方法，但并不意味着我们就能做好成本会计工作了。除了正确计算产品的总成本和单位成本，我们还要考虑各种因素的变化对产品成本的影响，如材料涨价、职工工资水平的升降、制造费用的增减等。产品成本是综合反映企业生产技术和经营管理质量的一项重要指标，努力降低产品成本，不断提高经济效益，是企业永恒的目标。为了实现这一目标，我们还要编制成本报表，利用会计报表，对数据背后隐藏的主客观因素进行更深入的分析和挖掘，做到对生产经营成果的认识“知其然，也知其所以然”，以便于在未来的管理中扬长避短，争取更好的业绩。下面我们就以三峡龙翔包装公司为例，一起走进“成本报表的编制和分析”这个“学技能，长智慧”的精彩世界！

任务一 了解成本报表

任务描述

本部分的学习任务是：了解成本报表的含义、作用；掌握成本报表的种类和设置要求。

知识准备

一、成本报表的含义

成本报表是反映企业生产费用和产品成本构成及其升降变动情况，用以考核各项费用与生产成本计划执行结果的会计报表，是会计报表体系的重要组成部分。

成本报表是为满足企业内部管理需要而编制的，属于企业内部报表，编制和分析成本报表是会计工作的一项重要内容。

二、成本报表的种类

成本报表的种类、格式由企业根据成本管理要求自行设计确定，一般分类如图 6－1 所示。

- 成本报表分类
  - 按报送对象分类
    - 对外成本报表
    - 对内成本报表
  - 按反映内容分类
    - 反映费用情况的报表
      - 制造费用明细表
      - 销售费用(或营业费用)明细表
      - 管理费用明细表
    - 反映成本情况的报表
      - 产品生产成本表(或产品生产成本及销售成本表)
      - 主要产品生产成本表
      - 责任成本表
      - 质量成本表
  - 按编报时间分类
    - 年报
    - 季报
    - 月报
  - 按编制范围分类
    - 全厂成本报表
    - 车间成本报表
    - 班组成本报表
    - 责任个人成本报表

图 6－1

注意：主管企业的上级机构为了对本系统所属企业的成本管理工作进行指导，为国民经济管理提供所需成本数据，也可以要求企业将其成本报表作为会计报表的附表上报，主管企业的上级机关可会同企业共同商定成本报表的格式、项目和指标。

三、成本报表的作用

产品成本是反映企业生产经营各方面工作质量的一项综合性指标，企业供、产、销各个环节的经营管理水平，最终都直接、间接地反映到产品成本中来，通过成本报表资料，能够及时发现在生产、技术、质量和管理等方面取得的成绩和存在的问题。因此，编制和分析成本报表，对加强企业内部经营管理，节约费用支出和增强企业竞争力都有十分重要的作用。

成本报表的作用具体表现在以下几方面：

（1）评价和考核各成本环节的管理业绩。

（2）进行成本分析。

（3）为制订成本计划提供依据。

四、成本报表的设置要求

成本报表从实质上看，它是满足企业内部成本管理的报表，设置时应重点突出以下要求：

（一）专题性

作为企业内部管理的报表，设计时必须满足成本管理对某一方面的特殊需求，重点反映成本管理的关键问题，提供充分的信息，使成本报表的编制取得理想的效果，做到“术业有专攻”。

（二）针对性

报表的设计要能针对某一具体业务的特点和存在的问题，突出重点，对某一问题或某一侧面进行重点反映，揭示差异，找出原因，分清责任。要简明扼要，避免格式复杂，计算繁琐。

（三）实用性

报表的指标设计，要符合单位自身特点，要简明扼要，避免格式复杂，计算繁琐，以满足内部管理为标准，有利于观察、分析、考核成本的动态，有利于控制计划成本目标的实现，也有利于预测工作，对成本管理产生积极效果，做到“为我所用”。

（四）格式与内容相适应

成本报表的格式与内容要随着反映的具体内容的变化而变化，可以自己设计，允许不同内容可以有不同格式，同一内容在不同时期也可有不同格式，总之，只要有利于为企业成本管理服务，可以拟订不同报表格式进行反映，做到“表里如一”。

应用实例

忽视成本报表的作用

红梅食品厂是一家新成立的食品制造企业，该厂负责财务的李厂长认为成本报表是一种内部报表，不必对外报送，而本企业刚刚成立，又没有那么多种类的产品，现在不必编制成本报表，将来产品多了再进行报表编制和分析就可以了。

【问题】李厂长的观点正确吗?

【分析】李厂长的观点不正确。成本报表虽然是内部报表，不必对外报送，但它也是会计报表体系的重要组成部分。它的编制目的，主要在于让企业领导者和职工了解成本费用计划的执行情况，以便控制费用的发生，为提高经济效益服务，同时可为企业领导者和投资者提供经营的成本费用信息，以便进行决策和采取有效措施不断降低成本费用，提高效率。作为新成立的制造型企业，红梅食品厂不但要编制成本报表，还要积累数据，多方分析，为以后的成本管理打下良好的基础。

任务二
编制成本报表

任务描述

本部分的学习任务是：了解成本报表的编制和报送要求；掌握产品生产成本报表的编制方法。

知识准备

一、成本报表的编制要求

为了提高成本信息的质量，充分发挥成本报表的作用，成本报表的编制和报送应符合下列基本要求：

1. 真实性

成本报表的指标数字必须客观真实，如实地反映企业实际发生的成本费用。

2. 重要性

对于重要的项目（如重要的成本、费用项目），在成本报表中应单独列示，以显示其重要性；对于次要的项目，可以合并反映。

3. 正确性

成本报表的指标数字要计算正确，各种成本报表之间、主表与附表之间、各项目之间，凡是有勾稽关系的数字，应相互一致；本期报表与上期报表之间有关的数字应相互衔接。

4. 完整性

应编制的各种成本报表种类必须齐全；应填列的指标和文字说明必须全面；表内项目和表外补充资料不论是根据账簿资料直接填列，还是分析计算填列，都应当准确无误，不得随意取舍。

5. 及时性

按规定日期报送成本报表，保证成本报表的及时有用，以便各方面能利用和掌握成本报表信息，充分发挥成本报表应有的作用。

二、成本报表的报送要求

（一）编报不定时

对外报表一般都是定期地编制和报送，并规定在一定时间内必须报送。而内部成本报表主要是为企业内部管理服务，所以，内部成本报表可以根据内部管理的需要适时地、不定期地进行编制，使成本报表及时地反映和反馈成本信息，揭示存在的问题，促使有关部门和人员及时采取措施，改进工作，提高服务效率，控制费用的发生，达到降低产品成本的目的。

（二）按生产经营组织体系上报

对外报表一般是按时间编报的，主要是报送财政、银行和主管部门。而内部成本报表是根据企业生产经营组织体系逐级上报，或者是为解决某一特定问题的权责范围内进行传递，使有关部门和成本责任者及时掌握成本计划目标执行的情况，揭示差异，查找原因和责任，评价内部环节和人员的业绩。

三、产品生产成本表的结构、内容与编制

产品生产成本表是反映企业在报告期内为生产产品而发生的全部生产费用的报表，该表一般按成本项目或者产品种类反映。

（一）按成本项目反映的生产成本表的结构、内容与编制

按成本项目反映的产品生产成本表是按成本项目汇总反映企业在报告期内发生的全部生产成本以及产品生产成本合计额的报表，其结构、内容和编制方法如下：

1. 结构和内容

这种格式的产品成本表由表头和表体组成。

表头反映报表的名称、编报单位、编报日期和货币单位；表体的纵栏反映生产费用的直接材料、直接人工和制造费用成本项目；横栏则反映成本项目和产品生产成本的上年实际数、本年计划数、本月实际数和本年实际数的产品总成本。

2. 编制

表内各项指标的填列方法如下：

（1）“上年实际数”根据上年 12 月份该表的“本年累计实际数”填列；

（2）“本年计划数”根据本年成本计划资料的有关指标分析填列；

（3）“本年累计实际数”用“本月实际数”，加上该表的上月“本年累计实际数”之和填列；

（4）“本月实际数”的填列：

①按成本项目反映的各种生产费用数，根据“产品成本明细账”或“产品成本计算单”所计算的费用合计数，按照直接材料、直接人工和制造费用成本项目分别汇总填列；

②期初、期末在产品余额，根据各种产品“成本明细账”的期初、期末的在产品成本余额分别汇总填列；

③产品生产成本合计数 = 生产费用合计数 + 在产品期初余额 − 在产品期末余额。

业务举例

业务 1　编制产品成本表（按成本项目）

【业务资料】 三峡龙翔包装有限公司 2016 年 2 月果汁桶和化工桶两种产品的有关产量

及按成本项目反映的有关成本资料见表 6－1。

表 6－1　　有关产量及成本资料

可比产品	项目	2015 年合计	2016 年计划	2016 年累计
果汁桶	产量/只	48 000	50 000	6 000
	在产品年初余额	16 050	10 200	10 700
	在产品年末余额	10 700	5 350	5 350
	直接材料	3 600 000	3 800 000	474 000
	直接人工	768 000	850 000	108 000
	制造费用	384 000	400 000	52 200
不可比产品	项目	2016 年计划	2016 年 2 月实际	2016 年累计
化工桶	—	—	—	—

【业务实施】公司 3 月份的成本资料见产品成本计算表，根据上述资料，编制公司 3 月份的产品生产成本表如下，见表 6－2。

表 6－2　　产品生产成本表

编报单位：三峡龙翔包装有限公司　　2016 年 3 月　　单位：元

项目	上年合计	本年计划	本月实际	本年累计
直接材料	3 600 000	3 800 000	407 390. 20	881 300. 20
直接人工	768 000	850 000	92 088. 50	200 088. 50
制造费用	384 000	400 000	45 268	97 468
生产费用合计	4 752 000	5 050 000	544 746. 70	1 178 946. 70
加：在产品期初余额	16 050	10 200	26 073	10 700
减：在产品期末余额	10 700	5 350	3 257. 33	3 257. 33
产品生产成本合计	4 757 350	5 054 850	567 562. 37	1 201 762. 37

编制方法：

（1）“上年合计”根据上年的成本报表填列，但果汁桶是可比产品，上年有对比资料；化工桶是不可比产品，上年没有对比资料；

（2）“本年计划”根据本年的成本计划资料填列，但果汁桶是可比产品，本年有成本计划资料；化工桶是本年 3 月份才开工生产，年初没有成本计划资料；

（3）“本月实际”根据果汁桶和化工桶的产品成本计算表汇总填列；

（4）“本年累计”是 2016 年 2 月份的“本年累计数”加“本月实际数”的合计数。

（二）按产品种类反映的产品生产成本表的结构、内容与编制

按产品种类反映的产品生产成本表是按产品种类汇总反映企业在报告期内生产的全部产品的单位成本和总成本的报表。

1. 结构

这种格式的产品成本表，其基本结构是按产品种类，即可比产品和不可比产品汇总反映

企业一定时期内生产的全部产品的单位成本和总成本，并根据实际产量，按上年实际平均数计算，本年计划数、本月实际数，本年实际数，分品种分栏进行反映。

2. 内容

该表分为基本报表和补充资料两部分。

- 基本报表部分，反映可比产品、不可比产品和全部产品的本月总成本和本年累计总成本。对于其中各种主要产品，还分别反映其实际产量、单位成本、本月总成本和本年累计总成本。
- 补充资料部分，主要反映可比产品成本的降低额和降低率等资料。

可比产品成本的降低额＝可比产品按上年实际平均单位成本计算的本年累计总成本－本年累计实际总成本

$$\text{可比产品成本降低率}=\frac{\text{可比产品成本降低额}}{\text{可比产品按上年实际平均单位成本计算的本年累计总成本}}$$

3. 编制

各项指标的填列方法如下：

（1）各种产品的本月实际产量，应根据相应的产品成本明细账填列；

（2）本年累计实际产量，应根据本月实际产量，加上上月本表的本年累计实际产量计算填列；

（3）上年实际平均单位成本，应根据上年度本表所列全部累计实际平均单位成本填列；本年计划单位成本，应根据本年度成本计划填列；

（4）本月实际单位成本，应根据表中本月实际总成本除以本月实际产量计算填列。如果在产品成本明细账或产成品成本汇总表中有着现成的本月产品实际的产量、总成本和单位成本，表中这些项目都可以根据产品成本明细账或产成品成本汇总表填列。

业务2　编制产品成本表（按产品种类）

【业务资料】同前。

【业务实施】龙翔公司按产品种类编制的产品生产成本表如表6－3所示。

表6－3　　产品生产成本表

编报单位：三峡龙翔包装有限公司　　2016年3月　　单位：元

产品名称	计量单位	实际产量		单位成本				本月总成本			本年累计总成本		
		本月	本年累计	上年实际平均	本年计划	本月实际	本年累计实际平均	按上年实际平均单位成本计算	按本年计划单位成本计算	本月实际	按上年实际平均单位成本计算	按本年计划单位成本计算	本年实际
果汁桶	只	50	550	81.55	81.15	80.75	81.25	4 077.50	4 057.50	4 037.50	44 852.50	44 632.50	44 687.50
化工桶	只	100	1 225	67.10	67.50	68.40	67.95	6 710	6 750	6 840	82 197.50	82 687.50	83 238.75
合计								10 787.50	10 807.50	10 877.50	127 050	127 320	127 926.25

对于可比产品，如果企业规定有本年成本比上年成本的降低额或降低率的计划指标，还应根据产品生产成本表资料计算成本的实际降低额或降低率，作为该表的补充资料。

龙翔公司产品生产成本表的补充资料如下：

龙翔公司所产果汁桶和化工桶产品都是可比产品。根据上列计算公式和产品生产成本表6－3所列有关资料，计算该公司全部可比产品的成本降低额和降低率如下：

可比产品成本比上年降低额＝127 050－127 926.25＝－876.25（元）

可比产品成本比上年降低率＝－876.25÷127 050×100%＝－0.69%

四、主要产品单位成本报表的结构、内容与编制

（一）主要产品单位成本报表的结构

该表分两部分，上半部分按成本项目反映报告期内发生的各项生产费用及其合计数，即生产成本；下半部分反映单位产品所耗用的各种主要原材料的数量和生产工时等主要技术经济指标。

（二）主要产品单位成本表的内容

该表一般分为产量、单位成本和主要技术经济指标三部分。

- 产量部分反映报告期的计划产量和实际产量，以及本年累计的计划产量和实际产量，此外还反映产品的销售单价。
- 单位成本部分，为便于考核产品成本的变动情况，各成本项目分别列示本年计划、本月实际、本年累计实际的单位成本和单耗。如可比产品，还应增列历史先进水平、上年实际平均的单位成本和单耗。
- 技术经济指标部分主要反映原料、主要材料、燃料和动力的消耗数量。

（三）主要产品单位成本表

- “成本项目”的内容按财政部门和上级主管部门的规定填列。
- “主要技术经济指标”各项目，反映该产品每一单位产量所耗用的原材料、燃料、工时等的数量，应根据企业或上级机构规定的指标名称和填列方法计算填列。
- “历史先进水平”项目，反映在历史上最低年度各成本项目的单位成本和单位消耗，根据最低年度该产品的实际成本资料计算填列。
- “上年实际平均”项目，反映上年度各成本项目的平均单位成本和单位消耗，根据上年度该产品实际成本资料计算填列。

如为不可比产品，上述两项可以不填。

- “本年计划”项目，反映成本计划规定的各成本项目的单位成本和单位消耗。根据该产品单位成本计划有关资料填列。
- “本月实际”项目，反映本月份各成本项目的单位成本和单位消耗，根据本月该产品成本计算资料填列。
- “本年累计实际平均”项目，反映自年初起至本月末止该产品每一单位产量各成本项目的平均单位成本和平均单位消耗，根据本年该产品各月实际成本资料汇总计算填列。

注意：生产耗用的自制半成品成本，在产品单位成本计算表上，根据不同情况进行反映。凡是自制半成品成本须进行成本还原的企业，应将生产耗用的自制半成品成本按构成的

项目成本，分别并入产成品的有关项目成本中，对自制半成品成本不进行还原的企业，生产耗用的自制半成品成本，应列入“原材料”成本项目，也可以增列“自制半成品”项目予以反映。

表6－4　　主要产品单位成本表

成本项目	历史先进水平	上年实际平均	本年计划	本月实际	本年累计实际平均
直接材料					
直接人工					
制造费用					
主要技术经济指标	用量	用量	用量	用量	用量
1. 主要材料					
2. 辅助材料					
3. 燃料和动力					
4. 工时					

应用实例

不清楚成本报表的编制和报送要求

王阳是华城公司的会计，负责公司报表的编制和报送工作。每月初，他都会定期把上月的财务状况通过报送资产负债表、利润表、全部商品成本表、主要产品单位成本表、期间费用报表的形式向领导汇报。王阳自以为做得很好，但是主管生产的副厂长对他并不满意。

【问题】王阳的工作为什么得不到领导的认可？

【分析】本例中，王阳的主要问题在于：不清楚成本报表的编制和报送要求，不能满足领导的需要。成本报表作为内部报表，主要是为满足企业内部经营管理者的需要，它和对外报送的资产负债表、利润表相比在种类、格式、项目、指标设计、编制方法、编报日期、具体报送对象上都有很大的不同，其内容更具有及时性，格式有较大的灵活性，更注重时效性，为及时反馈成本信息，可采用日报、周报、旬报的形式，定期或不定期地向有关部门和人员提供不同内容的成本报表，王阳每月仅随着对外报送的报表报送一次成本报表，还是远远不够的。

任务三
分析成本报表

任务描述

本部分的学习任务是：了解成本报表分析的方法；学会运用指标分析方法解决问题；掌握成本报表的分析过程。

知识准备

一、成本报表分析的方法

成本报表分析的方法有整体分析法和指标分析法。

（一）整体分析法

成本报表整体分析法包括：水平分析法、垂直分析法和趋势分析法。

水平分析法：是将反映企业报告期成本的信息与反映企业前期或历史某一期成本状况的信息进行全面、综合对比，研究企业经营业绩或成本状况的发展变动情况趋势的一种成本分析方法。

垂直分析法：是通过计算成本报表中各项目占总体的比重或结构，反映报表中的项目与总体的关系及其变动情况的一种成本分析方法。

趋势分析法：是根据企业连续几年或几个时期的分析资料，运用指数或完成率的计算，确定分析期各有关项目的变动情况和趋势的一种成本分析方法。

（二）指标分析法

指标分析法主要有比较分析法、比率分析法和因素分析法。

1. 比较分析法

比较分析法也称“对比法”，是将两个以上的同类经济指标进行数量对比，借以揭示指标之间差距及其程度的一种分析方法。

对比的基数由于分析的目的不同而有所不同，一般有计划数、定额数、前期实际数、以往年度同期实际数以及本企业历史先进水平和国内外同行业的先进水平等。

对比分析法只适用于可比指标的数量对比。在采用这种分析法时，进行对比的各项指标，在经济内容、计算方法、计算期和影响指标形成的客观条件等方面，应有可比的共同基础。如果相比的指标之间有不可比因素，应先按可比的口径进行换算，然后再进行对比。对比分析法主要有以下对比形式：

（1）以成本的实际指标与计划或定额指标对比，分析成本计划或定额的完成情况。

（2）以本期实际成本指标与前期（上期、上年同期或历史最好水平）的实际成本指标对比，观察企业成本指标的变动情况和变动趋势。

（3）以本企业实际成本指标（或某项技术经济指标）与国内外同行业先进指标对比，可以在更大范围内找出差距，推动企业改进经营管理。

2. 比率分析法

比率分析法是将企业同一时期具有内在联系的经济技术指标进行对比，计算相关指标间的比率，以便从经济活动的客观联系中，深入地认识企业的生产经营状况。比率分析法主要有以下几种：

（1）相关比率分析。相关指标比率分析法是计算两个性质不同而又相关的指标的比率进行数量分析的方法。在实际工作中，由于企业规模大小不一等原因，单纯地对比产值、销售收入或利润等绝对数多少，不能说明各个企业经济效益好坏，如果用成本与产值、销售收入或利润相比的相对数，即产值成本率、销售收入成本率或成本利润率进行对比，就可以反映各企业经济效益的好坏。

产值成本率、销售收入成本率和成本利润率的计算公式为：

产品成本率 =（成本 ÷ 产值）×100%

销售收入成本率 =（成本 ÷ 销售收入）×100%

成本利润率 =（利润 ÷ 成本）×100%

（2）构成比率分析。构成比率分析法是通过计算某项指标的各个组成部分占总体的比重，即部分与全部的比率，进行数量分析的方法。这种比率分析法也称“比重分析法”。通过这种分析，可以反映产品成本的构成是否合理。

产品成本构成比率的计算公式为：

直接材料成本率 =（直接材料成本 ÷ 产品成本）×100%

直接人工成本率 =（直接人工成本 ÷ 产品成本）×100%

制造费用比率 =（制造费用 ÷ 产品成本）×100%

（3）动态比率分析。是对主要产品单位成本所作的一般分析。首先查明单位成本实际与计划、上年实际、历史先进水平的差异，确定单位成本是升高还是降低，升降幅度有多大。然后，按成本项目进行对比分析，分别确定各成本项目的用量差异和价格差异，以便针对成本升高和降低的主要项目再作进一步分析，使分析层层深入。

3. 因素分析法

因素分析法也称连环替代法，它是把综合经济指标分解为各个经济因素，并按照一定的替换顺序逐个因素替换，计算出各个因素对综合性经济指标变动程序的一种计算方法。其分析程序如下：

第一步，根据各因素之间的数学运算关系，列出该指标的计算公式。

注意：各因素之间的排列顺序一般根据它对分析指标影响的敏感程度依次排列！

第二步，按照一定的替换顺序，依次以每个因素的实际数替换计划数，有几个因素就替换几次。每次替换后要计算出替代指标，然后将替代指标减去替换前的指标，差额就是该替换因素对计划完成结果的影响程度。

第三步，将各个因素的影响值相加，就是指标的实际数与计划之间的总差额。

业务3　应用因素分析法分析化工桶生产成本

【业务资料】三峡龙翔包装有限公司2013年3月生产的化工桶，其原材料费用的实际成本是9 240元，而其计划成本是8 000元，实际比计划增加1240元。

【业务实施】由于原材料费用是由产品产量、单位产品材料消耗用量和材料单价3个因素的乘积构成的，因此，可以将材料费用这一总指标分解为3个因素，然后逐个分析它们对材料费用总额的影响方向和程度。根据有关明细账得出，这3个因素的数值如表6－5所示。

表6－5　材料费用的影响因素及数值情况表

项　目	单　位	计划值	实际值
化工桶产量	件	100	110
单位产品材料消耗量	千克	8	7
材料单价	元	10	12
材料费用总额	元	8 000	9 240

根据上表资料，材料费用总额实际值较计划值增加了1 240（9 240－8 000）元。我们用连环替代法，来分析各因素变动对材料费用总额的影响方向和程度如下：

化工桶的材料计划值成本＝100×8×10＝8 000（元）　①

第一次替代（产品产量因素）110×8×10＝8 800（元）　②

第二次替代（单位材料消耗量因素）110×7×10＝7 700（元）　③

第三次替代（材料单价因素）110×7×12＝9 240（元）　④

- 由于产品产量增加对材料费用的影响：

②－①＝8 800－8 000＝800（元）→由于产量的增加使材料成本增加

- 由于单位产品材料消耗量节约对材料费用的影响：

③－②＝7 700－8 800＝－1 100（元）→由于单位消耗量的减少使材料成本降低

- 由于材料单价提高对材料费用的影响：

④－③＝9 240－7 700＝1 540（元）→由于材料价格的增加使材料成本增加

- 综合这3个因素对材料费用总额的影响：

800－1 100＋1 540＝1 240（元）

二、成本报表分析的基本要求

成本报表分析是指以成本报表所提供的反映企业一定时期产品成本水平和构成情况的资料以及其他有关的计划、核算资料为依据，对产品成本水平和构成的变动情况进行分析评价，以揭示影响成本升降的各种因素及其变动原因，寻找降低成本的潜力。成本报表的分析一般按以下程序：

（一）收集资料，掌握实情

为了系统、全面地分析成本报表，收到“事半功倍”的效果，首先要详细收集相关资料，包括成本报表资料和其他有关的计划、统计资料等。同时，还要深入企业一线，调查研究，掌握第一手资料，进行必要的审核和整理，只有根据客观真实的资料进行分析，才能得出正确的、有指导意义的结论。

（二）从整体到局部，逐层深入

进行成本报表分析，首先从全部产品成本计划和各种费用计划完成情况的总评价开始，然后按照影响计划完成情况的因素逐步深入、具体分析，从复杂的影响因素中，找出进一步分析的问题。如重点产品的单位成本、重点成本项目或费用项目，进行深入具体的分析。

（三）查找原因，抓住关键

在分析成本指标实际与计划差异的过程中，要研究确定影响成本指标变动的各种因素，将其按照不同特征归类，并采取数量分析方法，从量上确定各类因素的影响程度，然后通过比较，从中找出起决定作用的主要因素。

（四）深入实际，采取措施

深入研究企业内部条件和外部环境的变化、生产技术、生产组织和经营管理等方面的情况，查明各种因素变动的真正原因，以便采取措施，挖掘降低成本、提高经济效益的潜力。

（五）从战略的高度，着远于未来的发展

在市场经济条件下，评价一个企业工作的优劣，不能只分析企业是否达到本身的目的，还要看竞争对手，分析企业在市场竞争中是否具有优势。另外，企业的生产经营过程是一个持续不断的运动过程，因此不能用静止的观点进行分析，而要用发展的观点进行分析。企业既要立足现在，又要放眼未来，要正确处理短期经济利益与长期经济利益的关系，防止只追求近期经济利益的短期行为。

应用实例

违背因素分析法的因素替换原则

华峰公司 12 月份的材料费用分析资料如下表所示。

材料费用分析资料表

项　目	计划数	实际数
产品产量（件）	1 000	1 100
单位产品材料消耗量（千克）	9	10
材料单价（元）	5	6
材料费用	45 000	66 000

材料费用的实际数超过计划数21 000元（66 000－45 000）。公司会计文浩运用因素分析法的分析如下：

计划指标　1 000×9×5＝45 000（元）

第一次替代　1 000×9×6＝54 000（元）差额＋9 000（由于价格提高引起）

第二次替代　1 000×10×6＝60 000（元）差额＋6 000（由于材料用量增加引起）

第三次替代　1 100×10×6＝66 000（元）差额＋6 000（由于产量增加引起）

【问题】 文浩的分析方法对吗？

【分析】

文浩的分析方法是错误的，他违背了因素分析法的因素替换原则。

因素分析法是依据分析指标与其影响因素之间的关系，按照一定的程序和方法，确定各因素对分析指标影响程度的一种分析方法。应用因素分析法时应掌握以下要点：

（1）计算程序的连环性，必须顺序连环地逐一进行计算，不可采用不连环的方法。

（2）计算条件的假设性，分析某一因素变动对经济指标差异的影响程度，必须暂定其他因素不变，以便舍去其他因素的影响。

（3）因素替代的顺序性，确定各因素的影响时，是以以前各因素已经变动而其后各因素尚未变动为条件，如果将某个因素替代的顺序改变，则各个因素的影响程度就不相同。

替代程序应遵循的原则可概括为：先替代数量指标，后替代质量指标；先替代实物量指标，后替代货币量指标；先替代主要指标，后替代次要指标。

本实例的不当之处在于：替代顺序的选用没有遵循正确的规则，应按照先产量、后单耗、再单价的顺序进行替代。正确的分析如下：

计划指标　1 000×9×5＝45 000（元）

第一次替代　1 100×9×5＝49 500（元）差额＋4 500（由于产量增加引起）

第二次替代　1 100×10×5＝55 000（元）差额＋5 500（由于材料用量增加引起）

第三次替代　1 100×10×6＝66 000（元）差额＋11 000（由于价格提高引起）

本单元知识要点

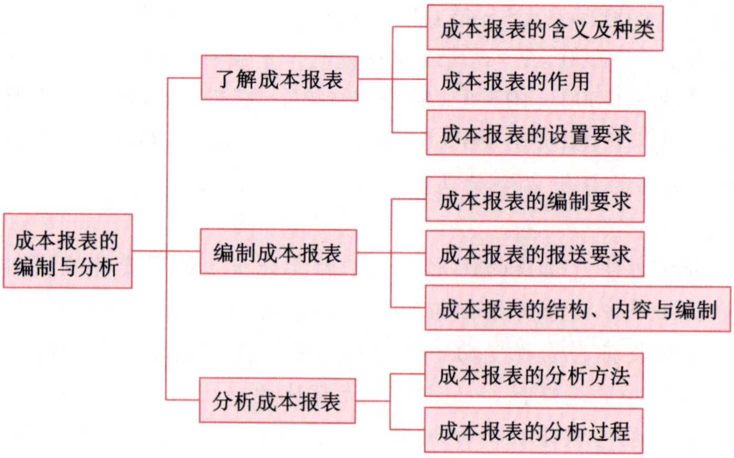
成本报表的编制与分析
了解成本报表
成本报表的含义及种类
成本报表的作用
成本报表的设置要求
编制成本报表
成本报表的编制要求
成本报表的报送要求
成本报表的结构、内容与编制
分析成本报表
成本报表的分析方法
成本报表的分析过程

单元七

7 非制造行业的成本构成及计算方法

学习目标

- 了解非制造行业成本核算的基本原理
- 掌握非制造行业的成本构成项目
- 增强学生的成本意识和内部控制观念

引例

会计专业的王晓芸同学9月份到宏达汽车运输公司实习。她了解到，根据原始凭证统计，该公司本月耗用的油料12万元，轮胎6万元，其他修理用料1.5万元，9月18日以前实现的收入220万元，以后的收入尚不确定，晓芸思考的问题是：现已发生的费用该记入哪个会计账户，到9月底时，如何正确核算费用，如何确认公司收入？晓芸又联想到在其他企业实习的同学，如施工企业、商品流通企业、农业企业，这些行业的成本计算又有哪些特点呢？

任务一
了解交通运输业的成本核算

任务描述

本部分的学习任务是：简单了交通运输业的成本构成项目，初步掌握交通运输业的成本计算原理。

知识准备

交通运输企业要按照财政部和交通运输部颁布的《交通运输企业成本费用管理核算办法》组织成本计算。

一、交通运输业的性质和特点

现代交通运输业是运用交通运输工具及其设备等劳动工具，从事旅客和货物运输的组织，主要有铁路运输、内河和海洋运输、航空运输、管道运输和公路运输。这些运输方式各有其技术特征，以及由此决定的合理营运范围和生产经营管理上的特殊性，但同为运输行业，又有其共性。与其他行业相比，其主要特点是：

（1）运输过程的流动性：运输生产的目的是完成被运输对象的位移，是在运输线路上进行的，具有点多、线长、面广的特点。

（2）产品的特殊性：运输企业其生产成果是一种劳务，即运输企业不生产有形产品，产品生产与消费是在同一过程中进行的。

二、交通运输业成本核算的特点

交通运输业成本除了具有一般产品成本的共性以外，还具有自己独特的性质，归纳起来可分为以下几个方面：

（一）成本计算对象的多样性

成本计算对象不是产品，而是旅客和货物的运输项目，或者是以运输线路、运输航次等为成本计算对象。旅客和货物的位置转移不但与数量（人次、吨）有关，还与距离（公里、海里）有关。因此采用运送数量与运输距离相结合的人公里（海里），吨公里（海里）和换算吨公里（海里）作为运输成本计算单位。

（二）成本构成与成本计算相对简单

交通运输业的生产过程也就是它的销售过程，交通运输成本即为销售成本。因此不需要将运输过程发生的费用在完工产品与在产品之间进行分配，也不必区分生产成本和销售成本，在运输过程中发生的可计入成本对象的各种耗费直接构成了交通运输企业的营运成本。

（三）成本计算一般采用月份制

运输周期与制造生产相比要短得多（除远洋运输），在成本计算期（一般按月）末没有或很少有未完成运输工作量，一般不存在将营运费用划分为当期营运成本和下期运营成本的问题，也没有在产品成本。一个运输过程完成即可计算其营运成本。

三、运输企业营运成本的内容及账户设置

各种运输方式在生产经营过程上基本相同，因此，本章主要围绕公路运输这一典型经济业务的核算进行阐述。

（一）成本的内容

交通运输企业营运过程中发生的各种耗费可划分为营运成本和期间费用两部分，在计算营运成本时，只汇集和分配与营运生产直接相关的各项支出，而将管理费用、财务费用等作为期间费用直接计入当期损益。

根据财务制度规定，营运成本的组成内容包括：

1. 材料费

材料费指交通运输企业在营运过程中实际消耗的各种材料、燃料、润料、备品配件、周转件、轮胎、专用工具、低值易耗品等支出。

2. 人工费

人工费指运输企业直接从事营运生产活动人员的职工薪酬及附加费。

3. 其他费用

其他费用指交通运输企业在营运过程中实际发生的固定资产折旧费、修理费、租赁费、水电费、办公费、差旅费、保险费、设计制图费、试验检验费、劳动保护费、季节性开支和事故净损失等。

除上述费用，不同类型的运输企业还分别包括下列费用：

（1）铁路运输企业：铁路线路灾害防治费、铁路线路绿化费、铁路护路拆桥费和乘客紧急救护费等营运支出。

（2）公路运输企业：车辆牌照检验费、车辆清洗费、车辆冬季预热费、公路养路费、过隧道费、公路运输管理费、司机中途住宿费和行车杂费等营运支出。

（3）水路运输企业：港口费（包括引水、港务、拖轮、停泊等费用以及代理、理货、开关舱、洗舱、烘舱、翻舱等费用）、集装箱费用（包括空箱保管费、清洁费、熏箱费等）、转口费、倒载费、破冰费、旅客接送费、航道养护费、水路运输管理费、船舶检验费、灯塔

费、速遣费、行驶国外及港澳船舶发生的吨税、过境税和过河费等营运性支出。

(4) 航空运输企业：包括熟练飞行训练费、国内外起降服务费、旅客餐宿供应品费、客舱服务费和乘客紧急救护费等营运性支出。

(二) 运输企业营运成本核算的账户设置

为了反映和监督在营运过程中发生的耗费，计算各种营运成本，在成本核算中一般设置以下账户：

1 “运输支出”账户

该账户核算沿海、内河、远洋、铁路和汽车运输企业经营旅客和货物运输所发生的各项费用支出。企业在营运过程中发生的各项费用，应按成本核算对象和规定的成本项户进行归集：能直接记入各成本项目的费用，记入“运输支出”账户的借方，贷记“燃料”、“材料”、“应付职工薪酬”等有关账户；不能直接记入的，应先在“船舶固定费用”、“船舶维护费用”、“营运间接费”等账户核算。月末，将这些费用按一定标准分配计入根据有关成本计算对象设置的“运输支出”账户中。

该账户应按运输工具类型或单车和单船设立明细账，并按规定的成本项目设置专栏。远洋运输计算航次成本时，还应按航次设立明细账。

2. “装卸支出”账户

该账户核算海、河港口企业和汽车运输企业因经营装卸业务所发生的费用。企业经营装卸业务所发生的各项费用，应按成本核算对象和规定的成本项目进行归集：能直接计入成本项目的费用，借记“装卸支出”账户，贷记各有关账户；不能直接计入费用可先在“营运间接费用”等账户核算，月末，按一定标准分配计入。期末，将该账户余额转入“本年利润”账户，结转后该账户应无余额。

该账户可按专业作业区或货种和规定的成本项目进行明细核算。

3. “堆存支出”账户

该账户核算企业因经营仓库堆场业务所发生的费用。企业经营堆存业务所发生的各项费用，应按成本核算对象和规定的成本进行归集：能直接计入成本项目的费用，借记本账户，不能直接计入费用可先在“营运间接费用”等账户核算，月末，再将这些费用按照规定的标准分配计入。期末，应将该账户余额转入“本年利润”账户，结转后该账户应无余额。

该账户可以按照专业作业区、仓库、堆场设备种类和规定的成本项目进行明细核算。

4. “代理业务支出”账户

该账户核算企业经营各种代理业务所发生的各种费用，包括工资、职工福利费、材料、低值易耗品摊销、折旧费、水电费、修理费、租赁费、差旅费、业务票据费、取暖费、劳动保护费等。企业经营代理所发生的各项费用，应按成本核算对象和规定的成本项目进行归集：能直接计入成本项目的费用，借记该账户，贷记各有关账户；不能直接计入的，先在“营运间接费用”等账户核算，月末，将这些费用分配计入。期末，将该账户余额转入“本年利润”账户，结转后该账户应无余额。

该账户应按照代理业务种类和规定的成本项目进行明细核算。

5. “港务管理支出”账户

该账户核算海、河港口所发生的各项港务管理支出。发生各种港务管理支出时，借记该账户，贷记有关账户。期末，应将该账户余额转入“本年利润”账户，结转后该账户应无余额。该账户按其他业务种类和规定的成本项目进行明细核算。

6. “其他业务支出”账户

该账户核算企业除营运业务以外的其他业务所发生的各项支出包括相关的成本、费用、营业税金及附加等。企业经营其他业务所发生的各项支出，应按成本核算对象和规定的成本项目进行归集，能直接计入的支出，借记该账户；不能直接记入的，可先在“营运间接费用”、“辅助营运费用”等账户核算，然后分配计入。期末，将该账户余额转入“本年利润”账户，结转后该账户应无余额。

该账户按其他业务种类和规定的成本项目进行明细核算。

7. “辅助营运费用”账户

该账户核算运输、港口企业发生的辅助船舶费用和企业辅助生产部门生产产品和供应劳务所发生的辅助生产费用。发生的辅助营运费用，借记该账户，月末按规定的分配标准由各业务负担时，贷记该账户。

该账户按单船或辅助生产部门作为成本核算对象进行明细核算。

8. “营运间接费用”账户

该账户核算企业营运过程中发生的不能直接计入成本核算对象的各种间接费用。借方登记发生的营运间接费用，贷方登记月末按一定标准分配转出的间接费用，期末应无余额。

四、汽车运输企业成本核算

汽车运输企业是组织汽车运输的生产单位，这类企业具有成本和能耗比其他运输方式高，但在使用上具有机动、灵活和方便的特点。

汽车运输企业按其经营的业务划分，有专营旅客运输的企业，如公共汽车公司和出租汽车公司；专营货物运输的企业，如专营市内和市郊货物运输业务的汽车运输公司；也有兼营旅客运输与货物运输的企业。

下面，我们以兼营旅客运输和货物运输的公路汽车运输企业为例，简要说明汽车运输成本的计算。

汽车运输企业的成本核算，可以按企业规模的大小采取不同的核算方式。一般采取公司和车队两级核算。有分公司和车场的企业，可以采取三级核算。车辆较少时，可以由公司集中核算成本。

（一）成本计算对象

汽车运输企业成本的计算对象，是客车和货车的运输业务，即按客车运输和货车运输分别汇集计算成本。

（二）成本计算单位

客车运输以载乘旅客为主，成本计算单位为元/千人公里，客车载运行李和附带捎运货物完成的周转量，是客车附带完成的货物周转量，应将这一部分货物周转量换算列入客车完成的周转量以内，并计算成本。

货车运输以载运货物为主，成本计算单位为元/千吨公里，货车临时载客完成的运输周转量，是货车附带完成的旅客周转量，应将这一部分旅客周转量换算列入货车完成的周转量内一并计算成本，然后合并计算客货车综合成本。

（三）成本计算期

汽车运输企业以月、季、年作为成本计算期。

（四）成本项目

汽车运输成本项目为：直接材料、直接工资、燃料、轮胎费用、其他间接费用、营运间接费用等。

- 直接材料：指营运车辆运行中所耗用的各种消耗性材料。
- 燃料：指营运车辆运行中所耗用的各种燃料。
- 直接工资：指直接从事营运生产活动人员的工资及工资附加费等。
- 轮胎费用：指营运车辆所耗用的外胎、内胎、垫带等。
- 其他直接费：指可直接计入成本计算对象的保险费、折旧费、修理费、养路费等。
- 营运间接费用：指需要分摊计入各成本计算对象的营运费用，如办公费、水电费、劳动保护费等。

（五）账户设置

营运成本核算主要设置“运输支出”、“装卸支出”、“营运间接费用”、“辅助营运费用”等账户。

（六）运输费用的归集和分配

汽车运输费用是指企业经营旅客、货物运输业务所发生的各项费用。凡是能直接计入成本的直接营运费用，根据实际发生额借记“运输支出”账户，贷记“材料”“应付职工薪酬”等账户，对于发生的营运间接费用等，则借记“营运间接费用”、“辅助营运费用”，然后采用一定的方法分配记入“运输支出”、“装卸支出”账户。

应用实例

片面应用成本—效益原则

高华到一个小型生产企业检查财务工作，他发现该厂在成本核算工作中存在一些不足。例如，材料消耗是根据实际领料数量进行核算，没有考核标准，因而各月之间成本波动较大，而且领用材料计量不够准确，对于不能点数的材料采用自测的方法估算。该企业总经理李永解释说，由于考虑成本—效益原则，没有建立定额管理制度，对于材料领发、验收、清查等环节以及内部控制等制度也是为了节约成本而没有专门设立。

【问题】总经理李永的观点正确吗？请简要分析。

【分析】总经理李永的观点是错误的。成本—效益原则是指在会计信息供给与需求不平衡的状况下会计信息供给花费的成本和由此而产生需求之间要保持适当的比例，保证会计信息供给所花费的代价不能超过由此而获得的效益，否则应降低会计信息供给的成本。李永过度强调节约成本，片面理解和应用了成本—效益原则，忽视了成本信息的重要性原则，减少了许多成本核算中至关重要的成本核算基础工作，虽然减少了成本开支，但直接影响到成本计算的准确性，其结果与降低产品成本、提高经济效益的目的背道而驰。

任务二
了解施工企业的成本核算

任务描述

本部分的学习任务是：简单了解施工企业的成本构成项目，初步掌握施工企业的成本计算原理。

知识准备

一、成本核算对象和成本项目

施工企业是指从事建筑工程、安装工程和其他专业施工活动的工程施工单位，又称为建筑安装企业。该类企业应根据《中华人民共和国会计法》和《建筑施工企业成本管理办法》，组织成本核算，加强成本管理。

（一）成本核算对象

施工企业要根据施工组织流动性强、生产的单件性、生产的长期性、生产受自然气候影响等特点和工程的实际情况，加强成本管理，确定成本核算对象，一般按以下不同情况分别确认：

（1）建筑安装工程以每一独立编制施工图预算的单位工程为成本核算对象。

（2）一个单位工程由几个施工单位共同施工时，各施工单位都应以同一单位工程为成本核算对象，各自核算自行完成的部分。

（3）规模大、工期长的单位工程，可以将工程划分为若干部位，以分部位的工程作为成本核算对象。

（4）对同一建设项目，由同一单位施工，同一施工地点、同一结构类型、开工、竣工时间相接近的若干个单位工程，可合并成为一个成本核算对象。

（5）改建、扩建的零星工程，可以将开竣工时间相接近、属于同一建设项目的各个单位工程，合并作为一个成本核算对象。

（6）土石方工程、打桩工程，可以根据实际情况和管理需要，以一个单项工程为成本核算对象，或将同一施工地点的若干个工程量较小的单项工程合并作为一个成本核算对象。

（二）成本项目

建筑安装工程成本由直接费和管理费组成。一般应当设置人工费、材料费、机械使用费、其他直接费和管理费五个成本项目。

1. 人工费

人工费包括按照国家规定支付给施工过程中直接从事建筑安装工程施工的工人以及在施工现场直接为工程制作构件和运料、配料等工人的基本工资、工资性津贴和应计入成本的各种奖金。

2. 材料费

材料费指施工过程中耗用的构成工程实体的原材料、辅助材料、构配件、零件、半成品的费用和周转材料的摊销及租赁费用。

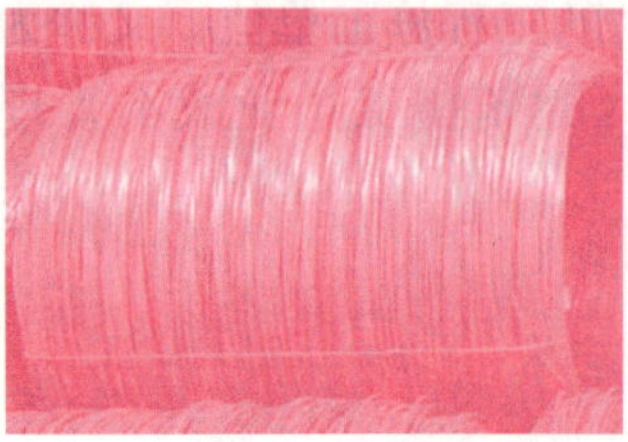

3. 机械使用费

机械使用费包括施工过程中使用自有施工机械所发生的机械使用费。使用外单位施工机械的租赁费，以及按照规定支付的施工机械进出场费。

4. 其他直接费

其他直接费包括施工过程中发生的材料二次搬运费、临时设施摊销费、生产工具用具使用费、检验试验费、工程定位复测费、工程点交费、场地清理费等。

上述各项其他直接费，在预算定额中，如果分别列入材料费、人工费、机械使用费项目的，企业也应分别在相应的成本项目中核算。

5. 管理费

管理费包括企业为组织管理工程施工所发生的工作人员工资、生产工人辅助工资、应提取的职工福利基金及工会经费、办公费、差旅费、固定资产使用费、工具用具使用费、劳动保护费、检验试验费、职工教育经费、利息支出、房产税和车船使用税，以及定额测定、预算编制、定位复测、工程点交、场地清理、现场照明等其他费用。

企业可以根据主管部门的规定，结合本单位的具体情况，对上述成本项目作适当增减和合并。如使用结构件较多的工程，可以单列“结构件”成本项目，等等。

二、施工企业成本核算的特点

（一）以单位工程作为成本计算对象

施工企业一般以每一独立编制施工图预算的单位工程作为施工企业成本计算的对象。因为建设单位一般按单位工程编制工程预算、制定工程成本计划、结算工程价款，以单位工程作为成本计算对象，可以与建设单位制定的工程成本计划保持口径一致，便于工程成本的比较和与建设单位结算价款。

（二）按月定期计算工程成本

施工企业具有工程规模较大、施工周期长的特点，决定了施工企业很多工程需跨月跨年完工。企业为了能及时地分析、考核工程本计划的完成情况并计算财务成果，有必要将已完成预算定额规定的一定组成部分的工程作为“完工工程”进行成本计算；对于尚未达到预算定额规定部分工程，则作为未完工程进行成本计算，而不能待某项工程全程全部完工后再计算该项目的成本。

（三）施工费用需在已完工程和未完工程之间进行分配

施工企业尽管是以单位工程作为成本计算对象，但其生产费用应按月归集和分配，如果月末某成本计算对象没有“完工工程”，则该成本计算对象所归集的生产费用即为“未完工程”成本；如果当月有“完工工程”，则应同时计算“完工工程”成本和“未完工程”成本；如果当月该成本计算对象的工程竣工，则不仅要计算当月“完工工程”成本，而且还应对竣工工程进行决算，计算出竣工工程的实际总成本。

三、施工企业的成本核算

（一）设置的主要账户

1. “工程施工”账户

该账户用来核算企业进行建筑安装工程施工所发生的各项费用支出。

2. “机械作业”账户

该账户用来核算企业及其内部独立核算的施工单位、机械站和运输队使用自有施工机械和运输设备进行机械作业所发生的各项费用。

3. “辅助生产成本”账户

该账户用来核算企业非独立核算的辅助生产部门为工程施工等生产材料或提供劳务所发生的各项费用。

（二）要素费用的归集与分配

按照成本核算要求，当月发生的一切要素费用，均应按其经济用途，分别计入施工成本。如果多项要素费用的发生由单一工程承担，则应全部计入该项施工成本；如果多项工程共同耗用一项要素费用，则应选择适当方法，在各项工程之间进行合理分摊后，计入各施工成本；如果属于期间费用，则计入期间成本，由当期损益负担，不属于施工成本。

1. 材料费用的归集和分配

施工企业为进行工程施工而耗用的各种材料主要包括构成工程实体的原材料、辅助材料、结构件、零件、配件、半成品以及周转材料摊销价值和租赁费等。材料费是工程成本的重要组成部分，在整个施工成本中所占比重较大，品种较多，对施工成本构成内容有着重大影响。因此，施工活动中发生的各种材料费用，月末应根据不同情况进行归集和分配。

（1）领用材料时能够点清数量、分清用料对象的，可按有关凭证记录，直接记入各该工程的施工成本明细账。

（2）领用材料时虽然能够点清数量，但不能分清用料对象归属的，如属于集中配料或统一下料的材料，如油漆、玻璃、木材等，应编制“集中配料分配表”，在各受益对象间合理分配后计入施工成本。

（3）领用材料时既不易点清数量，也不易分清受益对象的大堆材料，如砂、石、砖、瓦等可采用实地盘存法确定本月实存数，倒挤实际耗用量，然后再编制“大堆材料费用分配表”，分配后计入施工成本。

（4）对于周转使用的材料，可分别不同情况采用不同的方法计入工程成本。对于租入的周转材料，按实际支付的租赁费用直接计入各工程成本；对自用周转材料，可采用一次摊销法、分期摊销法，计入各工程成本。

（5）施工现场剩余材料，应及时办理退料手续，按实际送料价值冲减施工成本；施工现场出现的下脚料、废料、包装材料和包装物，如果有回收利用价值，可按估计价值冲减施工成本。

2. 人工费的归集和分配

施工企业的人工费应按其不同用途进行归集分配：直接从事工程施工和在现场制作构

件、模板的建筑安装工人，在施工现场范围内转移器材，为施工机械配料、送料等辅助工人的人工费，应记入“工程施工”总账及其所属明细账的人工费成本项目；自有机械设备的操作员、驾驶员，以及机械设备的管理人员的人工费，应先在“机械作业”总账及其所属明细账有关项目归集；企业非独立核算的辅助生产部门人员的人工费，应在“辅助生产成本”总账及其所属明细账有关项目归集；施工单位管理人员的人工费，应先记入“工程施工”总账及其所属的“间接费用”明细账借方.

建筑安装工人及辅助工人的人工费，在计件工资形式下，可根据“工程任务单”、“工资结算凭证”直接汇总记入“工程施工”及所属各明细账“人工费”成本项目。在计时工资形式下，如果只进行一个单位工程（成本计算对象），也可直接计入该工程成本。如同时进行几个单位工程，则需要将共同发生的人工费采用适当的分配方法计入各工程成本，一般是按照当月工资总额和总工作日数计算的日平均工资及各工程的实际工作日数来计算分配。计算公式为：

$$\text{当月每日平均工资}=\frac{\text{该施工单位当月工资总额}}{\text{当月建筑安装及辅助工人实际工日数}}$$

$$\text{某工程应分配工资}=\text{工程当月实际工作日数}\times\text{当月每日平均工资}$$

3. 机械使用费的归集和分配

施工生产使用施工机械所发生的各项费用，包括使用自由机械发生的台班费、使用租入施工机械发生的租赁费以及按规定支付的施工机械安装、拆卸和进出场费等都属于机械使用费，应在“工程施工——机械使用费”账户核算。机械使用费的核算方法有如下几种：

（1）自有施工机械使用费的核算。自有施工机械使用费包括机上操作人员工资、奖金、工资性津贴、社保及其他费用、燃料动力费、材料费、机械折旧和修理费、运输费、装卸费、养路费等。这些费用在发生时，首先应通过“机械作业”账户按机械类别或每台机械分别进行归集，月末再根据各个工程实际使用施工机械的台班数或完成工作量，采用一定方法分配应分摊的施工机械使用费。主要分配方法有：

- 台班分配法：按照各工程使用施工机械的台班数进行分配。
- 作业量法：以各种机械所完成的作业量为基础进行分配的方法。
- 定额费用比例分配法：以机械使用费的定额费用为分配标准分配。
- 计划分配率法：根据预先确定的计划分配率和本月实际使用机械台班分配机械使用费。机械使用费实际费用与按计划分配率分配的数额的差额在年末或季末调整。

（2）租赁机械使用费的核算。租用外单位（或企业内部独立核算单位）施工机械和运输设备进行机械作业所发生的各项费用，一般可根据机械租赁费用结算凭证所列金额编制“租赁机械使用费用汇总表”核算，能确定受益对象的，直接计入有关成本核算对象的机械使用费用项目；由几个成本核算对象共同负担的，应以定额用量（或实际使用台班）为标准，分配计入有关成本核算对象的机械使用费项目。

4. 其他直接费的归集分配

施工中发生的各项其他直接费，按其来源可分为由外部单位提供和由企业内部非独立核算辅助生产部门提供。如果由外部单位提供，如水、电、气等，一般在发生时可以分清受益对象，可根据实际耗用量和结算价格，直接计入对应工程成本；如果由企业非独立核算辅助生产部门提供的水、电、气等费用，应先在“辅助生产成本”中归集，月末分配计入各受益对象。其中，施工现场直接耗用的记入“工程施工”总账及其所属明细账其他直接费用成本项目，如果几个工程项目共同耗用其他直接费用，如临时设施摊销费、生产工具用具使用费等，应按各工程的机械台班或定额耗用量或该项费用的定额费用等标准进行分配。

5. 间接成本

间接成本的归集和分配类似于工业企业的“制造费用”的归集和分配。可以选用工程费用定额或直接费用为标准进行分配。

当发生间接费用时，根据要素费用、辅助生产费用等分配表，借记“工程施工——间接费用”及其所属明细账有关专栏。借方归集的间接费用，月末应按一定标准分配计入各项工程成本。间接费用的分配通常以各项建筑安装工程定额间接费用的比例分配。这种分配方法的计算公式为：

$$\text{间接费用分配率}=\frac{\text{本期实际发生的间接费用}}{\text{各项建筑安装工程定额间接费用之和}}$$

某项工程应负担的间接费用 = 该项工程间接（或人工费）定额 × 间接费用分配率

6. 未完工程、已完工程和竣工工程成本的计算

（1）企业必须照规定的成本计算期计算未完施工、已完工程和竣工工程的实际成本。

（2）企业在期末应对未完施工进行盘点，按照预算定额规定的工序，折合成已完分部分项工程量；再根据分部分项工程的预算单价计算期末未完施工成本。

期末未完施工成本一般不负担管理费。如果期末未完施工成本数额较大，并且期初、期末的数量相差很大的，则应分摊管理费。

未完施工工程量占当期全部工程量的比重很小，或期初、期末数量相差不大的，可以不计算未完施工成本。

（3）本期已完工程实际成本根据期初未完施工成本、本期实际发生的生产费用和期末未完施工成本进行计算。

（4）工程竣工后，企业应当根据成本记录汇集的各项生产费用，核算自开工起至竣工止的全部工程实际成本。

应用实例

真的亏损吗？

王晨应聘到温塘灯泡厂做会计工作，但她到企业后发现该企业一直处于亏损状态。仔细看账后，她发现该企业的成本一直很高，原因是企业原会计人员赵亮按照老板的要求，对企业生产产品耗用的材料一直都是按照“公允价值”计入成本的，并虚列企业的管理费用、销售费用，造成了支出数额增加，企业一直为亏损状态，以达到不缴税或少缴税的目的。

【问题】赵亮的做法对吗？请简要说明。

【分析】赵亮的做法是错误的。他违背了《会计法》与会计人员职业道德要求。《会计法》规定，“各单位必须根据实际发生的经济业务事项进行会计核算，如实反映企业的财务状况、经营成果和现金流量”，赵亮以虚假的经济业务事项或资料进行会计核算是一种严重的违法行为。同时，该单位老板也应对会计资料的真实性、完整性负责。

任务三
了解商品流通企业成本核算

任务描述

本部分的学习任务是：简单了解商品流通企业的成本构成，初步掌握商品流通企业的成本计算原理。

知识准备

一、商品流通企业及其特点

（一）商品流通企业

商品流通企业是指通过低价格购进商品、高价格出售商品的方式实现商品进销差价，以此弥补企业的各项费用和支出，获得利润的企业。

商品流通企业通过商品购进、销售、调拨、储存（包括运输）等经营业务实现商品流转，其中购进和销售是完成商品流通的关键业务，调拨、储存、运输等活动都是围绕商品购销展开。

（二）商品流通企业的经营特点

商品流通企业和工业企业等其他行业企业的经营活动相比较，有三个特点：

（1）经营活动的主要内容是商品购销；

（2）商品资产在企业全部资产中占有较大的比例，是企业资产管理的重点；

（3）企业营运中资金运动是按“货币→商品→货币”规律不断地循环和周转。

二、商品流通企业的成本

商品流通企业的成本主要指商品成本和其他业务成本。商品成本是指采购商品的进货原价，购进商品的进货费用，储运费用，销售费用均不计入商品成本，而是计入经营费用。

1. 商品采购成本

商品采购成本就是采购商品的进货原价。购进商品的进货费用，不计入商品采购成本，而是作为营业费用计入当期损益。

2. 商品存货成本

商品存货成本一般以商品采购成本为基础进行核算，并根据存货计价方法确定其成本额。其中储运费用不计入商品存货成本，而作为营业费用计入当期损益。

3. 商品的销售成本

商品的销售成本是指已销商品的进价成本。

三、商品销售成本核算

商品流通企业对库存商品的核算方法不同，商品销售成本的核算也不同，一般有数量进价金额法，数量售价金额法，售价金额法等，一般采用进价金额法核算。

采用这个核算方法，首先要解决两个问题，一个是已销商品单位进价成本的确定，一个是已销商品成本的计算顺序。已销商品单位进价成本，可以选择的核算方式有加权移动平均法，先进先出法等。已销商品成本的核算顺序是先确定商品单位进价成本后，再确定商品销售成本或期末商品存货成本，这个算法为顺序算法，计算公式为：

商品销售成本＝商品销售数量×商品单位进价成本

期末商品存货成本＝期初商品存货成本＋本期增加的商品成本－商品销售成本

应用实例

夸大成本的管理职能

华威电厂为提高本企业财务部门人员的业务水平，特外聘教授对财务人员进行集中综合培训。经过培训，使大多数财务人员认识到成本会计的职能不仅限于成本核算，更重要的还有成本预测、决策、计划、控制、分析与考核等多项职能。没想到的是，赵芳等几位会计人员又走向了另一个极端，他们认为在现代企业中，成本的核算职能应当“退居二线”，而成本的分析和控制职能则应当上升为主要职能。

【问题】赵芳们的想法对吗？请进行分析。

【分析】赵芳们的想法是错误的，他们盲目夸大了成本会计的管理职能。虽然现代成本会计职能已经扩充为成本预测、成本决策、成本计划、成本控制、成本核算、成本考核和成本分析等多项职能，但是成本核算依然是其中最基本和最重要的职能，如果忽视成本核算，将没有科学合理且真实相关的成本资料，也就无法进行成本预测、决策、分析，同时也就没有对比依据可以用来进行成本分析和成本考核。因此，对成本会计职能的认识应当既全面，又有所侧重，但不能走极端。

任务四
了解农业企业成本核算

任务描述

本部分的学习任务是：简单了解农业企业的成本构成，初步掌握农业企业的成本计算原理。

知识准备

一、农业企业成本概述

（一）农业企业概念与特点

1. 农业企业的概念

农业企业是指从事农、林、牧、副、渔业等生产经营活动，具备较高的商品率，实行自主经营，独立经济核算，具有法人资格的营利性的经济组织。

2. 农业企业的特点

（1）土地是农业生产的重要生产资料，是农业生产的基础。

（2）农业生产具有明显的季节性和地域性，劳动时间与生产时间的不一致性，生产周期长。

（3）农业生产中部分劳动资料和劳动对象可以相互转化，部分产品可作为生产资料重新投入生产。

（4）种植业和养殖业之间存在相互依赖、相互促进的关系，从而要求经营管理上必须与之相适应，一般都实行一业为主，多种经营，全面发展的经营方针。

（5）农业生产不仅在经营上实行一业为主，多种经营，而且在管理上实行联产承包、统分结合、双层经营的体制。

（二）农业企业的成本构成

农业企业由于受天气、季节因素影响较大，由此而产生的生产淡季、旺季，发生的费用不能用同样的办法处理。一般可包括：直接材料、直接工资、其他直接支出以及间接费用等。其计算公式为：

农产品成本＝直接材料＋直接工资＋其他直接支出＋间接费用

- 直接材料：是指农业生产过程中实际消耗的各种原材料，辅助材料、备品配件，外购半成品、燃料动力等。
- 直接工资：是指农业企业直接从事生产经营人员的工资、奖金、津贴和补贴。
- 其他直接支出：包括直接从事生产经营人员的职工福利费用等。
- 间接费用：是指农业企业为组织和管理生产所发生的管理人员的工资及福利费用、折旧修理费、机物料消耗、低值易耗品摊销、水电费、办公费、差旅费、运输费、保险费、设计制图费、试验费、劳动保护费、土地开发费摊销等。

二、农产品成本核算的一般程序

农业企业的农产品成本核算一般是按下列程序进行的：

（一）确定成本计算对象

农业企业应当根据生产经营特点和成本管理要求确定成本核算的对象，可采用主要产品成本单独核算、次要产品成本适当合并核算的办法。主要农产品确定为小麦、水稻、大豆、玉米、棉花、糖料、烟叶、牛奶、羊毛、肉类（分猪、牛、羊、禽肉）、禽蛋、蚕茧、林产品（原木、锯材、干胶）、水果、茶叶、水产品（鱼、虾、贝、藻类）等、企业还可以自行补充主要农产品的品种。

畜牧生产应核算饲养成本和产品成本，原则上要分群核算，条件不具备的可按畜禽类别混群核算。

水产养殖生产应核算苗种培育和成品饲养成本。鱼虾混养、贝藻混养可以分品种核算成本，也可以合并计算一个混养成本，再按比例分摊计算各个产品的成本。

（二）确定成本计算期

农产品的生产周期较长，许多农产品是跨年度生产的，各种农产品的生产收获时间不一致，因此必须分清本期成本和下期成本的界限，正确划分成本计算期。

（三）计算产品成本

在农产品生产过程中（包括农产品生产、林产品生产、畜禽产品生产、水产品生产以及副业产品生产）所发生的各项生产费用，先记入“生产成本”账户，对归集的各项费用按一定的标准分配后计入“生产成本”各明细账户，期末将完工农产品成本从“生产成本”账户转入“库存商品”账户。

农业企业生产成本核算账务处理程序与工业企业产品成本核算程序基本相同。

应用实例

成本管理人人有责

王凯是华东机械厂的成本核算员，他在工作之余，向企业不同部门的人员询问了一个相同的问题：“你们认为你们部门在成本核算和管理中应该发挥什么作用？”他得到的答案几乎是相同的：“成本核算和管理是会计部门成本核算员的事，跟我们没有关系。”

【问题】该企业存在什么问题？

【分析】从以上调查结果可以看出，该企业的成本归口管理工作较差。在会计机构中配备适当数量思想品德优秀、精通业务的成本会计人员是做好会计工作的关键。但成本会计工作质量的好坏，不仅取决于成本会计人员自身的素质和工作质量，还取决于各有关部门的协调与配合，如生产、物资供应、技术工艺、设备、质量等部门都应当对成本承担一定的责任，实行成本归口管理制度，才能提高成本核算的工作质量。因此，管理和控制成本不应当仅仅是成本会计人员的事，而应当是一种全员对成本的管理与控制。

本单元知识要点

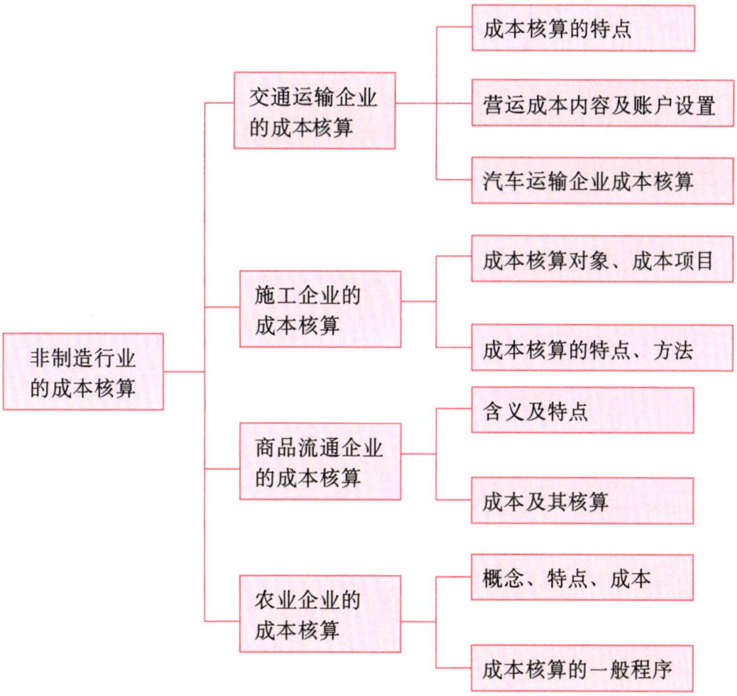

主要参考文献

1. 周云凌：《成本会计》，东北财经大学出版社，2011 年版。
2. 詹朝阳：《成本会计岗位实训》，高等教育出版社，2011 年版。
3. 程旭阳：《成本会计与实务》，清华大学出版社，2010 年版。
4. 中华会计网校：《小企业会计准则》，人民出版社，2011 年版。
5. 谭清风：《成本会计岗位实务》，中国物资出版社，2010 年版。
6. 李玲：《成本会计禁忌 100 例》，电子工业出版社，2006 年版。
7. 何斌：《成本会计实务》，电子工业出版社，2011 年版。
8. 阎金锷、贺南轩：《工业会计学》，中国人民大学出版社，1983 年版。
9. 罗晓娟：《成本会计》，中国广播电视出版社，2010 年版。
10. 罗晓娟、付春：《成本会计技能实训》，天津教育出版社，2010 年版。
11. 财政部会计资格评价中心：《2011 年初级会计资格考试辅导教材》，中国财政经济出版社，2011 年版。
12. 财政部：《小企业会计准则》，立信会计出版社，2012 年版。
13. 财政部会计司：《会计准则讲解》，人民出版社，2012 年版。
14. 企业会计准则编审委员会：《企业会计准则案例讲解》，立信会计出版社，2012 年版。
15. 万寿义：《成本会计》，东北财经大学出版社，2010 年版。
16. 于富生、黎来芳：《成本会计学》，中国人民大学出版社，2009 年版。
17. 冯巧根：《成本与管理会计》，中国人民大学出版社，2012 年版。
18. 李洛嘉：《成本会计实训与练习》，中国财政经济出版社，2010 年版。